How Do You Fight a Horse-Sized Duck?

Secrets to Succeeding at Interview Mind Games and Getting the Job You Want

William Poundstone

青土社

イーロン・マスクの面接試験

ウィリアム・パウンドストーン

森夏樹 訳

イーロン・マスクの面接試験

目次

イーロン・マスクの面接試験

序――桜の木事件

トーマス・アルバ・エジソンは、ニュージャージー州メンローパークの丘の下に電球工場を設立した。そこでは、75人の従業員が夜を徹して白熱電球を作っていた。1日20時間労働で不眠症に陥っていたエジソンは、オルガン奏者を雇って音楽を演奏させた。真夜中には仕出し弁当が出された。ある日の昼休み、エジソンは工場の上の丘にある桜の木の話をした。驚いたことに、従業員は誰もその桜の木のことを知らなかった。エジソンは調査を開始した。すると、27人の従業員が半年間、毎日、桜の木の前を通っていたにもかかわらず、桜の木に気づかなかったという。[1]

このエピソードは、エジソンの持論である「多くの人は自分の周りの世界に注意を払っていない」ことを裏付けるものだった。エジソンは、「社員は気づくべきだ」と考えていた。そこで、エジソンは入社希望者への質問を作成した。すると、大卒で優秀な経歴を持つ応募者であっても、48の「極めて簡単な」[2]質問に答えられない者がほとんどだった。彼らは採用されなかった。

エジソンは一九二一年のインタビューで、次のように語った。「しかし、どの大企業もこのような無能な人材を多く雇用していて、会社に損失を与えている。つまり、何百万人もの人々に迷惑をかけているのだ。もし企業がちょっとした質問を作り、候補者にこのようなテストを受けさせさえすれば、少なくとも、甚だしい無能のために計り知れない損失をかぶる職に、最悪の無能者が就くことだけは防ぐことができるだろう」[3]。

エジソンの怒りに満ちた発言を、多くの人々は福音に近いものとして受け止めたに違いない。この有名な発明家は、勤勉さと科学的ノウハウの守護聖人とみなされていた。一九二二年に行なわれた世論調査では、エジソンは「生きているアメリカ人の中で最も偉大な人物」[4]だと評価されている。

質問に対するエジソンのコメントは、活字時代ならではの反響を呼んだ。新聞や雑誌では、数カ月にわたって、さまざまな意見や憶測、怒りの声が飛び交った。『ニューヨーク・タイムズ』紙は、一九二一年五月の1カ月間だけで、エジソンの質問に関する記事や社説を23本掲載した。その中には、不合格になった応募者が、記憶の限り、エジソンの質問を再現したという信ぴょう性の高いスクープもあった。それに応じて、すぐに別の不合格者も再現に加わった。『タイムズ』の記者たちは、質問の答えを調べて新聞に掲載した。

エジソンの質問は、雑学と暗算が混ざったものであることがわかった。

フランスに隣接する国は？
『レ・ミゼラブル』の作者は？
強力な毒物を3つ挙げてください。
20×30×10の部屋にある空気の重さは？
最大のアメジスト鉱山がある州は？

『ボストン・ヘラルド』紙は、マサチューセッツ州の政治家にエジソンが出した質問をした。見出しはこうだ。「エジソンによれば、これらの人々は無知である」[5]。

ジャーナリストたちは、もう1人の時代の大天才、アルバート・アインシュタインにも意見を求めた。『ニューヨーク・タイムズ』紙は、アインシュタインが物理学の問題につまずいたことを受け、「彼は私たちの仲間になった」[6]と嬉々として報じた。

物理学者が間違えた問題は、「音速とは何か?」であった。アインシュタインは答えた。「すぐには言えない…そのような情報は頭の中に入れていなかったが、教科書にはちゃんと載っている」[7]。

エジソンは、自分の質問が広く知られるようになったことで、有能な社員の確保が難しくなったと訴えた。彼は「新しい質問のリストを作る」と宣言し、「これには著作権があるので、エジソンの質問として、これを使う人には訴訟を起こすことになる」[8]と警告した。

一九二二年六月、エジソンは新たに150問の質問を作成した。

このリストもすぐに公開された。質問には、「グレープナッツ〔シリアル〕は何と何でできていますか?」といった雑学的なものや、自由な発想の質問が多く含まれていた。


あなたは、手元に10ドルしかなく、面識のない男性とポーカーをしています。最初のディールで彼はパットハンド〔カード交換が不要な手札〕を持っていました。あなたはドロー〔カードを引くこと〕の前に8のカードを3枚持っています。ポット〔すでにベットされたチップを指す〕には50セント入っています。彼は25セントを賭けました。あなたならどうしますか? そしてその理由は?

エジソンのアドバイスを受けて、同じような質問を始めた企業もあった[9]。しかし、エジソンの質問リストには、少なくとも多くの憤りが寄せられた。コロンビア大学の心理学者エドワード・ソーンダイクも、それを非難した1人である。「人目を引くような大胆なことができると口先ばかりで吹聴するだけの人より、自分の家族や学校や教会に忠実で、人格的にも立派で、お金に正直、1日8時間の労働も厭わない人の方を、結局のところエジソンは好むに違いない」[10]。

*

心理学者のポール・M・デニスは、エジソンの質問リストはあまり認識されていないが、採用に関する議論を変える上で、大きな役割を果たしたと主張している。[11] エジソンの時代も今も、就職の面接は、その人がどれだけその会社になじめるかという主観的な評価だ。しかし、エジソンの質問リストは、たとえそれが不完全であったり、間違っていたとしても、ともかく新しいパラダイムを提示した。それは、その回答から、仕事の成果が予測できるような質問をしようという試みであった。この試みはその後ずっと続いている。面接によって、職場での業績を予測できるかどうかを調べるために、また、最も予測しやすい質問や手法を特定するために、一世紀にも及ぶ研究に力が注がれることになった。それはまた、エジソンの質問と同様に挑発的で物議を醸すような、雇用慣行の変化や新しいタイプの従業員評価にもつながった。

不況、パンデミック、ソーシャルメディア、人工知能などにより、採用活動は混沌としたペースで変化している。ここ数十年で一貫しているのは、従業員と雇用者の両方がこれまで以上にえり好みをする状況になっているということだ。卒業生たちは、借金や、高学歴者に高額の賃金を保証しない経済状況に悩まされている。給料の良い仕事に就くことは命綱であり、前の世代にはなかった重要な意味を持つ。求職者は、仕事の社会的・倫理的側面にも関心を持ち、自分の価値観が雇用主に反映されることを期待している。そのために、求職者は何時間もかけてインターネットで候補となる雇用主を調べる。その結果、多くの求職アプリや「働きがいのある会社」リストが登場した。また、リンクトインや『フォーチュン』誌、『フォーブズ』誌などが給与や待遇、時代性などを評価する特集を毎年組んだ。このような広報活動は、必然的にそして相対的に、評価の高い一握りの企業に注目を集めることになる。そのために状況が良くても悪くても、最も魅力的な雇用主は、すべての空きポジションに十数人の有能な応募者を採用することができた。二〇一七年、テスラでは2,500の募集ポジションに50万人近くの応募者が集まった。[12] これは、200人に1人の就業率で、ハーバード大学の10倍の狭き門となっている。

求職者たちにとって、憧れの頂点はファング（FAANG）である。FAANGとは、Facebook、Amazon、Apple、Netflix、Googleのことだ。この吸血鬼のような綴りは偶然ではない。アイビーリーグのように、ファング企業はさまざまな羨望と疑惑の入り混じった目で見られている。その先にあるのは、働きがいのある会社ランキングで上位にランクインしているような、より多様な企業群だ。その中には、若者向けのスタートアップ企業や老舗企業も含まれている――アドビ、ベイン・アンド・カンパニー、ブリンキスト、ボストン・コンサルティング、シスコ、デロイト、ドキュサイン、ドロップボックス、ゴールドマン・サックス、ヒルトン、ハブスポット、キンプトンホテルズ、ルルレモン、エヌビディア、オラクル、セールスフォース、サウスウエスト航空、トレーダージョーズ、ホールフーズ、ワークデイ。

優秀な求職者が知名度の高い企業に集まる中、知名度の低い企業も新しい採用方法を模索している。「グーグルやアップルのような企業に対して競争力のある人材を採用しようとするなら、革新的な方法を見つけなければなりません」[13]と語るのは、シアトルに拠点を置き、デジタルツールを使って求人広告を作成するテクスティオ社のCEO、キエラン・スナイダーだ。二一世紀の採用活動は、お見合いに例えられる。[14]求職者と企業は、かつてないほどお互いの情報にアクセスできるようになった。そして、どちらかが相手にピンとこなければ、左にスワイプする。

パイメトリクス社の共同設立者であるフリーダ・ポリは、「私は38歳のシングルマザーで、20代の男性起業家という求人には合っていませんでした」と語る。「私のような求職者は、軍隊出身者も含めて、同じような状況にあることを知っていました」[15]。ハーバード大学とマサチューセッツ工科大学の神経科学者であるポリは、統計的手法を用いて雇用をより公平かつ効率的にするというビジネスアイデアを持っていた。彼女のエレベーターピッチ（要を得た簡単な会社説明）は、「人材は『マネー・ボール』〔二〇一一年のアメリカ映画。オークランド・アスレチックのゼネラルマネージャーが、経営困難に瀕した球団をセイバーメトリクスを用いて再建する姿を描く〕で」[16]だった。

彼女は、ハーバード大学やスタンフォード大学の学位、デロイトやグーグルでの経験など、〝メジャーリーグでの経歴〟をあまりにも重視しすぎていると考えていた。もっと良いシステムがあれば、見落とされている才能を見極めることができる。

また、ポリは、採用の初期段階が弱点であることを認識していた。選別のほとんどは、面接の前に行なわれる。ポリは、採用担当者が履歴書を1通あたり平均6秒で見ており、4分の3の求職者が履歴書を一目見ただけで落とされている、という調査結果を紹介する。履歴書の選別を生業としている人は、そのプロセスを科学的に理解していると思っているかもしれない。しかし、真の専門知識は、失敗から学ぶことで得られるものだ。優秀な応募者を不採用にした採用担当者は、そのことを知ることがない。また、一般的に採用担当者は、自分の判断に無意識の性的・人種的なバイアスがかかっていることに気づいていない。

大企業の多くは、履歴書の審査を自動化している。ソフトウェアが履歴書をスキャンして、ポジションに関連するキーワードや語句を探す。多くヒットした履歴書には、採用担当者の注意を引くためにフラグが立てられる。しかし、最終的には履歴書は人物を表わすものではない。平凡な人でも印象的な履歴書になっていることがある（その逆もあり）。履歴書はせいぜい、その人が何をしてきたかを示すもので、何ができるかを示すものではない。中年で転職したポリはこのことを痛感していた。

ポリの会社であるパイメトリクス社は、採用のための心理測定ゲームを販売している。これは、求職者が携帯電話やパソコンでプレイするパズルのようなゲームだ。このゲームは、自動化された履歴書審査や電話による面接の代わりになるものだった。パイメトリクス社のクライアントは、バーガーキングからテスラまで、さまざまな業種にわたっている。雇用主が何であれ、ゲームは特定の企業やポジションでの成功を予測する属性を測定しようとするものだった。以下はその一例。

? あなたはランダムなパートナーとマッチングされ、このゲームに参加して10ドルを受け取りました。そのお金の一部（0ドルから10ドル全額まで）をパートナーに送ることができます。送ったお金は3倍になってパートナーに渡されます。その後、パートナーは、あなたにお金の一部（0

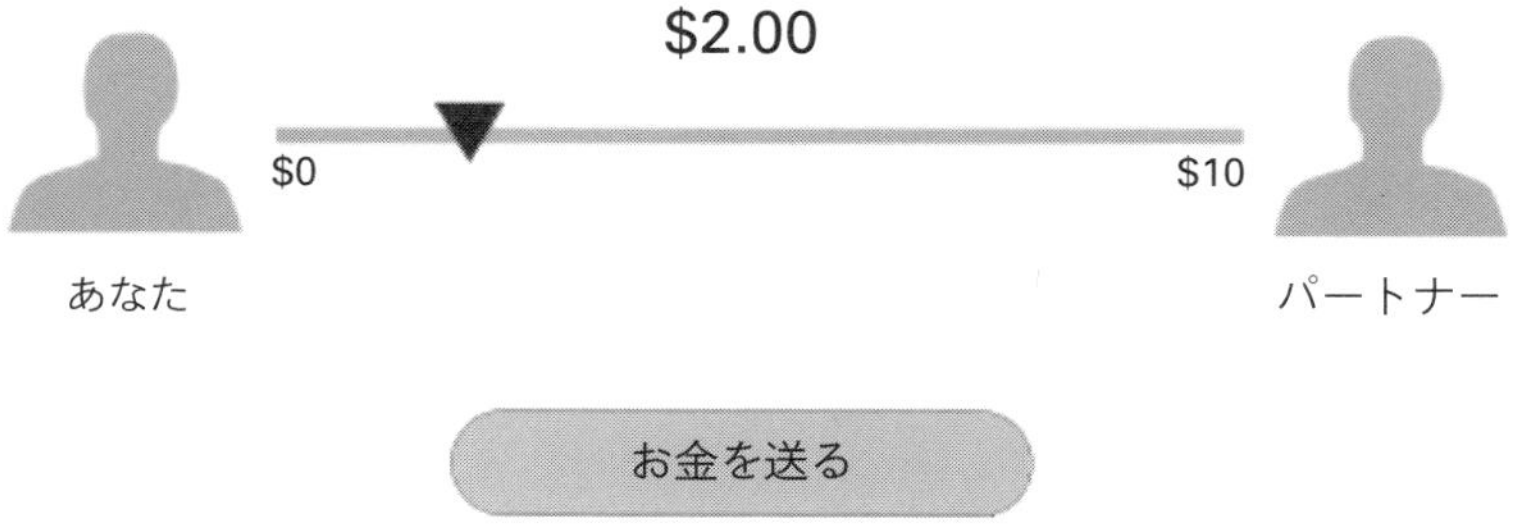

ドルから30ドルまで）を返すチャンスが与えられます。それはパートナーの判断です。戻ってきたお金はすべてあなたのものになります。10ドルのうち、あなたはいくらを送りたいと思いますか？

概念的には、チームビルディングのトレーニングで、自分があえて後ろ向きに倒れて、よく知らない人に捕まえてもらうことを期待するようなものだ。相手に渡す金額を決めるスライドバーをスクロールして、「お金を送る」ボタンをクリックする。数秒後には、相手が何をしたのか、自分が儲かったのか損をしたのかがわかる。このゲームに「正解」はないが、ポリは、回答が特定の仕事での成功と相関関係にあることを発見した。5ドル以上送った人は、共同作業をする職場に向いているチームプレイヤーの傾向がある。

心理測定ゲームは、従業員評価における革命の一部だ。二一世紀型スキルとは、クリティカル・シンキング、メディアリテラシー、アントレプラナーシップ、協調性、変化への対応力、異文化理解などの総称である。「流動的で速修型の環境では、従来のビジネス環境とは異なる特性が求められるでしょう」とポリは説明する。「その特徴とは、失敗から素早く学ぶ能力、試行錯誤の活用、曖昧さへの対応などです」。

これらは、いわゆる「創造的問題解決能力」の構成要素だ。二〇一七年、心理学者のビーノ・スカーポとヨハヒム・フンケは次のように書いている。

問題解決は、変化や不確実性、驚きに満ちた世界で人間が必要とする重要な能力の1つだ。問題解決は、日常的な対応ができないすべての状況で必要とされる。問題解決には、身の回りの世界を知的に探索すること、未知の状況について効率的に知識を得るための戦略が必要だし、利用可能な知識やその過程で得られる知識を、創造的に応用することが必要だ。世界は問題に満ちている。それは、私たちが非常に多くの野心的な目標に向かって努力しているからである――しかし、世界はまた解決策にも満ちている。それは、解決策を探し、見つける人間の並外れた能力のおかげだ。

革新的な企業の面接では、このような非凡な能力を問う質問がしばしば出てくる。ここでは、ブルームバーグ社とアップル社でそれぞれ質問された2つの例を紹介しよう。

? 52枚のカードの山があります。私はジョーカーを表向きにして山に入れ、シャッフルとカットを繰り返します。その後、カードを配り、ジョーカーが現われるまで続けます。配ったカードの中にエースが4枚揃っている確率は？

? ある日、あなたは山に登り、次の日には降りてくる。いずれの場合も同じ時間に出発します。同じ時間に、同じ場所にいることはあるのでしょうか？

このような問題は、「アウト・オブ・シラバス」問題と呼ばれることもある。[17] 教科書の公式をどれだけ覚えているかを試すものではない。どこから答えればいいのかも、わからないかもしれない。これは創造的な問題解決の領域に属するものだ。

多くの企業が問題解決能力を重視しているのは、この能力が革新的で破壊的な企業というイメージに合致しているからだ。狭い範囲の能力だけではなく、新しいスキルを習得できる人材を求めている。シラバス（講義要項）に載っていない質問は、応募者を安全地帯から追い出す。だからといって、何でも答えさえすればいいというわけではない。質問の制約の中で、想像力を働かせなければならない。面接を受ける人は、質問に答えるための可能なアプローチをブレインストーミングし、ベストアプローチを特定して、それを追求し、論理的な思考の流れを他の人に伝え、最後に、明確な答えでまとめる必要がある。

しかし、これは言うは易《やす》く、行なうは難《かた》しだ。

それでは、面接におけるゲームやパズルにはどのように取り組めばいいのだろうか？　いくつかのルールがある。3つほど紹介しよう。

1　面接で出される問題は、思ったよりも簡単なことが多い。
2　数手先まで考えておく。
3　なすすべがなくなったら絵を描く。

まずは、カードの山についての質問から始めよう。よくあるのは、この問題には膨大な計算が必要だと思われていることだ。しかし、そんなことはない。

こう考えてみてほしい。重要なカードは、4枚のエースとジョーカーだけだ。ディーラーは、他のカードをすべて取り除いてしまうかもしれない。5枚のパケット（小さな束）が残り、そのパケットから配れば、フルデッキ（カード一組）から配ったのと同じ結果になる。それは、エースがジョーカーの前にあるかどうかだけを問われているからだ。他のカードの位置は関係ない。

したがって、この質問は、シャッフルされた5枚のカードのパケットの中で、ジョーカーが5枚目にあるかどうかをたずねるのと同じだ。したがって、その確率は5分の1。

ビジネスの世界では、あなたのやり方が間違っていると言ってくれる人はいないかもしれない。採用側は、手っ取り早く簡単な解決策を見つけ出すコツを持つ応募者を評価する。

アップル社の山に関する質問は言い回しがヒントになっている。面接官はおそらく、あなたが「同じ時間に、同じ場所にいる」（いつどこにいる）かどうかは、あなたが言わない限り聞かないだろう。それを作業の前提として受け止めるのだ。

これを発展させるために、ホワイトボードに向かって絵を描いてみよう。この場合の絵は、あなたが山を登ったり下ったりする様子を描いた簡単な図になる。

初日の午前九時に出発。標高は一定ではないが、時間とともに上昇していく。急なところもあれば、昼食をとるところもあり、終盤になると疲れてくるので、ゆっくりと登っていく。そして、ついに山

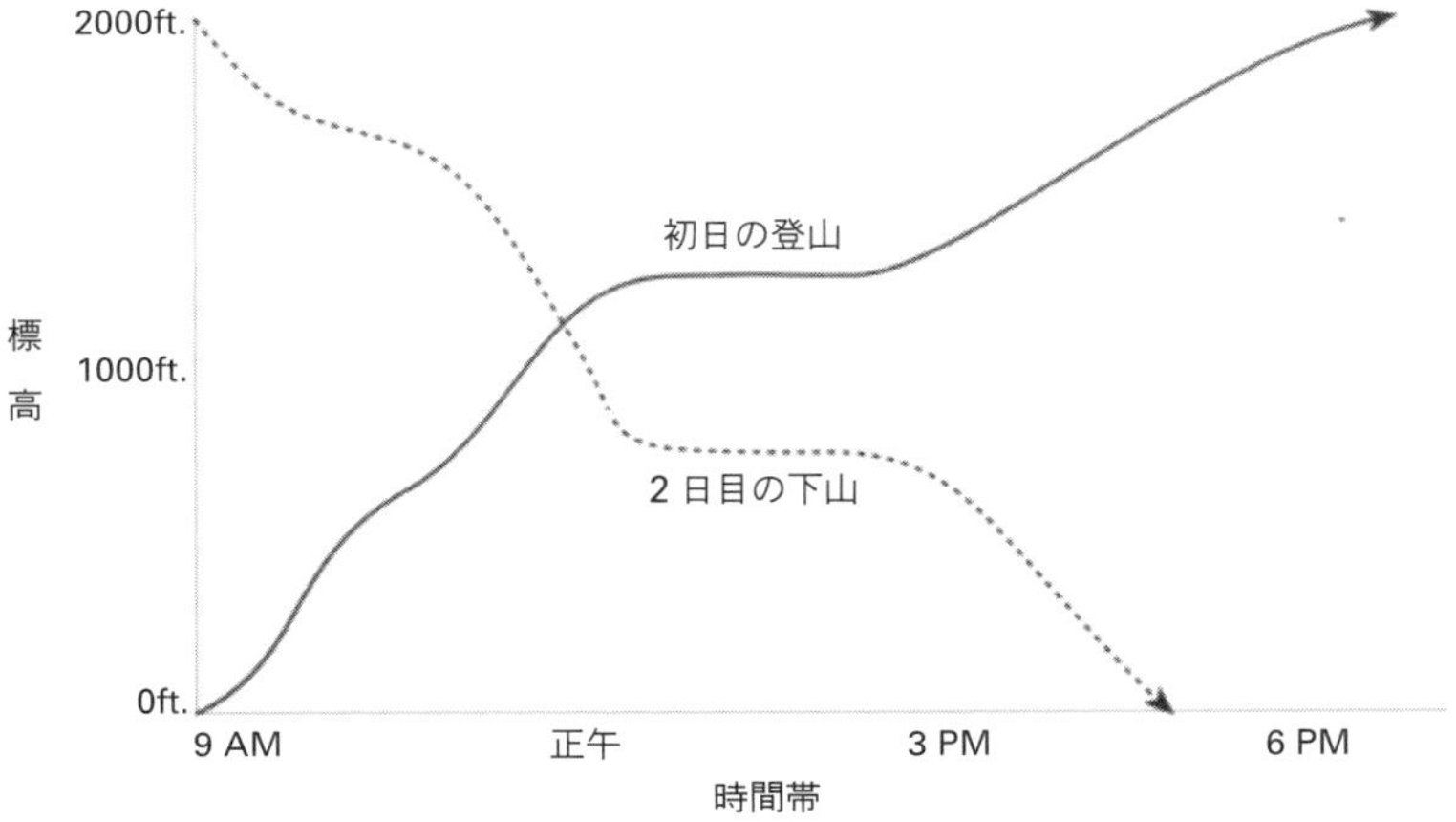

頂に到着する。標高と時間の関係を図にすると、左下から右上に向かって波打つような斜めの道筋になる（実線）。横ばいの部分はランチタイムで、休憩しているところだ。

次の日も朝九時にスタートするが、今は標高の高いところにいて、進路は下向きの対角線（点線）になっている。前日と全く同じではない。下り坂の方が速いし、休憩のタイミングも違う。しかし、2日間のラインが交差しなければならないことは容易に理解できる。時間が進み、あなたが下に向かっている限り、交差しなければならない。線が交差する地点は、1日のうちのまったく同じ時間に、まったく同じ標高にいた時間と場所を示している。

数学や工学の知識がある人なら、この図が「中間値の定理」の表現であることに気づくだろう。中間値の定理は、数学の定理を証明したり、ある種のロジックパズルを解いたり、アルゴリズムを考案したりするのに非常に有用である。アップル社のコーディングの仕事に応募する人は、この定理を仕事の道具として認識しているはずだ。このように、仕事とは関係ないように見える面接の質問が、実は仕事に大きく関係していることがある。

10ドルを分割する心理測定ゲームは、「正解」がないという点で、これらのロジックパズルとは異なる。しかし、1手先、2手先を考えて行動するなど、同じような推論が求められる。このゲームを最大限に活用するには、自分の選択に対する相手の反応を予測する必要がある。

相手に送ったものは3倍になるので、ウィンウィン（ともに利益となる）の可能性がある。お金を送ることは、あなたとパートナーが共有できる富を増やすという点で、集団として合理的だ。パートナーは、あなたの信頼の上昇に報いることができる。しかし、これを強制することはできない。このゲームでは、パートナーとコミュニケーションをとることはできないし、パートナーが状況をよく考えたかどうかを確認することもできない。相手は何も返さなくてもいいし、ケチなことをしても何の影響もない。

一九九五年に発表されて以来、「信頼ゲーム」[18]として知られるこの実験は、行動経済学の定番となっている。アイオワ大学の経済学者ジョイス・バーグが率いるチームは、従来の経済理論で想定されているような合理的で利己的な行動を、人は必ずしもとらないことを示すために、このゲームを考案した。

旧来の理論では、相手を信用してはいけなかった。しかし、バーグたちは、ほとんどの人がいくらかのお金を送っていることを発見した。その平均額は、当初のバンクロール（資金）の半分強だった。

現在、雇用者は信頼ゲームを繊細だがシンプルな性格テストとして使用している。信頼ゲームは、個人主義、協調性、信頼に対する深層心理を明らかにする。このゲームは、採用にリスクのある若者を面接する企業や、コンピュータサイエンスの博士号を持つ人を採用する企業で使用されている。このゲームを使用する企業は、まず最も成功した社員を対象にテストを行なう。応募者は、自分の答えが、その会社の応募した分野や職種の優秀な社員の答えと、どれだけ一致するかを採点される。

ほとんどの場合、5ドル（与えられた金額の半分）を選択しても、大きく間違えてはいない。その5ドルは3倍の15ドルになる。寛大な相手は、その半分（7.5ドル）をあなたに返してくれるかもしれない。それは、相手が嫌な思いをしないためにできる最低限のことだと言えるだろう。そうすれば、あなたと相手の両方が得をすることになる。

共有の知恵を受け入れ、「なぜ10ドル全部を相手に送らないのか」と考えるかもしれない。そうすれば、相手は30ドルを分配されることになる。相手が友人だったり、あるいはコミュニケーションをとって取引をすることができれば、おそらくあなたはそうするだろう。しかし、このゲームでは、見知らぬ人の優しさに頼らなければならない。10ドル全額を送るのはリスクが高い（というか甘い？）。

採用においては、極端な値（0ドルや10ドル）が問題になることがある。とはいえ、数ドルという低い値は、孤独で、交渉力を必要とする職業には最適かもしれない。高い値は仲良くすることが重要な、人と接する仕事に適している。

厳選された企業の面接では、人事部の定番質問（「履歴書を見せてください」「5年後の自分はどうなっていますか？」など）から、過酷な仕事の課題まで、ありとあらゆる質問を受けることが予想される。しかし、最も挑発的で誤解されている質問は、二一世紀におけるスキルを試す質問だ。この本では、現代の雇用におけるそうした局面、つまりロジックパズル、ブレインティーザー（頭をよく使わないと解けない難問）、風変わりな概算、心理測定ゲームなどの使用について探っていく。それは、なぜこのような評価技術が使われているのか、雇用主はそこから何を知りたいのかを理解するのに役立つ。そして何よりも、内定を勝ち取るためにはどうすればいいのかについて書かれている。

この本は3つのパートに分かれる。第I部では、仕事の成果を予測する試みの歴史を簡単に紹介する。知能テストや性格テストの隆盛と衰退——その悪影響の理解と雇用におけるバイアスを除去する試み——行動面接の質問、ワークサンプリング、集団面接の開発などを取り上げる。また、職場でのパフォーマンスを予測するものとして、採用面接の価値を評価する科学的な取り組みを調査している。また、面接では一般的に多くの人が考えているよりも将来のことは予測できない。そしてこの事実が慣習を覆すのにほとんど役に立たないことを説明する。採用の科学の成功と失敗の両方が、私たちを今日の状況に導いている。

ある章では、第二次世界大戦の暗号解読からシリコンバレーまで、採用におけるパズル形式の質問の使用を辿る。別の章では、心理測定ゲームがどのようにして採用活動の重要な部分を占めるようになったかを見て、この分野の最も野心的な目標である「採用活動におけるジェンダーやエスニックのバイアスを最小限に抑える」ことの見通しを分析している。

第II部では、採用活動で最もよく使われる心理測定ゲームを紹介する。このようなゲームは、心理学、行動経済学、ゲーム理論などの有名な実験に基づいている。こうしたゲームは、受験者の性格や人間性をよく表わす。応募者は心理測定ゲームへの対策ができないと考えられているが、何を期待しているかを知ることで、結果を改善することができる。多くの企業では、ゲームの成績によって、誰が面接に進み、誰が内定を得るかが決まる。

第III部では、人気の高い企業の面接で出される最も難しい質問を公開し、その答えを示す。それだけではなく、この本は創造的な問題解決のための初心者向けのガイドブックでもある。現代の認識では、問題解決は習得可能なスキルであり、職場でも面接でも価値がある。したがって、求職者にとっては、問題解決における不文律のルールを理解することが重要だ。面接の質問は、解決策への共通のアプローチを示す短い章にまとめられている。この本を読み終える頃には、今まで出会ったことのない質問に答えるための、一連のテクニックを身につけていることだろう。

この本は、就職活動中でなくても楽しめる。ゲームやパズルは、私たちの心の動きをよく表わしていて、新しいアイデアを探求したり、他人や自分自身をよりよく理解するのに役立つ。

I　評価の歴史を振り返る

アーミー・アルファ

一九一七年、ハーバード大学のロバート・ヤーキーズは、ニュージャージー州バインランドで、アメリカの心理学者たちによるドリームチームを結成した。彼らの使命は、アメリカ陸軍の新兵のための認知テストを考案することだった。この「アーミー・アルファ」テストは、入隊者を適切な任務に振り分けるためのものだ。将校訓練の候補者を選定し、精神的に適さない者にフラグを立てるのである。新兵は学歴に差があるため、心理学者の課題は、学校の教科書に載っているような知識にはできるだけ頼らず、「常識」と「知能」の両方を測定することだった。アーミー・アルファ・テストは、フランスのアルフレッド・ビネが考案した先駆的な知能テストを参考にした。しかし、このテストでは、アメリカのポップカルチャーのトリビアルな知識や、軍隊生活で重要な、一見無意味な指示に忠実に従う能力もテストされた。

4が2より大きい場合は3を線で消して下さい。3が5より大きくなければ、4の横に線を引いて下さい。[1]

１２３４５６７８９

わかりましたか？　正解は、数字の３を線で消すことです。

２つ目のテスト「アーミー・ベータ」は、言語を超えたテストである。英語が苦手だったり、アーミー・アルファに落第した新兵に、純粋に視覚的なテストを実施した。

第一次世界大戦中、約175万人の入隊者がアーミー・アルファ・テストを受けた。得点はＡ（非常に優れている）からＥ（非常に劣っている）まで、アルファベットで表示された。フランスで生まれたアルファ・テストは、アメリカ人の創意工夫の結晶と考えられている。戦後、民間企業もこれに注目した。民間企業では、数十年にわたって知能（ＩＱ）テストが日常的に行なわれ、心理学者たちにも広く支持されていた。一九二六年、プリンストンの心理学者カール・ブリガムは、アーミー・アルファ・テストを大学入学試験に採用した。これが後にＳＡＴ（大学進学適性試験）として知られるようになった。ご存知のように、ＳＡＴは大きく形を変えて今も残っている。

知能テストは求職者には人気がなかった。ほとんどの場合、知能テストは難しく、解答するのはひと仕事だった。また、知能テストを採用する企業は、人間を一面的にしか判断していないようにも見えた。ほとんどの仕事において、片手で腕立て伏せができるかどうかが重要であると思えないのと同じように、知能がそれほど重要であるとは思えなかった。

知能テストが普及すると、不都合な真実が明らかになった。それは、ＩＱの高い人の多くが、仕事であまり成果を上げていないということである。これによって、ＩＱが仕事の成果を予測する指標であることが否定された。

さらに差し迫った問題もあった。ヤーキーズやブリガムをはじめ、知能テストに関わる多くの心理学者は、アメリカの優生学運動のリーダーでもあったのである。一九二三年に出版された『アメリカ人の知能に関する研究』の中で、ブリガムは次のように書いている。「陸軍の知能テストによって、アメリカ黒人と同様に、イタリア人やユダヤ人も遺伝的に教育を受ける能力がないことが、疑いの余地なく科学的に証明された。このような生まれつきの白痴や能無しにアングロサクソンの教育を与えようとするのは、お金の無駄遣いであり、ましてや、私たちの立派な医学、法律、工学の大学院に入学させることなど言うまでもないことだ」[2]。

ブリガムの結論を支えるアーミー・アルファの質問のいくつかを見てみるといいだろう。

ピアスアローの車はどこで製造されている?……バッファロー、デトロイト、トレド、フリント。
アルフレッド・ノイズは何として有名?……画家、詩人、音楽家、彫刻家。
ベルベット・ジョーが広告に登場するのは?……歯磨き粉、乾物、タバコ、石鹸。[3]

トーマス・エジソンのように、アーミー・アルファの開発者は、頭のいい人なら自分たちが知っていることを知っているだろうと考えた。アーミー・アルファのテストのトリビアは、車やラジオを所有し、新聞を読み、長期的な広告キャンペーンに精通している、都会の裕福な白人の文化から得られたものだった。しかし、陸軍のテストは、都市部のエリートだけでなく、消費文化に触れる機会の少ない農村部の徴兵者や、渡米して数年しか経っておらず、日常では英語以外の言語を話す都市部の移民にも行なわれた。当然のことながら、これらのグループはテストのスコアが常に低かった。また、今日、このような質問をされる人のほとんどが、愚か者の烙印を押されるのも不思議ではない。二一世紀初頭の文化は、一九一七年のそれとは根本的に異なっている。

一九三〇年、ブリガムはアメリカの人種差別の歴史の中でほとんど前例のないことをした。自分が間違っていたことを認めたのである。ブリガムは『移民グループの知能テスト』という論文を発表し、アーミー・アルファ・テストがいかに異文化間比較に適していないかを説明して、アルファ・テストが抽象的で、理想的な知能を測ることができると信じていた自分の信念を捨てた。彼は、一九二三年に出版した自分の本を「人種の違いについての仮説的な理論の帰結すべてが完全に崩壊している」[4]として撤回した。

このレビューは、より最近のテスト結果のいくつかを要約したものだ。それは、さまざまな国や人種のグループの比較研究が、既存のテストではできないことを示している。また特に、これらの比較人種研究の中でも最も仰々しいものの1つである筆者自身の研究が、根拠のないものであったことも示した。[5]

知能とは通常、学習能力のことを指す。しかし、学習とは、時間をかけて行なわれるプロセスだ。そのプロセスを静的なテストで測定することは容易ではない。そのため、アーミー・アルファや知能テストでは、受験者が学んだことを測定することにした。それは一連の事実かもしれないし、言葉による類推や分数の掛け算などのスキルかもしれない。その核となる仮定は、生まれつき物事を学ぶのが得意な人は、すでに多くのことを学んでいるということだ。そして、テストに出題された事柄も学んでいるはずだった。

しかし、人が何を学ぶかは、文化や経済的階級、そして意欲や好奇心などの性格因子に左右される。知能テストはその性質上、このような因子を認知能力と混同してしまう。そのため、因子を切り離すことは難しい。

優生学の亡霊は、そう簡単には瓶の中に戻せなかった。アーミー・アルファ派の心理学者の1人、ヘンリー・H・ゴダードは、エリス島で知能テストを実施した。彼は、移民のほとんどが「意志が弱い」と報告した（ただし、これは一等船室の乗客ではなく、三等船室の乗客に限られる）。[6]このような主張とブリガムの著書により、アメリカの法律家は「北欧」以外の国からの移民を拒否するようになった。一九三〇年代のドイツでは、アドルフ・ヒトラーが優生学を支持するアメリカを賞賛して権力を握った。しかし、ナチス政権の台頭とホロコーストの惨状がニュースで報道され、知識人の間で話題になったことで、優生学やその背景にある人種理論に対する二〇世紀半ばのアメリカの熱狂的な支持は失われた。また、知能テストにも疑いの目が向けられた。

悪影響

一九七一年の最高裁判決「グリッグス対デュークパワー」は、アメリカの採用活動で知能テスト普及を終わらせる決定的な一撃となった。被告は、ノースカロライナ州にある電力会社デュークパワー社で、同社は長い間、作業員を差別する方針をとっていた。アフリカ系アメリカ人は、低賃金で別の部署に配属されていたが、これは一九六四年の公民権法によって違法となった。デュークパワー社は、建前上高給の部門を全人種に開放していたが、応募者には高校卒業資格か知能テストで一定の点数を取ることを要求した。実際には、デュークパワー社の黒人応募者は白人に比べて貧しく、教育を受けていない傾向があったために、条件を満たす者はほとんどいなかった。最高裁は、カロライナ州の裏山で行なわれた過酷な屋外労働には、卒業証書や知能テストの点数は重要ではないと判断した。知能テストは、議会が禁止している差別を永続させるための抜け道として利用されていたのである。

そこで裁判所は、中立的な必要条件やテストであっても、マイノリティーグループのメンバーの雇用や昇進が明らかに少なくなるような場合には、それは差別になると判断した。これは「悪影響」(adverse impact)と呼ばれている。

グリッグス対デュークパワーの裁判では、裁判所は雇用における「公正」の意味を明らかにしたが、これは哲学的には複雑な問題だ。この問題は、社是で多様性を謳っている現代の企業にも影響を与える。シリコンバレーの典型的な問題として、男性が圧倒的に多いブロ・カルチャー(男性優越主義)の会社を考えてみよう。例えば、100人の求人があり、1,000人の応募者がいて、そのうち400人が女性だったとする。客観的に判断できたと仮定した場合、最も優秀な100人の応募者の55人は女性だった。採用される人のうち、何人を女性にすべきだろう?

(a)40人。これは、この会社を選んで応募した人たちの性別の内訳を反映しているからだ。男性の応募者と女性の応募者は、採用されるチャンスが同じであるべきだ。

(b)世界の約半分が女性であることから、約50人。新入社員の属性は、一般の人々の属性と一致するべきである。

(c)約55人。なぜなら、それは最も優秀な応募者に占める女性の割合だからだ。性別に関係なく、最高の資格を持った人を採用すべきである。
(d)100人全員。なぜなら会社にはすでに男性が多すぎるからだ。新規に採用する場合は、以前の偏見を修正する必要がある。

これらの答えにはそれぞれに理由があった。ほとんどの雇用者は、可能な限り有能な労働力を求めているため、能力主義の答え(c)を好む。彼らは、より有能な人を見逃すことなく、多様性を実現できると信じたいからだ。

米国の法律では、最も有能な人材を雇用するという雇用主の権利が認められている。しかし、差別的な訴えがあった場合、雇用主は、成功するであろう人を今の評価方法で特定できる、という事実を証明する必要があるかもしれない(雇用の領域では、何かを証明することはそれほど簡単ではない)。

事実上、悪影響に関する原則は回答(a)を支持している。採用される女性の割合は、応募者の中の女性の割合と同じであるのが理想的だ。この基準を満たしている雇用主は、差別の訴えに対して容易に防御することができる。

今日の「悪影響」は、一九七八年に司法省が採用した「5分の4ルール」によって定義されている。このルールは、大企業に対し、すべての「保護階級」から同程度の割合の応募者を雇用するよう助言するものである。保護階級とは、法律によって雇用差別から保護されているグループのことだ。例えば、性別、民族、宗教、出身国、年齢、障害の有無など。州によっては、保護階級をさらに追加しているところもある。

5分の4ルールでは、雇用主に対して、保護階級ごとに採用された応募者の割合を計算するよう求めている。このようなグループの最小の割合は、最大の割合の5分の4以上でなければならない。例えば、黒人の採用比率は、白人の採用比率の80%から125%の範囲である。この比率が80%を下回ると、黒人の応募者は人種による差別を訴えることができる。また、125%を超えると、白人の応募者が差別を訴えることになる。

5分の4ルールには若干の余地があるため、(a)と(c)の考え方は、実際にはあまり変わらないかもしれない。しかし、それは保証されたものではない。実際には、求職者は悪影響が存在するかどうかを知るための必要なデータをほとんど持っていない。差別訴訟は、圧倒的な証拠があって初めて追求される傾向にある。

グリッグス対デュークパワー裁判は多くの結果をもたらしたが、その中には意図しないものもあった。その1つが、「人種の標準化」と呼ばれる行為だ。例えば、ある適性テストが、特定の仕事におけるパフォーマンスを予測するのに適していることが知られているとする。しかし、そのテストは人種によって多少の偏りがあることも知られていた。人種の標準化では、全員が自分の人種(またはその他の保護階級)に基づいて採点される。つまり、アジア人の中で上位10%に入るアジア人は、白人の中で上位10%に入る白人と同程度の能力があると推定される、ということだ。これにより、悪影響を回避しつつ、企業は慣れ親しんだテストや評価方法を使用することができる。

一九七〇年代から八〇年代にかけて、アメリカの連邦政府と38の州が人種の標準化を導入した。しかし、保守派はこれをアファーマティブ・アクション(マイノリティー優遇措置)になぞらえ、逆差別にあたると主張した。ジョージ・H・W・ブッシュ大統領が署名した一九九一年の公民権法は、人種差別を合法的なものではないとした。

米国の雇用法では、偏見を減らすために雇用主ができることよりも、できないことの方がより具体的に定められている。明らかに頭の回転の速さを必要とする仕事であっても、雇用者は悪影響のために、知能テストや適性テストの実施に慎重になっていた。悪影響が存在するかどうかは、企業がコントロールできない要因に左右される。米国企業の中には、海外からの優秀な応募者が多く、その結果、特定の国籍の人たちの雇用率が高くなっているところがある。これは、アメリカの白人のように通常は優遇されているグループにも悪影響を及ぼす可能性がある。反対に、ある保護階級の不適格者が予想外に多く応募してきた場合には、問題が生じる可能性もある。

とはいえ、今日の雇用主たちは、誰が応募するかを決定する力をかなり持っていた。人々が目にする求人情報は、リンクトインやフェイスブックのようなサイトが、彼ら（応募者たち）について知っていることに基づいて作られている。一般的に言えば、その情報は多い。デジタル技術の研究グループであるアップターンのマネージングディレクター、アーロン・リーケは、「世界中の他のデジタル広告と同様にＡＩは、誰がどのような仕事内容を見ているかを選別するのに役立っています」[7]と述べている。より多くの資格を持った女性やマイノリティーの応募者を必要としている企業は、彼らにアプローチする手段を持っている。

悪影響に関する法律的、科学的、哲学的な考え方は、あるパラドックスを浮き彫りにした。仕事の成功を予測するのに十分な力を持った評価方法を考案するのは、それほど難しいことではない。しかし、これらの方法は、一般的に、ある文化的な枠組みの中で表現される。才能のある応募者は、その手法の基礎となる文化に触れる機会が少ないと不利になる。これが今日の採用活動の最大の課題の1つだ。

性格テスト

一九九六年、心理学者のロバート・ホーガンやジョイス・ホーガン、それにブレント・W・ロバーツは、『雇用機会均等、社会正義、生産性向上のための力』[8]と題したエッセイを発表した。彼らは、雇用のための性格テストについて語っている。

心理学者たちは、性格テストは「人種や国家グループ、身体障害者や高齢者を組織的に差別するものではない」[9]と主張した。したがって、性格テストは、知能テストよりも悪影響を及ぼす可能性が低いとしている。

採用時の性格テストでは、一般的に「5因子モデル（FFM）」（ビッグファイブ）を実施していた。一九六一年、テキサス州ラックランド空軍基地に勤務していたアーネスト・チュープスとレイモンド・クリスタルの2人の米空軍心理学者が、性格の「比較的強く、繰り返し現れる5つの要因」[10]を特定した。彼らは、入隊者が自己申告した性格特性のデータを集計し、相関関係を調べた。

「ビッグファイブ」は難しいロケット科学のようなものではない。性格の周期表のようなものだ。理論的には、私たち1人ひとりは、その5つの位相のどこかに位置することができる。特質はOCEAN（開放性［Openness］、良心性［Conscientiousness］、外向性［Extraversion］、快活性［Agreeableness］、神経質性［Neuroticism］）と覚えておけばいいだろう。

これらは、（体験に対する）開放性を除けば、ほぼそのままの意味だ。開放性は、冒険、新しいアイデア、型破りなアイデア、文化的な追求に対する好奇心と関心を測定する。より広い意味では、開放性は創造性、想像力、抽象的な言葉で考える能力と関連している。

5つの次元のそれぞれは、基本的な特性とその反対の特性を測定する尺度である。外向性の尺度では、極端な外向性の人が一方の端に、極端な内向性の人が他方の端に位置していた。ほとんどの人は、その中間に位置する。それは他の4つの尺度にも当てはまる。

「神経質性」（神経症的傾向）は、フロイト的な響きを持つ否定的なレッテルを貼られた尺度だ。チュープスとクリスタルのオリジナルの名称である「感情の安定性」（情意安定）を好む人もいる。これは神経質性の反対語と考えられているので、どちらを尺度の名前にしてもいいだろう。

一九六一年に、チュープスとクリスタルが空軍の技術報告書で発表したものは、学術的にも産業心理学者にもほとんど注目されなかった。しかし、その後の数十年間で、多くのチームがビッグファイブモデルを見直した。採用に役立てるためには、性格テストの結果が将来の仕事の成果を予測する必要がある。一九九〇年代までは、そのデータは少なく、曖昧なものだった。その後、テスト結果と職場での生産性の間に、相関関係があることを主張する研究が相次いだ。同時期に、性格テストは紙と鉛筆で行なうものから、短時間で受験でき、採点できるオンライン試験に移行した。現在では、アメリカ人労働者の60%から70%が何らかの性格テストを受けていると言われている。[11] シーヴィエス、ホーム・デポ、ロウズ、ノキア、ウォルグリーン、ゼロックス、ヤン・ブランズなど、多くの大企業がこのようなテストを採用している。二〇一四年の試算では、性格テストビジネスは年間5億ドルに上ると言われている。[12]

性格テストは通常、自己申告制である。応募者は、「私は場を盛り上げるタイプです」というような文に、同意するかしないかをたずねられる。ほとんどの項目が、何を測定しようとしているかは明らかだ。質問者の明確な関心は、応募者が自分自身を偽って伝えることができるという点にある。

ホーガンとロバーツは、「項目の支持は、自己報告ではなく、自己提示である」[13]と書いている。彼らは、受験者が必ずしも自分のことを言っているわけではないし、自分が思っていることを言っているわけでもないと主張する。受験者は他人にどう見られたいかを言っているという。「始めた仕事はすべて終わらせる」と主張する人は、実際にはそうしていないかもしれないが、そのことを重要な価値として支持している。

性格テストは長いので、応募者はたいてい急いでしまう。ぬけがけはやめて、多少なりとも率直に答えるのが一番楽で、多くの人がそうしているようだ。市販のテストは、心理学者の対面評価との比較で検証されている。信頼性に欠ける項目はアンケートから除外され、性格を表わすのに最適な項目だけが残されている。

良心性（おおまかに「労働意欲」の意）は、通常、採用の際に最も重要な属性と考えられている。良心性のスコアが低い人には、マイクロソフト社の採用担当者が嫌う「何も達成しない高ＩＱの人」が含まれているかもしれない。高い外向性のスコアは、営業職や人と接する仕事には不可欠だ。だが、それ以外の仕事では、中間か低めのスコアでも問題ない。デザイン、コンサルティング、広告などのクリエイティブな分野では、経験に対するオープンさ（開放性）が求められる。

「何か悪いことがあったとき、立ち直るまでに時間がかかる」。マクドナルド社の求人に応募する人は、この文章に出くわすかもしれない。「同意する」をクリックすると、神経症と相関があると言われてしまう。このような応募者は、気分屋で、人とうまく付き合えず、仕事にも集中できないのではないかと推測される。こうした従業員は、紛争、解雇、訴訟、「不運」をもたらす割合が高いという結論に達するのは簡単だ。

バージニア州アーリントンにあるセブ社の副社長、ケン・ラーティは、オンラインの性格テストによって、「応募者のうち、30%の最も不適格な者を選別することができる」[14]と主張している。要するに、迅速で安価なテストによって、雇用主は不満分子、怠け者、トラブルメーカーを回避し、仕事を成し遂げる意欲を持ったチームプレイヤーを見極めることができるという。何が悪いのか?

バーナム効果

一九四七年、心理学者のロス・スタグナーは、人事担当者たちに性格テストを行ない、占星術の本から引用した偽の結果を報告して、彼らをだました。その後、スタグナーは人事担当者に自分の「調査結果」の正確さを評価してもらった。その結果、ほとんどの人がスタグナーのレポートに高い評価を与えたのである。

翌年には、バートラム・R・フォーラーがさらに有名な試みを行なった。フォーラーは39人の学生に偽の性格テストを行なった。それぞれの学生が同じ偽の評価を受け、そこには次のような内容が書かれていた。

あなたは、他人から好かれたい、賞賛されたいという欲求が強い。
あなたには自分自身を批判する傾向がある。
あなたの性的不適合が、あなたにとって問題となっている。

あなたは自分が自主的に考えることができると自負しており、納得のいく証拠がないと他人の発言を受け入れない。

スタグナーの人事担当者と同じように、フォーラーの学生たちも自分の個性を表わす言葉として、このような評価を無批判で受け入れていた。

フォーラー効果やバーナム効果(「1分間に1人のカモ[だまされやすい人]が生まれる」[15]で有名なP・T・バーナムにちなんだ言葉)と呼ばれるほど、ガッチャ(仕掛けたいたずらが成功して「やったぜ!」)研究の文献は充実している。つまり、根拠のない性格診断であっても、ほとんど誰にでも当てはまるような一般的なもので、明確で、権威のあるものであれば、それは正しい診断として受け取られる傾向があることを示している。

性格テスト(およびその他の評価手法)の人気には、バーナム効果が影響しているのではないかと考えられている。ミシガン州立大学のフレッド・モーガスン教授は、「経営者には、性格が重要だという事実が直観的に魅力に感じられる」[16]と説明する。起業家はテクノロジーの分野で活躍してきた人が多く、その場で人事を学ぶことが多いため、性格診断は特に魅力的に映る。オンラインの性格テストは、定量的でデジタルなので、追加の費用がほとんどかからない。現代の経営者なら誰もが、その効果を信じたいと思うだろう。しかし、テストのマーケティング担当者がほとんど公表しないのは、経営者(そして私たち)が当たり前だと思っているような予測力を持つ従業員評価の手段など、そこにはないということだ。モーガスンは、性格テストと仕事の成果との関連性は、「この分野が私たちに信じさせているよりもずっと低い」と考えている。

行動に関する質問

対面式の面接が採用の基本であるため、産業心理学者は、どのような面接テクニックが最も仕事の成果を予測できるかを明らかにするために、多くのリソースを費やしてきた。二〇世紀の不朽のイノベーションの1つといえば、行動に関する質問だ。「あなたは上司に言われたことをやったことがありますか？　その結果どうなりましたか？　仕事を終えるのに、十分な時間がなかった時のことを話してください。不当な要求をする顧客に、対処しなければならなかった時のことを教えてください」。面接官は、行動に関する質問を、非公式な人格テストと考えている。その理由は、テストで良い資質をチェックするのは簡単だが、まとまった物語を作るのは難しいからだ。行動に関する質問が引き出すストーリーは、（多かれ少なかれ）真実であり、応募者が将来、同じような状況にどのように対処するかについて語る傾向がある。

行動に関する質問は、ビデオ面接や人工知能によってアップデートされている。ハイアービュー社は、広く利用されているビデオプラットフォーム[17]を販売しており、求職者は携帯電話やパソコンでビデオを録画しながら一連の行動に関する質問に答える。ハイアービュー社の最高技術責任者であるローレン・ラーソンは、「私たちは、感情、使用する言葉、能動的な動詞と受動的な動詞、『えーと』と言う頻度など、何万ものデータを記録しています」と説明する。「笑顔がない人は、小売業の仕事には向いていないでしょう[18]」。

このシステムは嘘発見器ではないが、声のトーンや顔の表情を解析して、誠実さや緊張感を判断する。採用担当者は面接のビデオを見ることができるが、応募者は面接のビデオを誰が見たかを知ることなく不合格になる可能性がある。ハイアービュー社のクライアントには、アトランタ公立学校、ボストン・レッドソックス、デルタ航空、カーニバル・クルーズ・ライン、イケア、インテル、ケーラー、コルゲート・パーモリーブ、クラフト・ハインツ、ティー・モバイル、ユニリーバ、アーバン・アウトフィッターズなどがある。[19]

対面式であろうとオンライン式であろうと、行動に関する質問は採用担当者の間ではよく知られている。求職者にとっては、比較的簡単でプレッシャーの少ない質問だと思われるかもしれない。しかし、これは地雷原でもある。行動に関する質問は、悪い上司、陰謀を企む同僚、そして不運について吐き出すための招待状だ。残念ながら、面接官は、起訴されてニュースで報道されていない限り、あなたの最悪の上司を知らない。求職者が悪い上司の愚痴を言えば言うほど、面接官は、双方に非があったのではないかと疑ってしまうかもしれない。面接官は、愚痴が多い人は気難しいのではないか、今の上司や同僚について話す彼の話し方は、採用された場合に、新しい会社について話す彼の話し方を予見しているのではないか、と懸念するかもしれない。

行動に関する質問もバーナム効果とは無縁ではない。面接官は、不作法な逸話が人柄を明らかにする、と信じすぎているのかもしれない。また、これらの質問は有名になりすぎたため質問の役割を果たさなくなっている。ボストンを拠点とするデジタル戦略家のブレット・ルディは、「誰でも自分のことを15分間話すことができる」[20]と述べている。彼は、標準的な行動に関する質問は「誰もが準備しているので役に立たない」と考えていた。世間知らずな求職者以外は、よくある質問を知っていて、十分に練られた一連のエピソードを持って面接に臨むようにアドバイスされている。４つほどの質問を予想して、それに対応できる行動を準備しておけば十分だろう。

・目標を達成するために必要な時間やお金、資源が足りなかった時
・気難しい同僚や顧客、上司に、倫理に反することや愚かなことをさせられた時
・大きな失敗をした時（そこから学んで修正した時）
・期待以上の成果を上げた時

もし、面接官がめったにしない独創的な質問をした場合、経験豊富な応募者は、政治家と同じようにする。「それはいい質問ですね。私に言わせてもらえば…」と、お決まりの逸話を披露するのである。

ワークサンプリング（稼働分析）

ルイス・アブレイユは、イギリスのブライトンを拠点に活動するユーザー・エクスペリエンス・デザイナーだ。二〇一四年に開催されたカンファレンスの後、彼はアップルの「iOS 8」におけるプライバシーとセキュリティのアップデートをまとめたウェブ記事を書いた。この記事は開発者の間で人気を博し、アブレイユは「アップルで働いてみないか[21]」というメールを受け取った。

アブレイユは、「もちろんです！」と答えた。

その後、3回の電話面接と5回の対面面接が行なわれ、それぞれ30分ほどで終了した。そして3週間後、アブレイユは、クパチーノにある憧れのアップル本社に招待された。アップルはアブレイユの

航空券と3泊分のホテル代を支払った。

現地での面接は、サンプルワークを中心としたもので、1日がかりで行なわれた。それはワーキングランチをはさんだ6時間の面接で、10人の面接官がついた。イギリスに戻ったアブレイユは、1週間後に「あなたの応募をこれ以上先に進めることはできません」というメールを受け取った。

アップルのスペースシップの本社で面接を受けたことのある人の多くは、これによく似た話をしている。(1)アップルは突然、応募者に連絡してきた。(2)決定プロセスには、3カ月以上にわたる十数回の面接があり、アップルは高額な旅費とホテル代を負担した。(3)アップルは応募者を素っ気ないメールで拒絶した。

多くのえり抜きの企業では、現在、このような採用状況になっている。数多くの優秀な人材を面接して、そのほとんどを不採用にする。これが、偽りのないポジティブな哲学の実践だ。アップル社ではうまくいっているようだが、求職者にとっては必ずしもそうではない。「私の時間は、彼らにとって間違いなく商品だった[22]」と、別の応募者は語っている。

ワークサンプリングは、現代の評価のもう1つの柱だ。応募者には、マーケティング・プランの作成、アプリのコーディング、契約書の作成などのサンプル課題が与えられる。応募者は、面接時に、あるいは制限時間内に課題を完成させることが求められた。マイクロソフト社はワークサンプリングの先駆者であり、それに伴って1日がかりのマラソンのような面接が行なわれるようになった。現在、ワークサンプリングはテクノロジー業界ではほぼ一般的に行なわれており、専門的なスキルを必要とする分野では広く普及している。

ワークサンプリングの前提は、「証拠はプディングの中にある」〔プディングがうまいかどうかは、食べてみなければわからない。つまり、実際にやってみなければわからない〕というものだった。応募者が、ある技術的なタスクをどのように処理するかで、その応募者が仕事で、同様のタスクをどのようにこなすかが予測できるはずだ。常識と研究の両方がこの信念を支えている。

ワークサンプリングは、雇用主にとって比較的コストのかかる作業だ。複数の技術系社員が面接や、完了した課題の調査のために時間を割く必要があるからである。そのため、マイクロソフト社をはじめとする雇用者は、不合格と決めたら面接を突然打ち切る方法をとっている。スペースX社では、ある面接官が応募者との相性が悪いと判断した時点で、面接プロセスを中止する。[23] スペースX社を率いるイーロン・マスクは、すべての採用決定は全会一致でなければならないと宣言している。

ワークサンプリングにも問題はある。エンジニアのディーペッシュ・デオムラリは次のように説明している。「マーク・ザッカーバーグでさえ、Java のライブラリの詳細を忘れてしまったり、面接官の中には『この人は当然、知っているべきだ』と思う人もいたりして、すべての面接をクリアできないかもしれません」。現実の世界では、プログラマーは自分のペースで仕事ができ、覚えていないことは調べることができる。

もう1つの懸念は、テストに合わせた指導だ。標準化されたテストでは、ネブラスカ州の州都をたずねることがある。これは、ある州都を問う問題の答えを知っている生徒が、他の問題の答えも知っていることを期待してのことだった。しかし、テストがネブラスカ州の州都だけを問うものだと皆が知っていれば、教師は他の問題を省略することができる。そうすることで点数が上がり、点数にこだわる時代には、教師や生徒も良く見える。しかし、実際には生徒はあまり学んでいない。

ソフトウェアエンジニアの場合、これに相当するのがリートコード（LeetCode）面接である。リートコードは、エンジニアに数百もの典型的な技術的質問や面接の作業課題を提供する、人気の高いコーディングおよび面接対策サイトだ。リートコードのウィンドウの右側にはコードエディタがあり、ユーザーは選択した言語でコードを入力することができる。そのコードを実行したり、他のユーザーがレビューしたりすることもできる。リートコードは、10歳の天才から中堅の転職者まで、誰もがコーディングを学べる道を提供している。このサイトでは、特定の企業でたずねられた質問を難易度別に分類し、模擬面接を行なうことができる。ハッカーランク（HackerRank）、インタビュービット（InterviewBit）、トップコーダー（Topcoder）などのサイトも同様の機能を提供している。

その結果、コーダーたちは人気のある技術的な質問を研究して準備をしているので、面接官は良い問題や作業課題に困ることが多く、コード練習サイトからそれらを調達することになる。これは、あるシスコのエンジニアが言ったように、「1つのことに対して過剰な最適化を行なう」[24]ことにつながる。応募者は、リートコードが投げかけるような質問に答えるのが得意になる。このような質問には、簡単に解ける課題に対する効率的で、直感的ではない答えを見つけることが重要だ。そしてこれは、実際のアプリケーションの構成要素となりうる。しかし、リートコードの質問は、大局的な見地に立っていないと非難されている。大局的な見地とは「問題の全体的なアーキテクチャを考える能力」[25]だと、あるグーグル社員は言う。この能力は、より広範な知識、直感、スキルを必要とする。また、あるエンジニアはこう言った。

リートコードスタイルの問題が、その人が専門分野で優れたエンジニアであることを示す良い指標になる、と思う人はいるでしょうか？　以前私は、ファング（FAANG）の面接官とこの議論をしたことがあるのですが、いつも次のような答えが返ってきました。「個人的に、それを重要だと思っているかどうかとおたずねですね？　それはノーです。でも、志願者が問題を解決する方法を理解するのには役立つと思いますよ」。正直なところ、ほとんどの面接官は、自分が個人を評価していることすら信じていないのに、やむをえず、求められた方法を守らざるを得ないようにされている。ファングの面接が、リートコードのアレンジ以上のなにものでもないことは、誰もが知っていることです。[26]

これは失敗したケースだ。ワークサンプリングは（他のものと同様に）ノイズの多い指標だが、これ以上に、特定の定義可能なスキルセットの能力を測定する、より良い方法はないようだ。しかし、面接のために詰め込んだ応募者でも、何かを学んで、やる気を示していた。

えり抜かれた企業の採用担当者は、リートコードにはあまり興味を示さない。彼らが口にするのは、グーグルで古くから使われている「フォールス・ポジティブ」（false positive）と「フォールス・ネガティブ」（false negative）という言葉である。フォールス・ポジティブ（誤検知）とは、面接に合格して採用されたにもかかわらず、結果的にうまくいかなかった場合（後悔型採用）を指す。逆にフォールス・ネガティブ（検知もれ）とは、優秀な社員になるはずの応募者が、面接の出来が悪かったために不採用になってしまうことだ。

どちらのケースも同じように悪いと思われるかもしれない。あるいは、フォールス・ネガティブの方がより好ましくないと思われるかもしれない。しかし、組織の考え方は違う。アマゾンのジェフ・

ベゾスは、「間違った人を採用するくらいなら、50人を面接して誰も採用しない方がましだ[27]」と言っている。フォールス・ネガティブをしても誰も責められない。企業は、優秀な応募者を逃したことを知るすべがない。しかし、フォールス・ポジティブでは採用されて、チームの一員となる。仲間たちは、成績不振者の尻拭いをするために、より一層努力しなければならない。悪質な従業員を解雇する必要が生じた場合、コストがかかり、精神的にも疲弊してしまう。フォールス・ポジティブは、その採用を承認したすべての人に悪い影響を与え、慎重な姿勢を促すことになる。それでは、多くの有能な応募者がいる場合、なぜ企業はチャンスを逃すことがないのだろうか？

集団面接

アップル社は他のハイテク企業とは異なり、世界的規模で事業を展開する小売店のチェーンでもある。新しいアップルストアでは、1つのポジションに50人の応募者が集まることもあった[28]。全員を1対1で審査するのは現実的ではない。そこでアップルが採用したのが、集団面接だ。何十人もの応募者が1つの大きな部屋に集められ、性格テスト、リアリティショー、激励会などを組み合わせたロールプレイを行なう。通常、アップル社の社員数名が面接官兼司会者として、グループに質問やゲームを投げかけ、応募者が順番に答えていく。よくある例は、「自己紹介してください。それが本当かどうか、グループで推測してください」というものだ。

ほとんどの人は嘘が下手だ（行動に関する質問の基本）。群集の知恵は欺瞞を見抜くのにかなり優れている。しかし、群集をだましてこのゲームに「勝つ」かどうかは重要ではない。アップルは、最も説得力のある嘘つきとしてあなたを採用するつもりはない。

集団面接はスピードデートだ。面接官に好印象を与えるために、応募者がスポットライトを浴びる時間はあまりない。良い戦略は、可能な限り質問を仕事に関連したものに戻すことだ。だが、そこには、中学時代にKPOPスターに関するインスタグラムのアカウントを始めて、10万人のフォロワーを獲得したことがあれば、そのことに触れてみたいという誘惑がある。

お見合いの際に、こんなアドバイスを聞いたことがあるかもしれない。あなたのデート相手が、ウェイターをどう扱うかを見てみよう。それが相手の本当の姿だ。アップルの集団面接も同じようなもの。面接官は何よりも、応募者が他の応募者にどう接するかを見る。それは、面接官との接し方と同じくらい、あるいはそれ以上に、その人の職場でのふるまいを表わしている。合格者は、他の人に自己紹介をして交流し、悪口や陰口を言わないようにしたのだろう。

奇抜な質問

1対1の面接だけでなく、集団面接でも「奇抜な質問」はよくある。これは、普通ではない質問の総称だ。奇抜な質問の中には、はっきり言って、くだらないものもある。

あなたの最大の強みは何ですか？
あなたの好きなディズニープリンセスは？
あなたは箱の中の新しいクレヨンです。あなたは何色ですか？

このような質問には正解がない。「正解がない」と（気取って）あなたは言うかもしれない。面接官がこのような質問をするのは、自分たちがいかにヒップ（流行に敏感）で、クリエイティブで、若者好みであるかをアピールするためだ。こうした質問は、カルト的なカルチャーフィット（企業文化に対する適応性）の一例である。雇用者は、会社には独自の文化があり、その文化を守るためには、多少なりとも取るに足らない質問をして、その回答によって明らかになった、その会社に適合する人だけを採用しなければならないと考えていた。カルチャーフィットはダイバーシティの対極にあると理解されているかもしれないが、この2つの言葉はしばしば同列に語られる。

「ゾンビによる世界の終末が起きたらどうしますか？」カプリオッティのサンドイッチショップのCEOであるアシュリー・モリスは、応募者にこの質問をする。「正解はない」とモリスは言う。「私たちが望むのは、その人の内面を知り、その人にとって本当に大切なものは何か、その人のモラルは何か、そして彼が文化的なレベルで、企業に馴染めるかどうかを知ることです[29]」。

オラクルの共同創業者であるラリー・エリソンは、人材採用担当者に「あなたは自分が一番賢いと思いますか？[30]」とたずねる。ノーと答えると、次は「あなたが知っている中で最も賢い人は誰ですか？」とたずねる。オラクルの採用担当者は、こうしてその人（最も賢い人）を採用しようとする——そんな伝説がある。

ワービーパーカーの代表的な質問は、「前回着た衣装は何ですか？」である。共同創業者兼CEOのデビッド・ギルボアによると、これはワービーパーカー・ブランドの「楽しさと奇抜さ」を試すものだそうだ。「世界で最も技術的に優れた人材を採用しても、ここでの仕事のスタイルに合わなければ、その人は成功しません[31]」。

ベンチャーキャピタリストでペイパルの共同創立者であるピーター・ティールは、彼のお気に入りの面接問題として、「ほとんど誰も同意しない真実を、何か教えてください」を挙げて話題となった。ティールは、「これは、考え方の独創性と、面接官が同意しないことを話すのは、常に社会的に気まずいという難しい面接の状況下で、発言する勇気を試すテストのようなものです[32]」と説明している。ティールの報告によると、最も多い回答は、「教育システムが壊れており、早急に修正する必要がある」「アメリカは例外的である」「神はいない」の3つだそうだ。ティールは、いずれもお粗末な回答だと判断している。最初の2つのケースは、「ほとんど誰も同意しない」と言えるほど不人気な意見ではない。ティール（ゲイのクリスチャンでリバタリアン）は、3つ目の意見について、「よくある議論の一方の側に立っているだけだ」と述べている。

ティールの質問は、「あなたの最悪の欠点を挙げてください」という昔からある定番の質問と同様に、ジレンマを抱えている。良い答えとは、説得力があり、かつ非常に評判の悪いものでなければならない。感謝祭の食卓のように、政治や宗教の話は避けた方がいいだろう。また、仕事上の論争でどちらかの側につくこともよく考える必要がある。面接官はあなたよりも自分の方が専門家だと思っているだろうし、反対の意見を持っているかもしれない。

ティールは、成功している企業は、「世界がどのように機能しているか、オープンだが意外と知られていない秘密[33]」に基づいて設立されていると書いている。ティールは、エアビーアンドビー、ウーバー、リフトなどの企業を挙げているが、これらの企業は、多くの人が、もし簡単な方法があれば、家や車を短期的に貸したいと思っている、という事実を認識していた。ティールの質問に対する良い答えは、ビジネスピッチ（短いプレゼンテーション）に発展させることができるものだ。人々が喜んで共有したり、貸したり、売ったり、寄付したりするものについて話し、アプリがそれを適切な受取人とマッチングすることができる。

似たようなものとして、「あなたは許可を求めますか、あるいは、許しを求めますか？」という質問がある。面接官は、斬新な取り組みに対して上司や当局の承認を得るのか（「許可を求める」）、それとも先に行動して結果に対処するのか（「許しを求める」）をたずねている。この質問をした面接官は、「許しを求める」という答えをより起業家的であると見なしていると考えてよいだろう。彼らは、規制当局の承認を待たずに、都市部の歩道に車両を置いた電動スクーター業界のようなものを考えている。

だからといって、「許しを求める」という答えを全面的に支持すべきではない。この質問は、ザッポスのトニー・シェイが広めた質問と比較することができる。「10段階評価で言うと、あなたはどのくらい変わってますか？」[34]あなたは変人であるべきだが、変人すぎてもいけない。

この場合、すべての企業や組織は、従業員にしかるべき手続きを踏むことを期待する管理層である。自分の意見にばかり反応している社員は、誰も望んでいない。組織や社会のルールが大切なときは、許可を得るべきだ。それ以外の方法では、確実に負ける立場を守るために、ただ時間を浪費することになる。ディスラプション（破壊）をもたらすスイートスポット（ビジネスなどで最高の結果をもたらす状況）は、まだルールが考案されていないときの話である。その時には、大胆で全体的に有益な独創性が成功する可能性が高い。

「もしあなたが動物だとしたら、何がいいですか？」これは、ばかげた面接質問のプラトン的イデアであるには違いない。スタートアップ企業（大きな成長を期待できる）からフォーチュン500企業まで、さまざまな企業でこの質問が使われていることは、何ら衝撃ではない。この質問をする人は、真剣に考えている。オーバーストック社の元社長であるストーミー・サイモンは、「面接を受けた者が、レッサーパンダはとてもかわいくて親しみやすいと思われているので、自分もレッサーパンダに共感していると言ったのだが、実際は怠け者だった」と振り返っている。「その候補者を採用したが、3週間後には辞めてしまいました。これはこの質問がいかに重要であるかを示しています」[35]。

その通りだ。面接で不条理な質問をしたからといって、特定の起業家や企業が素晴らしい成功を収めることができなかったわけではない。このことは、今日の採用活動の状況を見れば誰もが認めるところだろう。しかし、その質問が成功をもたらしたかどうかは別問題だ。

おそらく、ロックスターのような起業家は、どんな質問をしてもいいし、バーナム効果の影響を受けやすいということなのだろう。しかし、応募者は、回答のスコアリングが特異で不可解なものになるかもしれないと心配する必要がある。すべての面接官がエリソンやティールのように有名ではないが、ほとんどの面接官は独自の（グーグルでは検索しにくい）意図を持っている。

ワービーパーカー社でも、奇抜な質問はハロウィンの仮装コンテストではない。最も独創的で奇妙な回答をしたからといって採用されるわけではない。あなたは質問の主旨に沿って行動することが求められる。「ディズニー映画は見ません」とか「一番なりたい動物は、生物学的には動物である人間です」などと言ってはいけない。それは面接官に、彼の貴重な質問が愚かであることを伝えるからだ。それを伝えるのはあなたの仕事ではない。

面接は有効か？

就職面接が広く行なわれるようになったのは、一世紀以上前のことだ。そのほとんどの期間、面接は心理学、社会学、経営学の専門家による研究の対象となってきた。研究者たちは、面接と仕事の成果との関係を明らかにするために、大規模なデータセットを集めた。このような研究は、伝統的な質問、行動に関する質問、仕事のサンプリング、（程度は低いが）奇抜な質問やロジックパズル（論理パズル）などの使用にまで及んでいる。面接は、職場での成功を予測するものとして、認知テストや性格テストと比較されていた。

こうした研究には、いくつかの注意点がある。私たちは、チョコレートの健康への影響について、さまざまな研究を目にしてきた。問題は、チョコレートは単独では存在しないということだ。エムアンドエムズ（M&M'S）を食べている人と、職人技のトリュフを食べている人とでは、ライフスタイルが全く違うかもしれない。また、チョコレートには健康上のメリットがある一方で、肥満や糖尿病などの不健康な結果を引き起こす可能性もある。研究の考案者がすべての変数をコントロールするのは現実的ではない。メディアは、チョコレートが「体に良い」とする研究を、たとえその研究がスモア諮問委員会によるお粗末な意図と資金提供が背景にあっても、取り上げている。チョコレートを肯定する研究が偏って注目されることで、科学がどのような状況にあるかについて歪んだ認識が生まれる。

採用に関する研究にも同様の問題がある。1つの面接手法を独占的かつ一貫して使用する雇用者はほとんどいない。また、無作為に応募者を集めた対照群を採用し、彼らが仕事でどのような成果を上げたかを追跡できる立場にはない。学術的なデータの多くは、大学生やネット上のボランティアが行なった模擬面接から得られている。それが実際の職場にどれだけ当てはまるかは議論の余地がある。しかし、有望な面接テクニックはビジネスや一般のメディアで取り上げられ、採用されたり、（多くの場合）幻滅されたりする。これは、エジソンの時代から続いていることだ。

このような条件を手にした上で、100年に及ぶ定評ある研究によって明らかになったことを見てみよう。最も重要な発見は、採用面接は仕事の成果を予測するには適していないということである。心理学者は何十年もの間、このことを雇用者に伝えようとしてきたが、雇用者はそれを聞こうとしない。

一九九四年、アレン・I・ハフカットとウィンフレッド・アーサー・ジュニアは、面接による採用の決定が、その後の仕事の成果における統計的変動〔ばらつき〕のわずか4%を説明するに過ぎないと報告した。これは、コインをはじくよりはましだが、それほど大きな差ではない。他の研究によると、面接と他の評価方法（性格テストや認知テストなど）を組み合わせた場合、面接官の判断は実際にはむしろ決定の妥当性を低下させるという。

「薄いスライス」〔一瞬で他人の行動を評価すること〕の研究では、面接官がいかに第一印象〔延長された「薄いスライス」の相互作用〕に左右されやすいかを示している。二〇〇〇年に行なわれた実験では、トレド大学の心理学者であるトリシア・プリケット、ネハ・ガダ＝ジェイン、フランク・バーニエリの3人が、3人のボランティアに標準的な面接官のテクニックを教えた。[36] その後、ボランティアは59回の模擬面接を行ない、人事の基準からの質問をした（「10年後の自分をどう思い描いていますか？」「あなたの最大の弱点は何ですか？」「上司と意見が相違したことはありますか？　それをどのように処理しましたか？」）[37]。面接は1回約20分で、ビデオに収められた。面接後、面接官は応募者の好感度、知性、向上心、信頼性、そしてその人を採用するかどうかなどについて評価した。

各ビデオは20秒のクリップに編集された。応募者が部屋に入ってきて、挨拶を交わし、席に着くまでの映像である。これらの映像を、応募者や面接について何も知らない別のグループに見せた。このグループには、20秒の映像だけを見て、同じ基準で応募者を評価してもらった。このグループの評価は、質問に対する答えを聞いていないにもかかわらず、訓練を受けた面接官の評価と非常によく似ていた。

この心理学者たちが導き出した衝撃的な結論は、「人事部長が応募者のスキル、知識、能力を評価する際には、最初の挨拶の時点で決まってしまうのではないか」[38]というものだった。採用面接では、その第一印象を変えるような出来事はめったにない。

これは、第一印象が間違っていることを証明するものではない（しかし、真面目な話、挨拶に対する評価にどれだけ確実性があると思いますか？）。薄いスライスの研究では、広く使われているいくつかの質問をしたり答えたりすることは、面接プロセスにあまり価値をもたらさないことを示唆している。

私たちと同じように、面接官も自分が人間性を判断できると思っている。彼らは、自分の洞察力や他人の予測可能性を誇張して考えているのかもしれない。また、仕事の成果をほぼ100％の精度で予測できると期待していることもある。このような信念は、自尊心が高いことが息をするのと同じくらい普通になっている一流企業では、むしろより深く浸透している。成功しているビジネスパーソンは、採用を含めたあらゆるテーマについて、自分を専門家だと考えていた。

しかし、採用には大きな偶然の要素が含まれている。それは証拠によって明らかだ。この不確実性を取り除くことができる面接テクニックはない。

仕事の成果を予測するものは何だろう？　答えはあるが、雇用者や応募者が特に聞きたいと思う答えではない。一九八四年、ジョン・E・ハンターとロンダ・F・ハンターは、「長年にわたる大規模なサンプル調査の結果、紙と鉛筆で行なうテストは優れた能力測定法であり、他の種類のテストは通常、より高価で有効性が低いことがわかった」[39]と書いた。2人は、認知テストや性格テスト（今日ではスクリーン上で行なわれることが多い）について語っている。

ハンター夫妻がよく知っていたように、テストは完璧ではない。テストを作った人の文化圏からあまりにも外れた人たちへの見方は偏ってしまう。しかし、認知テストや性格テストは、それらが求めることを測定するためには、かなりの力を持っており、その測定値は仕事の成果と相関している。テストは多くのデータを収集する。すべての応募者に同じテストを実施し、採点は客観的に行なう。そのため、多くのノイズが取り除かれる。一方、面接官は、応募者ごとに異なる質問をする可能性がある。彼／彼女は無意識のうちに第一印象を確認しようとし、気に入った応募者にはソフトボールのような質問を、他の応募者にはより難しい質問を投げかけるかもしれない。そして、その判断が予言の自己成就となってしまう。

二〇〇八年の調査記事で、ボウリング・グリーン州立大学のスコット・ハイハウスは、従業員評価の認識と現実を比較した。調査によると、人々は仕事の成果を予測する上で、テストよりも伝統的な（「構造化されていない」）面接の方が優れていると信じている。しかし、経験的にはその逆だ。

ある仕事が特定のスキルを必要とする場合、そのスキルに対する適性テストは、合理的には良い予測因子となる。しかし、一般的な認知能力のテストもほぼ同様の効果がある。これは、知性よりも人間性が重視される営業職などでも同じだ。優秀なセールスマンは、認知能力検査で高得点を取る傾向がある。

性格テストにも予測力があるという研究結果もある。一般的に、それは適性テストや認知テストよりも情報量は少ないが、面接よりは情報量が多い。

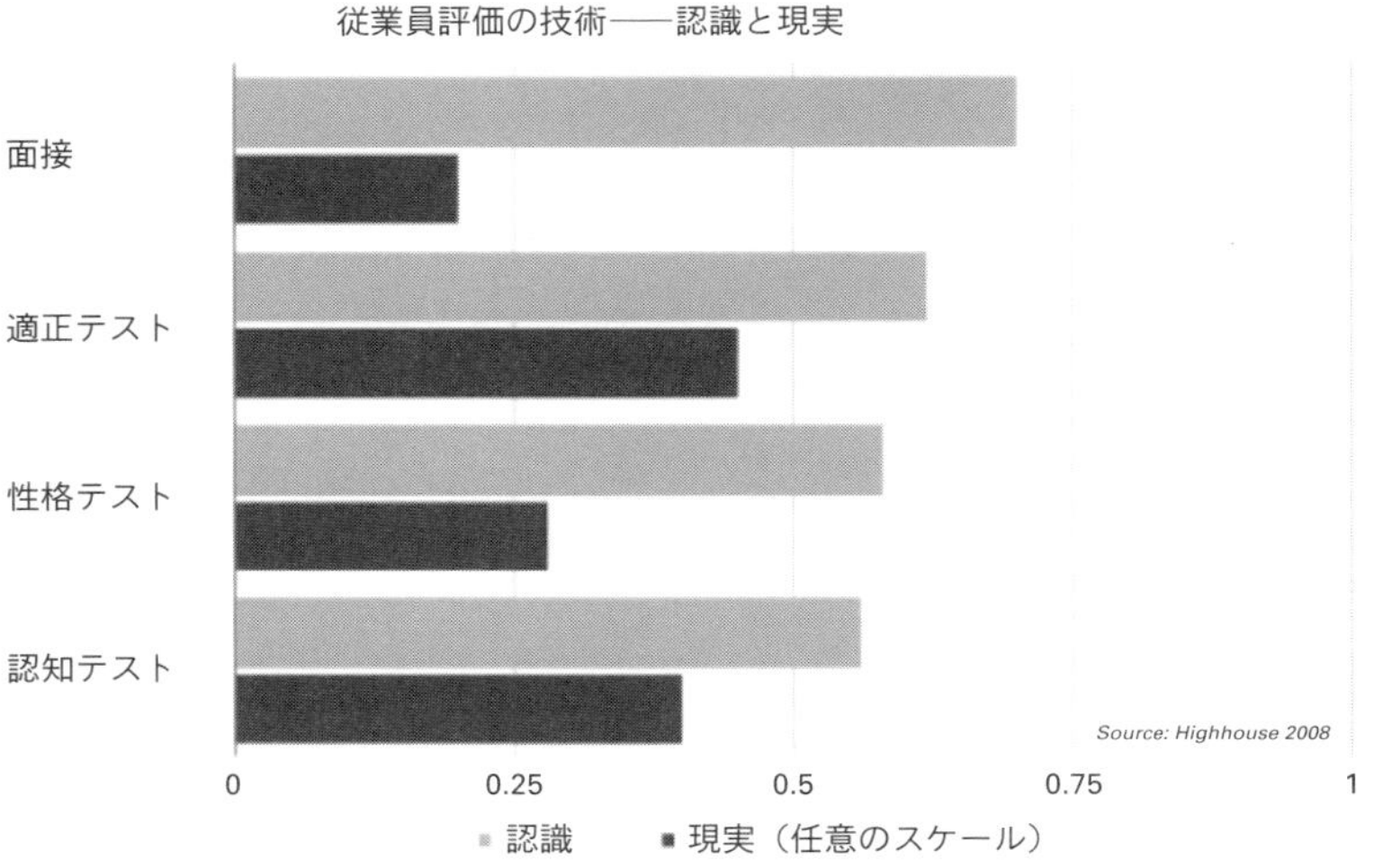

「人間の行動を予測する上で、分析が直感を上回るという考え方は、行動科学の分野で最も確立された知見の1つだ[40]」とハイハウスは書いている。私たちは、単なるテストで自分や他人を測ろうとする考えに抵抗がある。人間の洞察力は不可欠だ。また、ハイハウスは、「専門知識に頼ることは、テストの点数や公式に頼ることよりも社会的に受け入れられやすい[41]」と述べている。

特に印象的だったのは、ハイハウスが同僚のフィリップ・リーヴェンスやウィルフリード・デ・コルテとともに、小売店の店長たちに模擬的な採用判断をしてもらったときのことだ。あるグループには、応募者が知能テストを受け、面接で性格を評価されたと伝えられた。もう1つのグループは逆に、応募者は性格テストを受け、知能は面接で評価されたと言われた。そして、マネージャーたちには、仮想の応募者を性格と知能のスコアを使って評価してもらった。どちらのグループの判断も、テストの点数よりも面接での評価を重視していることがわかった。面接で判断されたもの

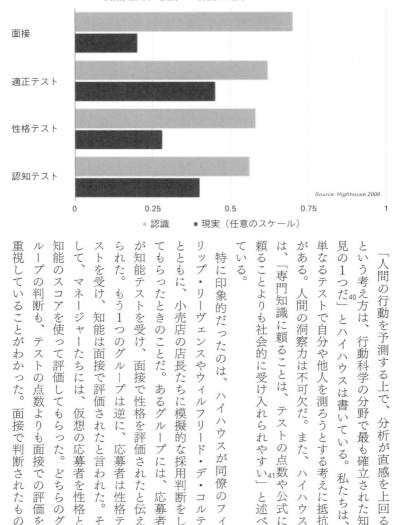

であれば、知能は性格よりも重要であると考えられた。

面接の改善方法を心理学者にたずねたとすると、おそらくあなたは構造化面接〔応募者全員に同じ質問をする面接〕について聞かされるだろう。この形式では、各応募者は同じ質問をされ、話題と関係のない会話は最小限に抑えられる。面接官は、応募者の答えをそのまま採点する（そうしないと、記憶の信頼性が低くなり、気に入った応募者に偏ってしまうことがあるからだ）。

構造化された面接は、通常の自由な面接よりも予測性が高いという研究結果がある。このような研究結果を受けて、構造化面接を採用する企業が出てきた。しかし、このアイデアは、せいぜい限られた範囲でしか普及していない。世間話もなく、リストから質問を受けるだけでは、堅苦しい印象を与えてしまう。人気のある企業がいつも同じ質問リストを使っているとしたら、その質問リストはすぐにオンラインで公開され、カンニングペーパーになってしまうだろう。これが、有名企業が面接の質問を変えている理由であり、面接が形骸化している理由でもある。


面接は非人間的なテストよりも有効であるという誤った信念は、長い間、公共政策に影響を与えてきた。「テストと公共政策に関する全米委員会」が一九九〇年に発表した学校や職場でのテストに関する提言では、「テストの点数は不完全な尺度であり、個人に関する重要な決定を行なうために単独で使用すべきではない」としている。この委員会は、アップル社の教育担当副社長バーナード・ギフォードが委員長を務めるなど、技術業界からの信頼も厚かった。ギフォードは次のように述べている。「私たちは、どのような状況であっても、テストの点数だけで仕事や大学への入学を拒否されることがあってはならないと信じています」。

これに反対する人は、テストの成果を研究している心理学者以外には考えられないだろう。「このような立場は、表面的には合理的に聞こえるが、根本的には欠陥のある仮定だ」とハイハウスは書いている。「テストの点数が不完全な尺度であることに異議を唱える人はいないが、テスト業務は、テストの点数を何か他のものと組み合わせることで、不完全さを（悪化させるのではなく）修正できると考えられる」。

より重要な政策は、アファーマティブ・アクション（マイノリティー優遇措置）について最高裁が定めたものだった（Gratz v. Bollinger, 2003）。ミシガン大学では、入学審査にポイント制を採用していた。マイノリティーのグループのメンバーである志願者には、20点の追加ポイントが与えられた。一方、SATの満点は12点で、最大で150点を獲得することができた。裁判所は6対3で、この制度を違憲と判断した。しかし、ウィリアム・レンキスト最高裁判事の意見では、人種は大学入学の際の正当な要因となり得ることを主張しており、裁判所が問題視したのはポイント制だった。志願者は、人間味のない計算式ではなく、面接で個人的に判断される必要があるという。

二〇一九年、当時大統領選に出馬していたジョー・バイデンは、公立学校での標準化されたテストの使用を禁止することを誓った[42]。その政策が、政治的に正しいことが証明された。標準化されたテストを好きな人はほとんどいないし、テストの社会経済的なバイアスはよく知られている。間違いは、面接などの代替手段が、自動的に良いものでなければならないと考えることだ。そもそも標準化されたテストやアファーマティブ・アクションのきっかけとなったのは、権力を持つ人々の偏った判断である。

ほとんどの採用の技術は、雇用者が将来の仕事ぶりを予測する手助けをしようとするものだ。しかし、それは採用面接というものを狭く捉えている。面接には、応募者や企業の現役社員など、他の関係者もいる。

面接官は、採用されれば応募者と一緒に働くことになる社員であることが多い。選ばれた応募者が成功するかどうかは、彼/彼女の資質だけでなく、新しい同僚たちが選考過程をどう感じるかにかかっている。それは応募者が、何を考えているのかわからない人事部から押し付けられたものなのか、それとも同僚たちが決定に関与したと感じているかどうかだ。目的は、単に「最も有能な」応募者を見つけることだけでなく、面接は現在の従業員が自分たちの声を聞いてくれたことを確信することでもある。

新しい仕事を受け入れることは、空虚な世界に飛び込むことだ。人生を変えるような決断をするのに、十分な検討もせずにしたいと思う人はいないだろう。そのためには、同僚となる人たちに会ったり、職場を見たりする必要がある。プリケット、ガダ=ジェイン、バーエリが認めたように、採用面接は「潜在的な従業員と組織の間に信頼関係を築くための効果的な手段」[43]である。このような理由から、面接は今後も存続するものと思われる。

ブレッチリー・パーク

第一次世界大戦の末期、ドイツ人技師アルトゥール・シェルビウスは秘密兵器を発明した。それは、熟練した暗号解読者でもメッセージを解読できない暗号装置であった。シェルビウスは、ドイツ海軍にこの機械を売り込むことに失敗した後で、自分の会社を立ち上げた。彼は、この機械に「エニグマ」（ギリシャ語で「謎」を意味する）というブランド名を付けて販売した。平時には、ビジネスや政府機関のメッセージを安全に保つ手段として、一定の成功を収めていた。

第二次世界大戦が始まったときには、イギリスもすでにエニグマの脅威を認識していた。この機械が作りだす暗号は一度も解読されたことがなく、ナチスが戦時中の通信にエニグマを使用していた可能性は高かった。英国は、ドイツのメッセージを解読するために、暗号解読チームの募集を開始した。一九三九年九月、政府暗号学校は、ロンドンからブレッチリー・パークに移転。ブレッチリー・パークは、ビクトリアン・ゴシック様式の大きな屋敷で、孤立していることが機密保持に適していた。

さらに、ケンブリッジとオックスフォードの中間に位置し、さまざまな分野の学者が集まっているという利点もあった。最も有名なブレッチリー・パークの人材であるアラン・チューリングは、ケンブリッジ大学の数学者だった。しかし、ブレッチリー・パークは、数学やオックスブリッジ以外の分野にも手を広げなければならないことに気づいた。言語の専門家、古典学者、音楽家、女性家庭教師、詩人などが採用された。共通していたのは、パズルへの興味だった。

ケンブリッジ大学とオックスフォード大学は、すでに「オックスブリッジ・クエスチョン」で知られていた。これは、入学試験の面接で出される頭を使わないと解けない難問だ。

? なぜ動物には車輪がないのですか？

? 地球に穴を開けて、その中に飛び込んだらどうなりますか？

? 今日が火曜日の場合、一昨日の前の日の次の日の翌日は何曜日ですか？

（答えは66—69ページに掲載されている）

ブレッチリー・パークでは、暗号解読者たちに同じような質問をしていた。一方で、クロスワードパズルという新しいジャンルを利用した。『ロンドン・タイムズ』紙にクロスワードが初めて登場したのは一九三〇年のことだが、言葉遊びを多用した難解な暗号クロスワードが人気を博したのはその頃である。ブレッチリー・パークは、戦時の仕事を求める申請書に、クロスワードパズルを解くのが好きかどうかをたずねる質問を入れるように要請した。この質問に「はい」と答えた応募者は、暗号解読作業に回された。一九四一年、『デイリー・テレグラフ』紙は、10分以内にクロスワードパズルを解いた人に100ポンドを与えるというコンテストを行なった。成功したのは5人。彼らは政府から連絡を受け、ブレッチリー・パークでの秘密工作を依頼された。

ドイツ軍は戦時中、エニグマを改良し、日々設定を変えていた。毎日のメッセージを解読するためには、高速演算が不可欠だった。イギリスは、チューリングが開発した暗号解読の専用機「ボム」と、後に世界初のプログラム可能な電子デジタルコンピュータとされる「コロッサス」を開発した。歴史家の間では、イギリスの暗号解読作戦によって、戦争が2年間短縮されたと言われている。

戦後数十年を経て、連合国側の努力やコンピュータ科学を考える上で、ブレッチリー・パークの重要性は徐々に認識されるようになった。英国の技術的勝利は、戦後のコンピュータ産業において、大西洋の両側で注目された。

アメリカでは、インターナショナル・ビジネス・マシン社が民間企業向けにコンピュータの販売を始めていた。アイビーエムでは、プログラマーを採用し、迅速に育成する必要があった。当時、この仕事は話題にするのも難しいものだった。ソフトウェアという言葉が生まれたのは、一九五八年に統計学者のジョン・チューキーが作った言葉がきっかけだった。チューキーは、ソフトウェアはすでに「真空管、トランジスタ、電線、テープなどの『ハードウェア』と同等の重要性を持っている」と述べた。

一九六〇年代初頭、トロントの新聞に掲載されていたデータプロセッサーの広告を見たグウェン・リーは、アイビーエムの集団面接を受けた。女性は自分だけで、黒人も自分だけだった。テストの内容は、「自転車に乗っているのがパン屋で赤いドアの家に住んでいるのが整備士だということをどこで見分けるか」というようなロジックパズルであった。[44]

テストの採点が終わると、リーはアイビーエムの男性社員2人がいる部屋に呼ばれた。彼らは、彼女が99％のスコアを取ったことが信じられなかった。1人の男性は、彼女がいたずらで、この部屋へ送られてきたのだろうと非難した。しかし、彼女にさらに質問をすると、彼女がふさわしい人物であることがわかった。リーは最上級の職位で採用され、カナダで最初の女性ソフトウェアエンジニアの1人として、長いキャリアを積んでいった。

初期のコンピュータ業界の女性に対する姿勢は、どちらかというと曖昧なものだった。しかし、パズルを使うことで、アメリカのエンジニアリング業界では、非常に珍しかった女性の採用が実現したという事例がある。

面接用パズルは、初期のシリコンバレー企業やマイクロソフト社の習わしとなった。コードを書かない人は、コードを書くことは非常に論理的な作業だと思っているかもしれない。しかし、バグを発見することも同様に重要である。ウェルズリー大学の卒業生で、ＭＩＴのコンピュータ「IBM704」のプログラムのために抜擢されたメアリー・アン・ウィルクスは、「まるでロジックパズル、それも大きくて複雑なロジックパズルを解いているようでした」と言う。「私は今でも、非常に細かくて、きちんとしていないと気がすまないんです。壁に貼ってある絵が曲がっていると気になりました」[45]。

何が間違っているかに気づくことは、パズルを解く上で重要なことだ。最初の、あるいは最も明白なゴールへのアプローチはほとんどうまくいかない。パズルを解く人は、いくつかの障害にぶつかることを想定しなければならない（プログラマーがバグを想定しなければならないのと同じだ）。解決のためには、後から振り返ってみると単純で、すべてがうまくいくような斬新なアプローチが必要になる。ロジックパズルを解くには、粘り強さと忍耐力、そして（面接では）プレッシャーに負けない能力が必要だ。

? あなたは地球の表面に立っています。南に１マイル、西に１マイル、そして北に１マイル歩くと、最後は出発した場所に戻りました。あなたはどこにいますか？

イーロン・マスクは、テスラとスペースＸの従業員全員と個人的に面接するという方針を長い間とっていたが、それは清掃員にまで及んでいた。彼はこの質問をお気に入りの面接試験として挙げている。これは技術系の面接で使われてきた歴史ある古い難問だ。この質問はあまりにも広く報道されているため、今日、マスクの会社で聞かれることはまずないだろう。

多くの問題がそうであるように、マスクの質問もパラドックスを含んでいる。南に１マイル、西に

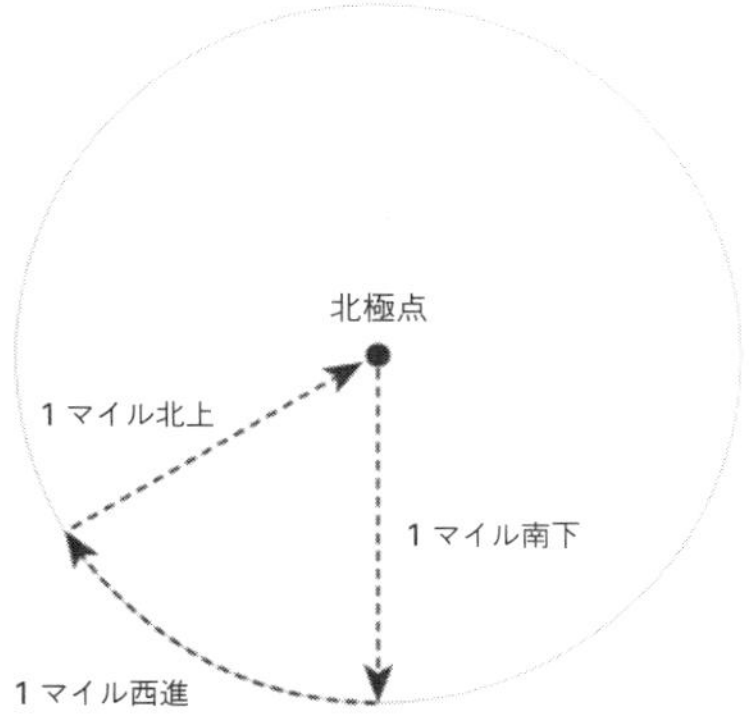

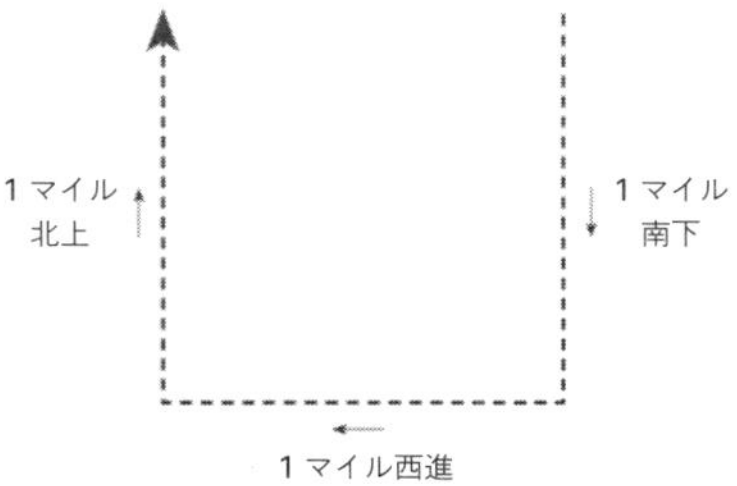

1マイル、北に1マイル歩けば、元いた場所から1マイル西に行くはずだ。しかし、そうではなく、出発した場所に戻ってしまうという。何か奇妙なことが起こっている。

模範的な答えは「北極」だ。コンパスの4方向は、地球の曲面を基準にしているので、質問の条件を満たしている。北極点からはどの方向も南になる。厄介なのは西への移動だ。西へ行くということは、緯線に沿って進むということだ。緯線のうち、赤道だけが地球を1周する大円になっている。他の緯線は、より小さく、よりはっきりと弧を描いている。北極付近では、緯線は北極を中心とした小さな円になっている。西に向かう旅はそのような円に沿って進み、北に向かう旅は北極点に戻ってくる。

これで謎が解けた。でも、そこで終わってしまっては、あなたが思ったよりもうまくやれていない。もったいない。ロジックパズルには複数の回答を持つものがあって、これは無限だ。

あなたが南極にいて、南極点から1マイル以上離れたところにいるとする。1マイル南下した後、南極点を中心に西に向かって、円周1マイルの円を描くようにする。そして、1マイル北上して元の場所に戻る。これなら質問の条件に合っている。

円周が1マイルの円は、半径が$1/2\pi$マイルになる（円周率［π］は、単位直径の円の円周で、約3.14159…だ)。したがって、南極から$1+1/2\pi$ (1.15915…) マイル離れた地点からスタートしなければならない。南極からその距離の地点であればどこでも回答の輪があることになる。

まだ他にも答えがある。もう少し南極に近いところからスタートして、1マイル南に移動し、円周1/2マイルの小さな円を西に移動して2周した後、1マイル北に移動して元のスタート地点に戻るという方法がある。あるいは、もう少し近くからスタートして、小さな円を3周、あるいは4周、あるいは整数周することもできる。

これにより、解の族が得られる。出発点はすべて、南極を中心とした半径$1+1/2n\pi$マイルの円上にある(nは任意の正の整数)。円は半径1マイルのものに収束する。これは、西に向かう移動が無限に小さな円であり、それを無限に横断する場合の限界である。

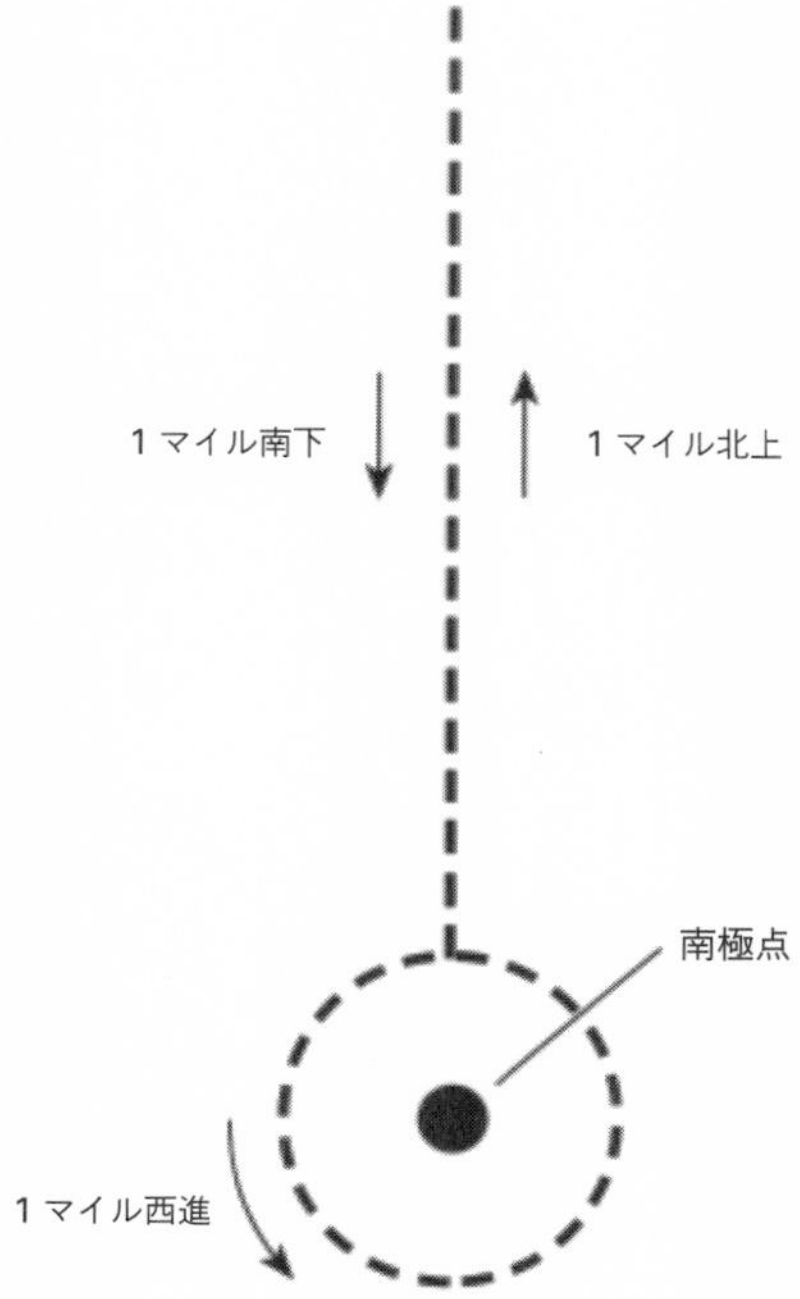

この問題は、比喩として捉えることができる。現実の世界では、ある解決策が唯一のもの(あるいは最良のもの)と確信することはできない。イノベーター〔創意工夫に富む人〕は、製品やビジネスを改善する方法を探し続ける必要がある。

マスクによると、多くのエンジニアは北極という答えを出すそうだ。

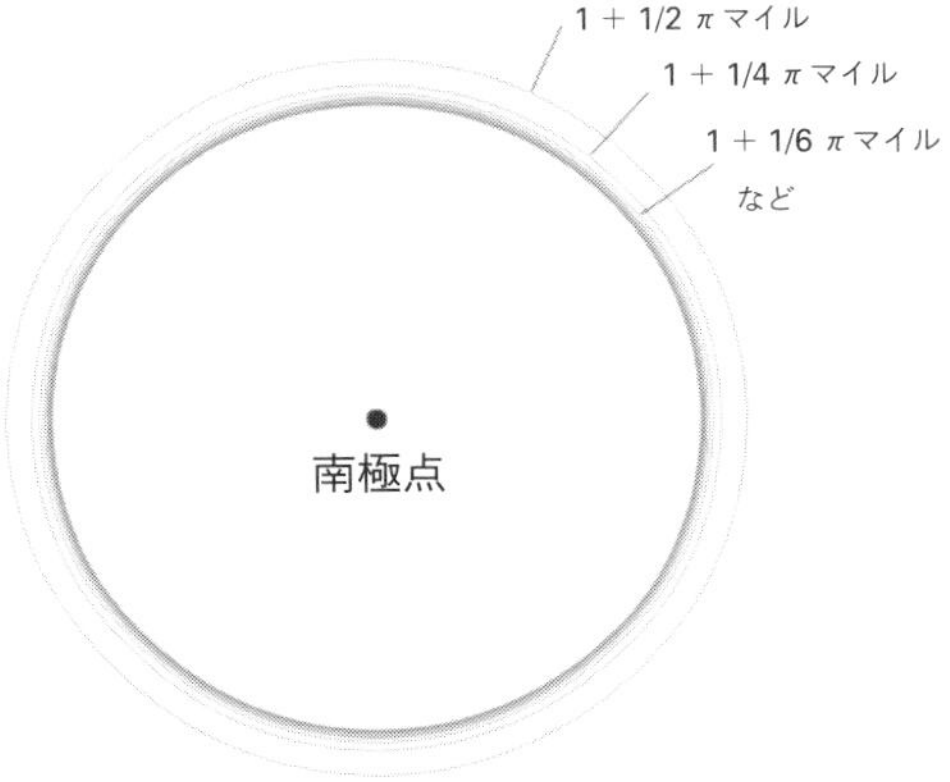

もしそこで答えが終わったら、「他にどこがありえますか？」[46]と彼は問いかけてくる。

二〇一八年、ＣＮＢＣの記者がマスクの質問を街頭で人々に投げかけ、予想通りの結果が出た。誰も正解を出すことができなかった。正解に最も近かったのは、「極の１つ」と言って、その後南極を言い当てた男性で、最も人気のあった（間違った）答えは、地球の中心だった。

面接パズルは有効か？

パズルやブレインティーザー（難問）は、金融業界、コンサルティング業界、インターネット・リテール業界などの面接で長い間定着していて、クリエイティブな思考を重視するほとんどの目が肥えた雇用者が遭遇するものだ。しかし、このような質問が採用においてどのような価値を持つかについての研究はほとんどない。これらの質問は、一般的な質問と一緒にたずねられる。このような質問が採用決定にどんな役割を果たしているのか、あるいは、役割を果たしているのかどうか自体を判断することは困難だ。

二〇〇七年にエレミヤ・ホーナー、クリス・W・ライト、クリス・J・サブリンスキーが発表した論文では、パズル形式の面接問題を用いた実験が報告されているが、この種の実験は初めてのようだ。[47]彼らは学生ボランティアたちに６つの難問を解いてもらった（質問は、二〇〇三年に出版された私の著書

『ビル・ゲイツの面接試験―富士山をどう動かしますか？』から引用された）[48]。彼らの回答を撮影した動画は、3人の採点者によって個別に採点された。ホーナーのチームは、採点者の評価がほぼ一致していることを発見した。言葉での回答の評価には常に主観が入るため、この点は重要である。

この研究では、被験者の誰もどこかに雇われているわけではないので、彼らのパズルを解く能力を後の仕事のパフォーマンスと比較することはできない。しかし、ボランティアは、採用時に使用される認知機能テストであるワンダーリック人事テスト〔一九三〇年代にエルドン・F・ワンダーリックによって開発された認知テスト〕も受けた。面接時のパズルの成績とワンダーリックテストの成績には相関関係があった。これは、実際のテストを使用したくない雇用者にとって、面接用のブレインティーザーが一種の認知テストになり得るという考えを裏付けるものだ。

研究者たちは、ボランティアたちに、「面接の進め方や運営方法に好感が持てた」などの質問に対する賛成・反対をたずねた。パズルの平均評価は、10点満点中6.2点と非常に高かった。驚くべきことに、この問題の成績が良かった人ほど、運営方法は「良かった」と答える傾向があった。ボランティアのグループは、北カリフォルニアの学生で、人種もさまざまで、女性が68％を占めていた。パズル形式の質問は、面接の典型的な欠点を受け継いでいる。このような質問に基づく評価は、確証バイアス〔自分がすでに持っている先入観や仮説を肯定するため、自分にとって都合のよい情報ばかりを集める傾向性〕を反映している可能性がある。鋭い面接官は、一連の質問を使って、自分自身のスナップジャッジ〔即断〕に異議を唱える。パズルは、コアコンピテンシー〔企業の中核となる能力〕を示した社員が、新しい問題にも対応でき、新しいスキルを身につけられるかどうかを確認するためのリスクヘッジの手段でもある。

問題解決型の質問を採用している面接官のデイヴィッド・アグリーは、「私が情報技術の分野で早くから学んだことは、ポジションのレベルにかかわらず、特定のシステムに関する経験や知識が強調されすぎる傾向があるということです」[49]と説明している。「情報技術は変化していくものですから、走っていないと倒れてしまいます。奇妙でランダムな日常における問題を純粋に考えてもらうと、その人が本来持っている問題解決能力やその過程が前面に出てきます」。

答え

? なぜ動物には車輪がないのですか？

動物に車輪があることは、言葉の矛盾でもなく、物理的に不可能でもない。動物が車輪を開発していないということは、進化の結果として車輪ができる可能性は極めて低いということだ。

実用的な車輪は、車軸の上で自由に回転できるものでなければならない。動物が車輪と車軸を成長させ、本体から分離して回転できるようにし、かつ落ちないように固定することを想像しなければならない。車軸には生物学的な潤滑剤が必要だろうし、車輪を回転させるための筋力も必要になるだろう。これは特に想像しにくいことだ。生物は推進力のために前足と後足に車輪を持つかもしれないが、4本足で車輪がない場合と比べて、どのような利点があるのかは明らかではない。

ダーウィンは、鳥の翼のように完璧に最適化されたものがどのように進化したのかに驚嘆した。その答えは、飛ぶことへの進化の過程で、段階を踏むごとに次のように優位性が生まれたからだと生物学者は考えている。鳥類の祖先は、保温のために羽毛を進化させた後、ムササビのように餌を探したり外敵から逃げたりするために滑空能力を身につけた。体がだんだん流線型になっていくことで、短距離の動力飛行が可能になる。最終的に鳥類は長距離を飛行できるようになり、食料確保のための季節的な移動が可能になった。

車輪を持つ動物の大きな問題点は、部分的に機能する車輪が生存に有利に働くとは思えないことだ。車輪、車軸、パワートレインのシステムは、精巧に調整された機械として機能するか、あるいは重荷となるかのどちらかだ。すべての必要な要素が同時にランダムな突然変異で進化する可能性は限りなく低い。

なぜ人間は車輪を素晴らしいものと思うのか、ということを問うべきかもしれない。1つには、電車も車も自転車もスクーターも、人間の体に固定されているわけではないからだ。都合のいいときに使い、必要ないときには停めておくことができる。もう1つの理由は、私たちは車輪付きの乗り物に合わせて自分たちの楽園を舗装してきた。車輪は、森や山、草むら、海辺などの移動には不向きだ。舗装された道路を作る能力のある種族でない限り、車輪は役に立たない。

? 地球に穴を開けて、その中に飛び込んだらどうなりますか?

地球の外核は溶融しており、非常に高い圧力がかかっている。液体の鉄ニッケルは、あっという間に穴に流れ込み、穴を塞ぐだろう。

この点についてはいったん留保してみよう。穴が力場(フォースフィールド)で開かれていると仮定すると、穴に飛び込むのは、深い井戸に飛び込むのと同じで、地球の中心に向かってどんどんスピードを上げて落ちていくことだ。

残念ながら、地表の回転速度はそのままだ。地球の中心に近づくにつれ、穴の壁の回転速度はあなたよりも小さくなる。つまり、穴の壁に何度も何度もぶつかってしまう。

これは、回転座標による慣性力であるコリオリ効果（地球の自転が空気中や水中を動いているものに与える影響）の結果だ。コリオリ効果により、ハリケーンは北半球では反時計回り、南半球では時計回りに回転する。また、（理論的には）洗面器から排出される水の回転にも影響を与え、多くの科学館で時間を刻むフーコーの振り子にも影響を与えている。

コリオリ効果を避けるための簡単な方法が1つある。北極点から南極点に向かって穴を開けよう。穴は回転軸に沿っているので、回転速度の影響を受けずに、どちらの端からでも飛び込むことができる。壁にぶつかることもない。しかし、穴の中に空気が入っていたら、摩擦で流星のように燃えてしまう。

大丈夫。穴は真空で、あなたは宇宙服を着て、穴の北極と南極の開口部はガラスのドームで密閉されている。北極点の開口部から飛び込む。

すると、あなたの動きは振り子のようになる。地球の中心に向かって加速するが、そこを通り過ぎると減速し、南極点の地表に向かって上昇していく。その時点で勢いは尽きてしまう。そして、再び穴に落ち、再び地球の中心に向かって加速する。これを無限に繰り返す。

地球に開けられた穴に飛び込んでも、いいことはない。


？今日が火曜日の場合、一昨日の前の日の次の日の翌日は何曜日ですか？

逆算するのが一番だ。
「昨日」＝月曜日（今日は火曜日と言われているので）
「一昨日」＝日曜日
「一昨日の前の日」＝土曜日
「…の次の日」＝日曜日
「…の翌日」＝月曜日
答えは月曜日。この問題はここで読むよりも、面接で質問されると難しい。

ブラインド・オーディション

ロサンゼルス・フィルハーモニー管弦楽団とニューヨーク・フィルハーモニー管弦楽団で、長年指揮者をしているズービン・メータは言った。「私は女性がオーケストラに参加するべきではないと思っています」[50]。そう思っていたのはメータだけではなかった。ベルリン・フィルハーモニー管弦楽団は一九八二年まで、ウィーンは一九九七年まで女性を採用しなかった[51]。その理由はさまざまだ。ホルンを吹くと美人の顔が歪む[52]、女性がチェロを両足で挟むのはみっともない…。「女性が多いと音が悪くなる」[53]という言い回しもあった。

しかし、一九七〇年代からアメリカのオーケストラは採用方法を少しずつ変えていった。その結果、一九七〇年には5％以下だった女性音楽家の採用率が、二〇一九年には40％にまで大きく変化した[54]。

その変わった採用方法というのが「ブラインド・オーディション」だった。

これは、求人に応募した音楽家が、スクリーンやカーテンの後ろで、審査員のオーケストラメンバーを前にして演奏するというものだ。応募者は番号のみで識別され、審査員と話すことなく指定された曲を演奏する。審査員には履歴書も見せず、応募者の学歴や経験についても何も言わない。本当に重要なのは、演奏によって判断することだった。

ブラインド・オーディションは、私たちの考え方を変え、ガラスの天井を打ち砕くような文化的革命の一部となった。経済学者のクラウディア・ゴールディンとセシリア・ラウスが一九九七年に行なった研究では[55]、多くの交絡因子〔交絡を発生させる因子のこと。交絡は要因と結果の両方に影響を及ぼすもので、その結果、一見関係のない要因と結果に因果関係があるように見えてしまう〕を分離しようと試みた。彼らは、ブラインド・オーディションへの切り替えが、女性新入楽団員の割合が一九七〇年の30％から一九九七年の55％にまで増加したことに関与していると推測している。

また、ゴールディンとラウスは、予備的なオーディションにのみ使用した場合でも、スクリーンには相当な効果があると報告している。オーケストラは通常、3回のオーディションを行なう。あるオーケストラでは、第一次審査のみにスクリーンを使用した。しかし、それだけでも、女性が最終選考に残る確率は50％もアップした。

これは、採用の偏りは主に無意識のうちに前倒しで行なわれるという一連の証拠と一致する。組織に多くの応募者がいる場合、ほとんどの排除は、急いでいて直感的になりがちな初期段階で行なわれる。たとえ善意の採用担当者であっても、期待したプロフィールにマッチしない人を見落としてしまうことがある。しかし、すでに実力を証明した女性やマイノリティーの応募者を紹介されると、採用担当者はよりオープンに判断するようになるかもしれない。

心理測定ゲーム

普通の仕事でもブラインド・オーディションをやってみたらどうだろう？　この考えが、急成長している心理測定ゲーム（サイコメトリック・ゲーム）業界の原動力となっている。

サイコメトリックとは、筆記試験を含むあらゆる心理学的測定を意味する。しかし、今日の採用活動では、応募者の反応や知恵、判断力を測るために、画面上でテンポよく行なわれるゲームやパズルを指すことが多くなっている。「ゲーム」という言葉は、楽しそうで威圧感がないように使われるが、ゲームは決して軽薄なものではない。それらは心理学、レクリエーション数学、経済学などの文献でよく研究されている課題やパズル、実験などだ。その中には、画面上の風船を使ったバルーン・アナログ・リスク・タスク、独裁者ゲーム、マシュマロ・テスト、ロンドン塔パズルなどがある（これらについては、以下の章で説明する）。

アークティック・ショアズ、ハイアービュー、マインドエックス、パイメトリクス、レベリアンなどの企業は、カラフルなアニメーションと電子音楽やヒップホップのサウンドトラックが付いた心理測定ゲームをパッケージ化している。ゲームは簡単なものから始まり、ビデオゲームのレベルのように徐々に難しくなっていく。各ラウンドが終了すると、応募者にはフォーチューン・クッキーのような洞察が与えられる（「あなたは他人を疑うことが多く、それが状況を正確に判断するのに役立ちます」[56]など）。十数種類のゲームを30分ほどで終わらせることができる。

心理測定ゲームは、通常、最初のスクリーニング（ふるい分け）の基準として履歴書に取って代わるものだ。パイメトリクス社のフリーダ・ポリは、「ほとんどの採用担当者は、履歴書というものがひどいものであることに同意しています」[57]と語る。履歴書には、関連する情報と、性別、年齢、人種など、雇用者が無視しようとする属性を示す「代理変数」[58]〔他のものを測定することによって、測定できないある量を測定すること〕が混在している。これが問題であることを示す証拠はたくさんある。

マリアンヌ・ベルトランとセンディル・ムッライナタンが二〇〇四年に行なった研究のタイトルは、次のような問いかけだった。「エミリーとグレッグはラキシャとジャマールよりも雇用されやすいか？」研究者たちは、ボストンとシカゴの実際の雇用者に偽の履歴書を送った。その結果、白人風の名前の履歴書は、黒人風の名前の履歴書に比べて、コールバックが50％多いことがわかった。このことは、同じレベルの学歴やキャリアを記載した履歴書でも同じように確認された。雇用機会均等を謳っている企業でも、他の企業と同様に偏りが見られた。

実際には、採用を決定する人は、自分と同じような人を好む傾向が強い。グレッグの名が多く、ラキシャの名が少ない場合、ラキシャは不利になる。

そこで、応募者の名前などの個人情報を削除するという方法がある。スクリーナー〔人間またはソフトウェア〕は、編集された履歴書をもとに作業を行なう。しかし、それは口で言うほど簡単なことではない。ウェルズリー大学の学位を記載した応募者は、自分の教育の質について何かを語っていると同時に、偶然にも自分の性別や人種についてのヒントを与えていることになる。大学名を考慮に入れないわけにはいかない。一流大学の学位とだれでも卒業できる大学の学位とは違う。

代理変数は微妙なものだ。高齢者の場合、経験が多すぎるという問題がある。履歴書を見ると、職歴から年数を除いても、採用担当者に年齢が伝わってしまう。

大企業では、人工知能が履歴書を審査する傾向にある。広く知られている例では、アマゾンが履歴書をスキャンする機械学習ボットを開発し、アマゾンで活躍している従業員グループの情報を使って訓練した。[59] このテストボットは、女性よりも男性の応募者を大幅に好むことがわかった。どうしてだろう？　それはアマゾンで活躍している者のほとんどが男性だったからだ。機械学習は、親が言うことではなく、親がすることに従う子どものようなものだ。少なくとも人間は、男性だけを採用するのは非常に悪いことだと認識している。ＡＩはそれほど政治的に正しくない。

機械学習は、学習データ（この場合は、活躍しているアマゾン社員のグループ）に大きく依存する。これが、性別、人種、その他の保護階級でバランスよく構成されていると便利だ。しかし、これはブートストラップの問題（問題解決の中に、もとの問題がそのまま埋め込まれてしまっていて、それを解消しなければならなくなっている状態。「服を買いに行く服がない」ようなこと）を引き起こす。そもそも女性、ラテン系、黒人の従業員が少ない会社では、このようなグループの会社固有のトレーニングデータを、十分に供給できない可能性がある。

意味のある結果を得るためには、十分なトレーニングデータが必要だ。よく知られている話では、あるボットが、仕事の成果を予測する2つの最適な要素として、「ジャレド」という名前と、高校時代にラクロスをしていたことだと特定したことだ。[60] これらの相関関係は、たまたまある雇用主の、あまりにも不十分なトレーニングデータに存在していた。人間であれば、このような属性が一般的に適用される可能性が低いことをすぐに理解できただろう。今のところ、ボットにはそのような認識はない。

心理測定ゲームは、白紙の状態からスタートすることを約束する。最初の候補者スクリーニングは、文化的な期待を伴わないゲームに基づいて行なわれる。ポリの言葉を借りれば、ゲームは「無指向性[61]」であり、高得点が低得点よりも優れているとは限らない。スコアはあくまでもデータであり、ある仕事に最適な応募者を特定するためのものだ。

応募者の視点に立てば、ゲームは筆記試験よりも魅力的かもしれない。ゲームは、テストに対する不安や面接での緊張を引き起こす可能性が低い。応募者は、都合の良い時にゲームを始め、テストの合間に休憩することができる。休みの日に面接のための電話を入れる必要もないし、仕事中に上司にバレないように電話しようとする必要もない。ゲームはワークサンプルのような面倒なものではなく、性格テストのような詮索好きのものでもない。ごまかしが効かないのだ。「あなたの体重を知りたければ、あなたに聞けばいい」とポリは言う。「でも、あなたは知らないかもしれない。知りたくないかもしれないし、言いたくないかもしれない。一番最後に体重計に乗ったときから、あなたは変わっているかもしれない。でも、あなたを体重計に乗せるだけで、体重計は私に教えてくれます[62]」。

採用担当者は、特定の学校や企業のブランドに惑わされることがよくある。心理測定ゲームは、バックグラウンドに関係なく、応募者同士を直接、定量的に比較することができる。「当社のクライアントの多くは、幅広い応募者の中から自分に最も適した人材を見つけ出したいと考えています」とポリは説明する。「お客様は、『ハーバードやグーグルの優秀な応募者を探すのと同じやり方で、あらゆるところを調べたい』とおっしゃいます[63]」。

ゲームは特定の企業やポジションに合わせて作ることができる。クライアントのユニリーバ社は、7つの職務内容に対して約200人の人材を必要としていた、とパイメトリクス社のローレン・コーハンは言う。「ユニリーバでは、このような職務に就いているトップレベルの社員に、私たちのゲームをプレイしてもらったんです。彼らの特性データを最終段階で分析し、彼らに共通する特性と、より大きな基準グループとの違いを示す特性を調べました。こうした情報をもとに、7つの異なる役割における成果とは何かという複合的なプロファイル（統計データ）を作成しました。このプロファイルは、当社の予測アルゴリズムのトレーニングデータとして使用されます」[64]。

このデータからは、人事部が求めていないような属性が発見されることもある。パイメトリクス社は、ニューヨークの大手金融機関のトップセールスマンをプロファイリングした結果、彼らの最も特徴的な特性は、衝動性、集中力の短い持続時間、そしてリスクを冒すことへの意欲であることを発見した。ポリが指摘するように、この3つは職務経歴書には決して書かれていない項目である[65]。

心理測定ゲームを推進する人たちは、2つの大胆な主張をしている。1つ目は、単なるゲームにすぎないが、それが採用に関連していて、従来の基準と同等かそれ以上に、仕事の成果を予測できるというものだ。ほとんどの雇用者にとって、これは論理を超えた判断を要求するものである。

パイメトリクス社のような企業が使用している心理測定タスクについては、多くの公開研究がある。しかしこの研究は、ゲームが採用時に事実上、性格テストとして使用されていることには、ほとんど触れていない。ゲームのマーケティング担当者は、自分たちの個人的な調査によって、活躍している社員は他の社員と一貫して異なるスコアを出していることが証明されていると言う。もちろん、この相関関係には意味があり、ゲームの高得点者はラクロスをやっているジャレドだけではないと彼は主張する。

一つ言えることとして、この分野で成功するためのハードルは低いと言えるだろう。履歴書をチェックする人は、一般的に経験を重視する。経験と仕事の成果の間には、わずかな相関関係しかないとする研究もあれば、まったく相関関係がないとする研究もあり、さらには負の相関関係[66]（経験の少ない人の方が成績が良い）を報告する研究もある。パイメトリクス社のゲームを採用しているイーロン・マスクは、正規の教育と仕事の成果との関連性に疑問を呈し、テスラ社やスペースX社で働くために「大学の学位は全く必要ないし、高校でさえ必要ない」[67]と述べている。

2つ目の主張は、それに劣らず挑発的なもので、性別や人種によるバイアスをほとんど、あるいは全くかけずに、仕事のパフォーマンスをうまく予測することが可能だというもの。このような主張が、採用のための性格テストでなされるのは初めてのことではないが、心理測定ゲームはそれを実現するための新しいツールを提供している。

スクリーン上のゲームで誰がどのようなパフォーマンスをするかは、性別、人種、年齢、宗教、国籍、身体的障害などとは明らかに関係がない。しかし、関係がないわけではない。統計学では、相関関係を徹底的に探すと、たいていの場合、相関関係が見つかる。

ポリは、どの心理測定課題を使用するかを決める際に、ジェンダーバイアスがあることが知られている課題を除外した[68]。男性が女性よりも、空間的推論のテストで優れていることは広く知られており、この違いはX染色体上の遺伝子に関係していると言われている[69]。空間的推論は、三次元の幾何学図形の絵を見せて、どれを回転させれば目標のイメージと一致するかを問うもので、アーミー・ベータの頃から認知テストに用いられてきた。この能力は、建築家のような専門的な仕事には重要だが、大多数の職業にはあまり関係ない。

パイメトリクス社のリード・プロダクト・マネージャーであるプリヤンカ・ジャインは、次のように説明している。「モデル構築のプロセスでは、異なる性別や人種のグループがモデルにマッチする確率が同じになるまで、異なる特性のインプットに重み付けをしたり、重み付けを外したりしています。私たちが偏りがないと考えるものは、雇用機会均等委員会の基準である5分の4のルールに基づいています[70]」。

パイメトリクス社のバイアスを発見するアルゴリズムは、「audit-AI」として知られており、オープンソース〔ソースコードが公開され無償で利用できるソフトウェア〕だ[71]。機械学習アプリケーションに含まれる差別的なパターンの影響を測定し、緩和するための一般的ツールとして考案された。パイメトリクス社は、次のような例を挙げている。ある企業に多数の応募者がいて、アジア人、黒人、ラテン系、白人〔米国ではそれぞれが保護階級〕に均等に分かれている。仕事の成果を予測すると言われているテストやゲームでは、アジア人の応募者の25%、黒人の27%、ラテン系の24%、白人の26%が合格した。このテストを使用しても問題ないのだろうか？

偏り率とは、テストの成績が最も悪いグループの合格率を、最も良いグループの合格率で割ったものだ。この例では、ラテン系住民の合格率が最も低く〔24%〕、黒人の合格率が最も高く〔27%〕なっている。この場合、偏りの割合は24÷27、つまり88.9%となる。5分の4ルールでは、偏り率の最小値を80%と定めているので、このテストは基準を満たしている。

パイメトリクス社の12種類のゲームは、90種類の特徴を持つ数百万のデータを測定する。コーハンによると、このゲームは非常に多くのデータを収集するため、保護階級に偏りがなく、かつ仕事の成果を予測する属性を特定することができるという。つまり、データマイニング〔統計学や機械学習などによる分析を用いて、大量のデータから有益な情報を抽出する技術〕を利用して、機会均等な実力主義を実現している。選ばれた応募者は、一連のゲームスコア（企業での成果を予測することができると言われている）で上位の成績を収めた人だ。保護階級の枠を満たすために、より低いスコアの人を優先して合格させることはない。

何か問題があるのだろうか？　これは、新たな倫理的領域に踏み込むことになる。具体的な例を挙げれば、ある企業が応募者を判断する方法として、「大学の学位を持っているかどうか」と「2年以上仕事に関連した経験を持っているかどうか」の2つがあるとする。データによると、大学の学位と経験のどちらも、その会社の特定の仕事におけるパフォーマンスを、同じように予測することができる。しかし、大卒の応募者は白人が多いのに対し、2年以上の経験を持つ応募者はより多様で、一般の人々の構成に近い。その会社は、採用基準として経験を用い、応募者が大学の学位を持っているかどうかは無視することにした。

しかし、果たしてそれでいいのだろうか。大学を卒業したばかりの人は、どんな人種であってもそれでいいとは思わないだろう。もしかしたらその人は、その方が仕事に就きやすいからと思って、借金までして学位を取得していたかもしれない。しかし、この仕事には学位は必要ない。

では、こうしてみよう。AとBという2つのゲームの成績が基準になっているとする。何らかの理由で、白人は平均してAのゲームが得意であり、一方、すべての人種はBのゲームが同じように得意であるとする。Aゲームは無視する。

この方がずっと受け入れやすい。誰もAゲームを得意にするために1,000万円の学生ローンを組んだわけではないし、AゲームやBゲームのことを聞いたことがある応募者もほとんどいない。Aゲームは、ただバイアスがあるために欠陥のある予測因子であると思われる。

それでも、雇用者は情報を無視していると反論されるかもしれない。AゲームとBゲームの両方が予測可能であれば、両方の基準に基づいて採用を決定した方がより予測可能であるかもしれない。その場合会社は、利用可能なすべての情報を使用する倫理的な義務があるのだろうか？

恐らくそうではないだろう。現実の世界では、すべての採用指標は不完全であり、それぞれにコストがかかる（履歴書の選別、面接の実施、テストやゲームの採点などなど）。誰も、雇用者が可能な限り、すべての評価方法を使うことを期待してはいない。バイアスを最小限に抑えた、十分に正確な予測を達成することが採用の究極の目標なのである。

このような悪影響の歴史を経て、人間が常に実現できなかった公平性をアルゴリズムが実現することになったとしたら、それはちょっとした皮肉ではないだろうか。心理測定ゲームのマーケティング担当者がその目標を達成したかどうかは、データの重要な部分が専有されているため、まだ不明だ。明らかなのは、フォーチュン500社をはじめとするグローバル企業の幅広い層がこの製品を購入していることだった。ニューヨーク、ロンドン、シンガポールにオフィスを構えるパイメトリクス社は、アクセンチュア、コルゲート・パーモリーブ、ヒルトン、ハイアット、クラフト・ハインツ、リンクトイン、マスターカード、マクドナルドなどの企業に心理測定ゲームを提供している。二〇一七年のデロイト社のレポートによると、グローバル企業の経営者の29%が、採用にゲームやシミュレーションを利用しているという。[72]

創造的問題解決

採用で出会うゲームやパズルは、何十年にもわたって研究されてきた「創造的問題解決」につながるものだ。創造的問題解決とは、未知の課題に対応し、解決策を導き出すための精神的なプロセスを指す言葉である。パズルを解くこと、新製品を開発すること、映画のサウンドトラックを作ること、法的な準備書面を書くことなどが、創造的問題解決の例として挙げられる。この概念の支持者は、こうしたすべてのことには類似性があり、その類似性は単純なものではないと主張している。

そうすると、創造的な問題解決は、昔の（信用されていない）知能とどう違うのかという疑問が出てくる。カール・ブリガムは、知能テストのスコアが「具象化」の一例であることを最初に指摘した人物だ。この言葉は、ドイツ語の（抽象観念を）「具体化して考える」という表現に由来する。アカデミー賞は映画製作の具象化だ。アカデミー賞は、小さな金の像が重要で注目に値するものであると想像させ、賞が称える映画の技巧は、それ自体が明確に定義されたものだと考えさせる。同じように、ＩＱはある種の認知能力を再定義したものである。何かを表わす言葉や数字がある場合、（そうでない場合でも）その何かをモノだと見なすのは簡単だ。

別の見方をすれば、知性とは美や正義のように本質的に曖昧な概念であり、正確な定義ができないものだとも言える。あまり知られていない事実を知っていることは、知性の証しかもしれない（あるいは、「ジェパディ！」〔アメリカで放送されているクイズ番組〕の見過ぎの証しかもしれないが）。例え話をしたり、エッセイを書いたり、パズルを解いたりすることも同様だ。

しかし、創造的問題解決能力という概念は、大げさな仮定を必要としない。それは単に、新しい問題を解決する能力のことだ。知能のように生まれつきのものではない。むしろ問題解決能力は、重要なことだが、学習可能なスキルであると認識されている。それは楽器の演奏に例えられるかもしれない。誰もがモーツァルトのようになれるわけではないが、ほぼ全員が楽器を演奏できるようにはなる。知能のように変えられない属性は、誰もが学べる属性よりも雇用者にとって価値があると思われるかもしれない。しかし、雇用主は常に学習されたスキルを採用してきた。企業が弁護士を必要とするなら、会社法を学んだ人を雇う。

問題解決は、教育研究の分野でも活発に行なわれている。ビデオゲームを使った実験では、子どもたちがどのように問題を解決するのか、解決の各ステップを追跡しながら理解することができる。[73] デジタルゲームには、刻々と変化する目標やルール、他の人との協力が必要な解決策など、現実世界の特徴を取り入れることができる。このような要素は、採用時の心理ゲームにも見られる。

創造的な問題解決能力に対する評価は、厳選された企業での採用の指針となっている。それでは、慣れない問題を解決する能力はどのようにして身につけることができるのだろう?

パップス、サイモン、ポリア

このことを最初に指摘したのは、アレクサンドリアのパップス（二九〇―三五〇頃）だった。パップスは『数学集成』の中で、「問題解決の技術」（通常「分析」や「発見的問題解決法《ザ・ヒューリスティック》」と訳される）について述べている。パップスはこの技術を発明したとは言っていない。五世紀前に有名だったエウクレイデスや、今ではあまり知られていないペルガのアポロニウスや大アリスタエウスのものだとしている。分析とは、「数学的問題を解決する能力を身につけたいと願う…人々のための特別な教義である」

とパップスは言う。その本質は「逆算」だ。教科書に載っているような問題でも、実用的な問題でも、初期状態（A）からゴール（B）まで、一定のルールに従いながらどうやって到達するかを問うものが多い。パップスは、終点（B）からスタートして、（A）に戻る方法を考えた方が簡単な場合が多いと観察している。「分析では、要求されていることから出発し、それを当然のこととして、そこから結果を導き出し、結果から結果を導き出す」[74]とパップスは書いていた。

パップスがこれを、エウクレイデスのものとしているのは驚くべきことだ。エウクレイデスの『原論』は、何千年もの間、心の葛藤を無視して純粋なままの結論に飛びつくような、整然とした推論の見方を象徴してきた。パップスは、実際の人間が推論するときの、より厄介で、より途方もない道のりを代弁している。

現代における問題解決の研究は、ハーバート・A・サイモン（一九一六―二〇〇一）とアレン・ニューウェル（一九二七―一九九二）に遡ることが多い。サイモンはカーネギー・メロン大学の経済学者であり、ニューウェルはランド研究所で働く大学院生だった。2人は現在、認知心理学と人工知能の先駆者として知られている。彼らは、人間がどのように問題を解決するかを研究し、それによって機械に同じことをさせるためには、どのように機械を設計すればよいのか、その方法を明らかにしようとしたのである。

「問題解決は、多くの人々によって…神秘的で、ほとんど魔法のような人間の活動とみなされていた。つまり、人間の尊厳を保つには、人間が自分自身に不可解であり続けること、魔法を作るプロセスが説明されないままであることにかかっているかのように」[75]とニューウェルとサイモンは書いた。一九七二年に出版された『人間の問題解決』には、チェスや数学の定理の証明など、人間が難しいと感じる作業をコンピュータにプログラムする取り組みが紹介されている。ニューウェルとサイモンの考えでは、問題解決とは、潜在的な解決策の場所を、より効率的に探索することである。

どんな困難な問題でも、可能な解決策は指数関数的に増加して膨大な数になる。人間の思考力では、すべての可能性を網羅的に探すことはできない。そこで、「ヒューリスティックス」〔ある程度正解に近い解を見つけ出すための経験則や発見方法〕を用いて、可能性の範囲を狭めていく。ニューウェルとサイモンは、「干し草の山がどんなに大きくても、確実に針が見つかる小さな部分が特定できれば気にする必要はない」[76]と書いている。

もう1人の二〇世紀の問題解決のチャンピオンは、ハンガリー生まれでスタンフォード大学の数学者、ジョージ・ポリア（一八八七―一九八五）である。ポリアはさまざまな分野の論文を発表し、3つの数学賞を受賞しているが、最も広く知られているのは彼の『いかにして問題を解くか』（一九四五）という素晴らしい本だ。表紙には「どんな問題でも解決できる思考法」と書かれており、一般読者を対象としている。

『いかにして問題を解くか』は、究極のナードコア系自己啓発書の代表格となっている。コンピュータ科学者のマービン・ミンスキーは、この本を本質的な創造的思考だと述べた。マッカーサー・フェローシップの受賞者テレンス・タオは、国際数学オリンピックの準備のためにこの本を使用した（彼は10歳で競技を始め、銅メダル、銀メダル、金メダルを獲得している）。

ポリアによれば、問題を問題たらしめているのは、どこから手をつけていいかわからないことだという。そこには拠り所となる公式もなければ、回答を導くことが保証されたアルゴリズムもない。ポリアの考えでは、算数を習っていたり、電卓を持っていたりすれば、数字の列を足すことは問題ではない。しかし、優れたロジックパズルは、どこから手をつけていいのかわからなくなるという。

ポリアは、問題解決の第1段階は、問題を理解すること、第2に計画を立てること、3つ目はその計画を実行することだと言う。運がよければ成功する。成功したら、問題とその解決策を振り返って、その経験から何か学ぶことができないかと問うことをポリアは勧めている。問題解決は一期一会であり、成功しても失敗してもそこから学ぶようにすべきである。

一聴すると、うさんくさいTEDトークの1つのように聞こえるかもしれない。しかし、ポリアは彼の論文を説得力のある実例に発展させている。問題解決者は錠前をこじ開ける人のようなもので、バッグに入った仕掛けを次々と試していく。その過程は必然的に試行錯誤の連続となる。しかし、最も優れた解決者は、自分のバッグの中に最も多くの道具を持ち、次にどれを試すべきかについて最も優れた直感を持っている人だ。

『いかにして問題を解くか』は、問題解決のためのコツを記した短いエッセイのシリーズだ。これは相矛盾するものではなく、また特定の順序で試す必要もない。客観的に見て難しい問題もあれば、メンタルブロックを乗り越えなければならない問題もある。ポリアの助言は、論理だけでなく心理学にも基づいている。

問題解決の理論家はみな、類推することの重要性を指摘する。この複雑な世界を理解するために、私たちはメンタルモデル——異なる状況を結びつける便利なパラダイム——に頼っている。ここにいくつかのメンタルモデルがある。「マーフィーの法則」「キャッチ＝22」「機会費用」「平均への回帰」「ウィン・ウィン」「コモンズの悲劇」などだ。このような概念は、私たちが共有する実用的な知恵の重要な部分を含んでいる。キャッチ＝22（ジレンマ状態）に遭遇したときにそれがわかる人は、その概念を知らない人よりも優位に立つことができる。どちらの方法もうまくいかず、壁に頭をぶつけていても仕方がないことを知っているからだ。あなたは前に進む必要がある。

メンタルモデルは、ジョーゼフ・ヘラーの小説（『キャッチ＝22』）や、経済、芸術、生物、政治、物理、ポップカルチャーなどの分野から生まれる。メンタルモデルはアナロジーの原材料であり、最も有用なものは、造語を作った分野をはるかに超えて適用される（上記の例のように）。メンタルモデルを使うのに天才である必要はない。しかし、正式な教育であれ、自己流の教育であれ、しっかりとした教育が必要だ。メンタルモデルの提唱者の1人に、ウォーレン・バフェットの長年のビジネスパートナーであるチャーリー・マンガーがいる。マンガーは「80か90の重要なモデルが、あなたを世渡りの知恵を身に付けた人間にするための約90％をかたづけてくれるだろう[77]」と考えていた。

問題解決のためのテクニック

これ以降の章は、広く適用可能な20の問題解決テクニックを中心に構成されている。ほとんどはパップス、ポリア、ニューウェルとサイモンなどの著書で古くから知られているものだ。私は、ゲームやパズル、奇抜な問題など、現代の採用現場で遭遇する問題に最も役立ちそうなテクニックを強調した。

本書の第Ⅱ部では、最も一般的な心理テストのゲームについて説明する。また、ゲームだけでなく、他の課題にも応用できる3つの問題解決のテクニックを紹介している。

回り道をする。問題を解決するということは、一般的に、解決策に向かって一直線に進むほど単純ではない。間違っているように見えたり、ゴールから遠ざかったりするような、直観に反することをしなければならないことを想定しておくべきである。

探索し、計画して、実行する。これがポリアのテンプレートだ。まず、選択肢を探り、それについて学ぶ。第2に、学んだことを利用して、計画を立てる。第3に、その計画を行動に移す。

誰かの立場になって考えてみること。問題解決を成功させるには、他の人が何を考え、何を感じているかを正確に把握することが重要だ。これは、感情的な知性（EQ、心の知能指数）をテストする心理ゲームの中心であり、ロジックパズルの要素でもある。

第Ⅲ部では、ロジックパズルに加えて、面接で聞かれる自由形式の質問を取り上げる。また、17の章では、問題解決のためのさらなるテクニックを紹介した。

あなたの最初の反応は間違っている。問題は、答えが明らかでないから問題なのである。簡単な答えが頭に浮かんだら、疑ってみよう。

予想外の言葉に注意する。頭脳ゲームでは、すべての言葉が重要だ。問題に思いがけない細部が書かれていたら、それはたいていその細部が重要であることを意味する。

アナロジーを使う。その問題は、あなたが以前に遭遇したことのある問題に似ているかもしれない。その場合、どうすればいいのかを考えることができる。ゲームやパズルの経験がある人は、たくさんの例を思い浮かべることができるだろう。これが、創造的問題解決が学習可能である理由の1つだ（そして、この本が問題解決や、運が良ければ内定を得るのに役立つ理由でもある）。

問題を分割する。大きな問題の多くは、より簡単に解決できる小さな問題に分割することが可能だ。これは、「デンバーには何枚のペニー（1セント銅貨）があるか？」のような、奇妙な推定問題を解決するための鍵となる。

絵を描く。私たちの多くは視覚的に物事を考える。難しい問題でも、絵や図、チャートを描けば解決策が見えてくることがある。

問題をよりシンプルにしてみる。時には、問題をより簡単に解決するために、より単純な（またはより極端な、またはより一般的な）バージョンを考案することができる。そして、その解決策を元の問題に適応させることができるかもしれない。

良い質問をする。面接の質問には、インタラクティブな（対話式の）ものもある。あなたには不完全に規定された問題が与えられ、面接官に質問を投げかけ、不足している情報を補うことが求められる。あなたの質問がどれだけ適切であるか、また、身につけたことをどのように魅力的な解決策に結びつけたのかが評価される。

消去法で考える。いつもうまくいくとは限らないが、可能性のある行動、戦略、答えをすべてリストアップすることができる場合がある。そうすれば、そのリストの中から、正しいはずの1つの可能性を除いて、すべてを除外することができるかもしれない。

逆算する。一七〇〇年前のパップスのアドバイスは、いくつかの解釈ができる。例えば、ある目標を達成するためにはどうすればよいかという問題であれば、目標とする結果からスタートして、想像上の時間を遡る。また、より概念的に遡ることもできる。問題の未知の部分を与えられたものとして捉え、そこから結論を導き出すのである。

引っかけ問題に注意。質問の中には、回答者を、目の前にある解決策や、どこにもない解決策のために、がんじがらめにしてしまうものがある。採用面接では、引っかけ問題はあまり使われない（というか、使うべきではない）。しかし、その可能性があることは知っておくべきだろう。質問が見た目よりも、単純であることを示すヒントを得たら、それに注意しよう。推測して絞り込む。面接の質問で量の計算を求められた場合、迅速で不正確な当て推量から始めるのが良い方法だ。最終的に、より正確な答えは、見積もったものに近いものでなければならない。あるいは、なぜそうでないのかを理解する必要がある。

数式を立てる。難問の中には、みせかけの文章題がある。問題を理解したら、それを方程式に変換して、代数の授業で習った方法で解けばよい（代数の授業を覚えていればの話だが）。

間違った足跡を踏まない。私たちは、過去に経験したことのある思考方法、つまり心の轍を踏んでしまう。ゲームやパズルが難しいのは、これまでの考え方を捨てて、新しい考え方をしなければならないからだ。

マクガフィンを無視する。問題を解決するためには、特定の未知の要素（アルフレッド・ヒッチコックの有名な「マクガフィン」〔物語、映画などで筋の展開に効果を発揮するひと工夫〕）を知る必要があると考えてしまうかもしれない。しかし、マクガフィンは注意をそらすためのものであり、問題を解決するのに必要なものではない。

リストアップ、集計、割る。多くの面接の質問では、確率の算出が求められる。テクニックとしては、同じ確率で起こりうる結果を列挙し、与えられた条件に従うものがいくつあるかを数え、合計で割って答えを得ることだ。

仕事との関連性を探る。多くのパズルや奇抜な質問には、仕事との関連性が隠されている――ビジネス、金融、エンジニアリング、コーディングなどの重要な業務の根本方針との関連性だ。あなたはその関連性を認識し、答えに使うことが求められる。

新しい機能を導入する。問題に新しい要素を加えてみよう。それによって状況が明らかになり、解決策が示されるかもしれない。これはより高度な問題解決テクニックの1つであり、いつ、どのように使用するかについては直感が必要だ。

現代の最も革新的な企業の社員と、知恵比べをする準備はできているだろうか？

II　心理ゲーム

回り道をする

ドイツの心理学者ヴォルフガング・ケーラーは、9頭のチンパンジーとともに6年間、カナリア諸島に置き去りにされていた。[1] ケーラーは、一九一三年から1年間、テネリフェ島にあるプロイセン科学アカデミーの霊長類センターの所長に就任していたが、戦争が始まると、イギリスが支配する大西洋を経由して彼を連れて帰ることを、どの船舶も拒否した。

ケーラーはテネリフェ島で、チンパンジーがどのように問題を解決するかを研究していた。チンパンジーは、バナナを見せられると、どうやってそれを手に入れるかを考えなければならない。最も単純な実験では、チンパンジーとバナナの間に柵などの障害物を設けた。チンパンジーは果物を見ることはできても、つかむことができない。その代わり、チンパンジーは長い回り道をして障害物を回避して食べ物を手に入れた。これまでの実験では、犬や猫はそんなことはしないと言われていたので、ケーラーは感心した。犬や猫は障害物の前に立ち、食べ物をただ見つめるだけだった。

ケーラーの類人猿は、問題解決の核心技術ともいうべき「対立行動」（コンフリクト・ムーブ）を知っていた。これは、一見するとゴールから遠ざかっているように見えるが、実はゴールに到達するために必要な行動である。コンフリクト・ムーブは直感的ではないため、多くのロジックパズルやおもちゃのからくりの中心をなしている。ドイツでは「女の子の指」、アメリカでは「チャイニーズ・フィンガー・トラップ」と呼ばれているおもちゃがある。2人の人間がそれぞれの端に指を差し込んでから指を抜こうとすると、おもちゃはより強く締めてくる。指を抜くためには、一見間違っているようだが、指をお互いに押し合う必要がある。

問題を解決する人は、対立する動きを受け入れることを学ぶ。心理学者は「ロンドン塔[2]」と呼ばれるパズルでこの原理を検証している。現在では、採用時の心理テストとしてよく使われるゲームの1つだ。

？ 色のついた円盤が置かれた3本の柱があります。目標は、できるだけ少ない手数で、円盤を画像（上部）の通りに並べ替えることです。一度に動かせるのは1枚の円盤だけで、その円盤は柱の1番上になければなりません。円盤をクリックして持ち上げ、移動先の柱をクリックして円盤を置きます。必要に応じて、画面上のボタンで移動を取り消したり、ゲームをやり直したりすることができます。

このゲームは、100年以上も前に人気を博した「ハノイの塔」を思い起こさせるような、ハードコアなパズルファンのためのゲームだ。「ハノイの塔」は、3本の垂直な柱とそれを支えるボードで構成されている。そのうちの1本の柱には、大きさの異なる8枚の円盤が重ねられていて、円錐形を成している。ゴールは、8枚の円盤をいずれかの空いている柱に移動させることだ。円盤の移動は1枚ず

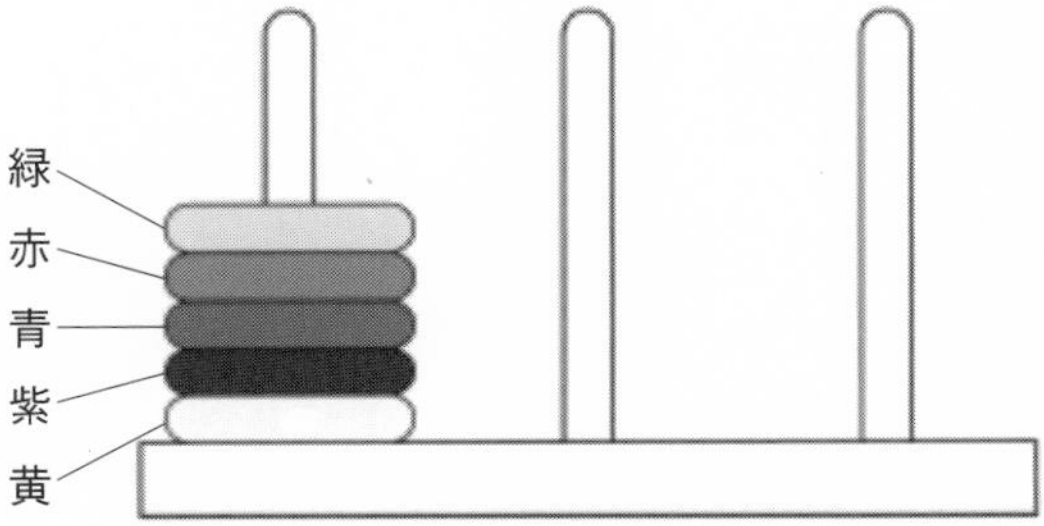

目標

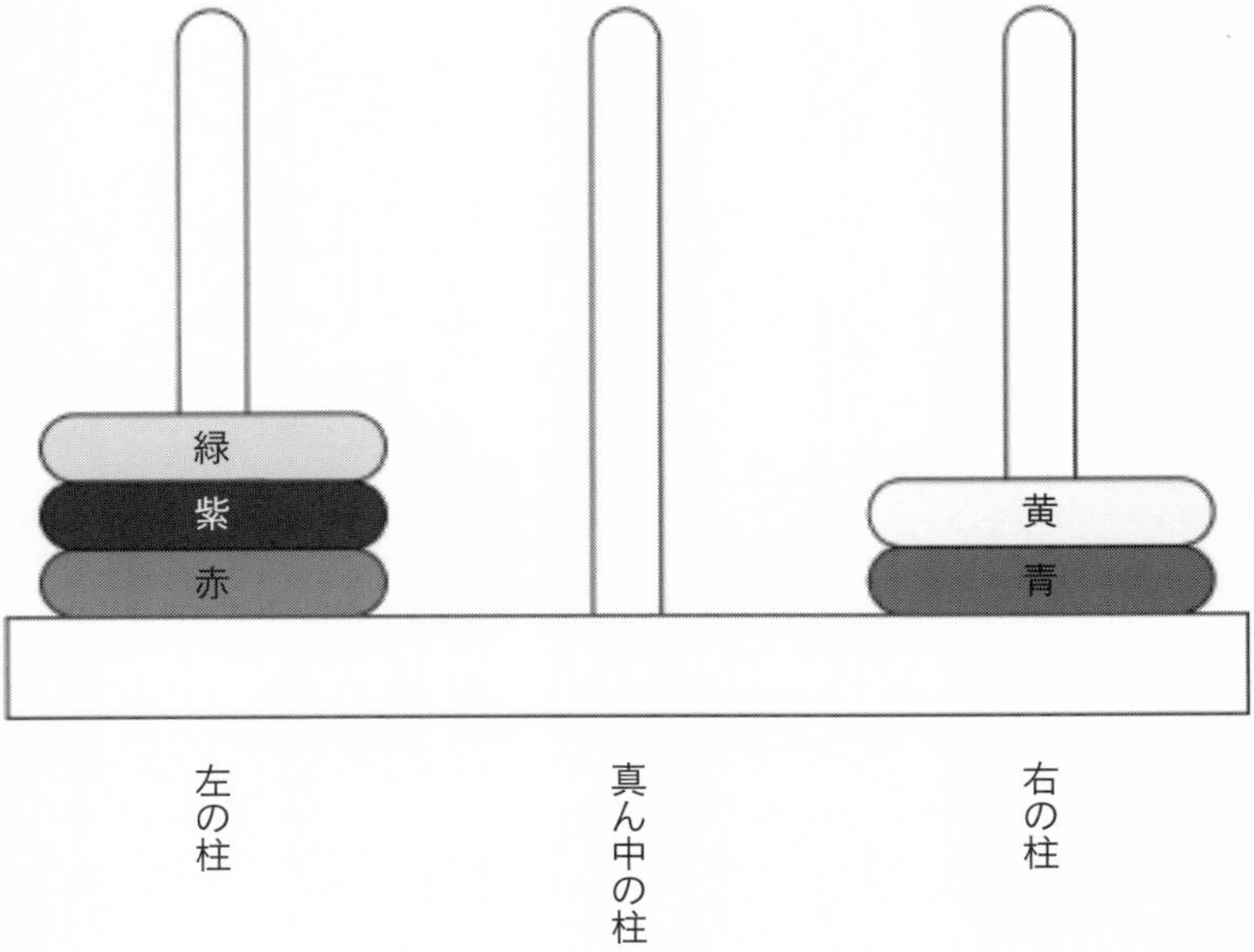

つで、小さい円盤の上に大きい円盤を重ねることはできないというルールがある。
一八八三年に発売されたハノイの塔は、ベトナムの首都ハノイとは何の関係もない。もともとは、「クラウス教授」という人の作品だと言われていた。これは、当時のフランスの著名な数学者であるエドゥアール・リュカを意味する「ルーカス教授」のアナグラムであることが判明した。リュカは数々の難問を考案していたが、その1つが就職面接の問題として出題されている（163ページ）。

ハノイの塔は、リアルなもの、バーチャルなもの、1ドル・ショップで売られているようなもの、デラックスなものなど、さまざまな形で提供されてきた。これは、パズル形式のビデオゲームの定番となっている。一九八二年、ユニバーシティ・カレッジ・ロンドンの神経心理学者ティム・シャリスは、リュカのパズルを、脳の前頭葉の病変を診断するツールとして採用した。脳の前頭葉は、計画性、自発性、問題解決などを司る部分である。シャリスは、大きさは同じだが色の異なる3つのボールを3本の柱に取り付けたおもちゃを簡略化して使用した。患者は、ボールを1つずつ並べ替えて、目標の順番に一致させるように求められた。シャリスは自分のテストを「ロンドン塔」と名付けた。

一九九七年、ジェフ・ワードとアラン・オールポートは、一般的な認知テストに適した、より難しい5枚組のロンドン塔を発表した。[3] あなたが採用の際に出会うロンドン塔パズルはこのバージョンになる。このパズルは、エコノミークラスの乗客が、窓側、真ん中、通路側の席に座ろうとするのに、よく似ていることに気づくだろう。誰かが入るためには、誰かが出なければならない。

ロンドン塔パズルの解法には、簡単なコツがある。必ずしも最小のステップ数で解けるわけではないが、覚えておくと便利だ。簡単に言うと、一度置いたら二度と動かす必要のない円盤から目標の構成を組み立てる。

この図の目標画像を見てほしい。最初の柱に5枚の円盤がすべて置かれている。1番下の円盤は黄色。これが最初の1枚だ。

次に、可動式の円盤があるメイン画像を見てみよう。黄色い円盤は、右の柱の一番上の円盤なので、すぐに動かすことができる。この円盤を動かすためには、まず、左の柱の3枚の円盤を動かす必要がある。黄色い円盤の上に置かないためには、これらの円盤は真ん中の柱に置かなければならない。3枚を移動させるには、3回の移動が必要で、逆の順序で真ん中の柱に置いておく(下から緑、紫、赤)。これは、3つの円盤を、最終的に終える左の柱から、所属していない真ん中の柱に移動させているので、相反する移動であることに注意してほしい。

これで、黄色の円盤を左の柱の目的地に移動させることができる。4回目の移動だ。黄色い円盤は二度と動かす必要がない。5枚の円盤ではなく、4枚の円盤でやり直すようなものだ。

目標画像をもう一度見てみると、紫の円盤は黄色の上に乗せる必要がある。紫色の円盤は、真ん中の柱にある3つの重なりの真ん中に挟まれている。その上の赤い円盤を右の柱に移動させる。そうすれば、黄色の円盤の上に紫の円盤を動かせるようになる。

さらに2回の移動で2枚の円盤が揃った(4＋2＝計6回)。

次は青だ。その上の赤を、緑の上の、真ん中の柱に移動させる。そして青は、左の柱の紫の上に行く。これでさらに2手(4＋2＋2＝8)で、もう1枚の円盤を置くことができた。

次は赤、そして緑だ。それぞれ1回の移動で実現できる。この回答では、4＋2＋2＋1＋1＝10手を使用する。

ロンドン塔パズルでは、複数の手を先に考えて行動する能力を測定する。これはさまざまな仕事で重要なことだと思う。ロンドン塔パズルの構成の難しさは、相反する動きの数にもよる。どんな仕事でも、できるだけ早く目標の設定を実現したいものだ。特に、複雑なプロジェクトの計画や管理を必要とする仕事ではそれが重要だ。

心理測定ゲームに備えることは不可能（または無意味）であるという意見がある。事前に備えておくべき答えなどない。ゲームの中には、視覚と手の協調関係、反応速度、記憶力など、簡単には変えられない属性を試すものがあるが、視力検査のように準備することはできない。

心理測定ゲームを使用する雇用者は、超人的な反射神経や写真のような記憶力を求めているわけではない。そんなことを必要とする仕事は多くないからだ。彼らが気にしているのは、先を見越して計画を立てる能力、リスクを受け入れる意欲、他人の気持ちを理解する能力など、仕事で活躍するために必要な特性だ。あるゲームが何を測定しようとしているのか、他の人がどのように反応するのか、その反応が特定の仕事への適性にどのように影響するのか、といった裏話を知っておくことは、求職者にとって有益である。ゲームの内容を事前に知ることで、求職者はより自信を持ってゲームに臨むことができる。また、応募者がルールを理解するのにも役に立つ。スマホの説明画面を見て、いきなりゲームに入る人が多いが、ゲームの内容を理解していないのであれば、本人にとっても企業にとっても意味がない。

画面上で心理測定テストを受ける人は、その結果を一定期間（多くの場合1年間）、他の雇用者に公開することに同意する必要がある場合が多い。これは有益だ。応募者が同じ試験を受け続ける必要がないことや、応募者が、適任とする仕事を提供している他の雇用者と結果を共有することができるからだ。しかしそれはまた、（ある雇用者のために行なった）平均点以下だったゲームの結果が、あなたの信用格付けに傷をつけるといったように、あなたについてまわるかもしれない。心理測定ゲームは、真剣に取り組む必要がある。

*

こうしたゲームをプレイする際には、3つのポイントがある。まず、スマホを使用することができるが、これはやめた方がいい。ゲームのプログラムは、ミリ秒単位の応答速度でプレイヤーを評価する。その点では、スマホのタッチパネルよりも、フルサイズでキーが使えるキーボードの方が優れていることに変わりはない。スマホを落とす心配もないし、パソコンの大きな画面は視界を遮るものがない。

情報開示を省略してはいけない。ゲームでは通常、色覚異常、失読症、注意欠陥障害などの有無を記入する欄がある。こんなに早い段階で個人的なことを開示するのは気が引けるかもしれないが、開示しないわけにはいかない。一般的なゲームでは、赤と緑の点を見分けることが求められる。これは、赤緑色盲の人には無理だ。出題者はそのゲームの別バージョンを提供しているし、色弱の人はそれを受けたがるだろう。

休憩を忘れないで。ゲームとゲームの間に休憩を取ることは許されている。デメリットはなく、メリットもある。犬を散歩させたり、ヨガをしたり、コーヒーを飲んだりするといいだろう。

協調性と記憶力のゲーム

一般的に使用される心理測定テストのゲームは数十種類ある。出されるゲームは、雇用主やあなたが求める仕事によって異なる。ゲームの中には、IQテストの問題にアニメーションをつけただけのものもある。幾何学的な図柄が画面上で転がり、同じものが2つあるかどうかをたずねられる。また、数字の書かれたタイルが表示され、合計22枚のタイルをクリックするよう求められる。グラフィックスがあっても、これらの問題の仕組みは変わらない。

より斬新なのは、時間制限のあるゲームだ。「キープレスの課題」では、合図の後、ストップと言われるまで、できるだけ多くスペースバーを押すことが求められる(もしくは、スマホのタッチパネルでボタンをクリックするように言われる。くれぐれも電話をかけてしまわないように)。

採用担当者は、スペースバーを何回叩いたかではなく、一般的な持久力を測ることができる。ある人は、ゲームがきっかけで競争心が芽生え、全力でハイスコアを出し、ある人はスタートダッシュを決めたものの、ゲーム終了までにかなり衰えてしまう。怠け者の人もいれば、自分で考えて行動する人もいる。クリエイティブな仕事であれば、平均点や低得点でも問題ないかもしれない。

「数唱テスト」は、短期記憶を測定するテストで、画面上に数字が4…9…0…のように1つずつ点滅する。あなたは見た数字を入力するように求められる。

それを正解すると、4桁の数字が表示される。さらに正解すると、次は5桁の数字が出てくる。これを息切れするまで続けるのである——すぐに息が切れるだろう。

数唱テストは、昔から口頭で行なわれる認知テストの一部だった。数字の記憶は特殊なもののように思えるが、IQとの相関性は驚くほど高く、はるかに具体的で測定しやすいコンセプトだ。ほとんどの人は7桁の数字を簡単に覚えられる。多くの国の電話番号が7桁前後であるのはそのためだ。会計士など、数字を扱う仕事をしている人にとっては、桁数は重要だ。数字を覚えていた方が、何度も資料を見返す必要がなくなるからである。しかし、桁数は主に短期記憶のテストだ。これは、言葉や表情、ボディランゲージを思い出すことと相関していて、これらはすべて、私たちを取り巻く人間世界を解析するのに不可欠なものだ。

数唱は、記憶力の良い人を見分けるためのものではない。8桁以上の数字を覚えていれば問題ない。

より複雑なゲームでは、相反する衝動が発生する。これはその一例だ。

? 赤や緑のドットの連続が画面上に短く表示されています。赤い点が見えるたびにスペースバーを押してください…緑の点の時は押してはいけません。ドットが緑の時は何もしないでください。

これは、「*go/no-go*（継続か中止か）課題」だ。「サイモン・セッズ」（Simon Says）〔子どもの遊び。サイモン役を決め、全員がこのサイモンの命令に従って行動する。その命令は必ず「Simonn says…」で始まる〕の心理学版である。合図で禁止されている場合を除いては、ただちに繰り返し行動することが求められる。「サイモン・セッズ」のように、これは思ったよりも難しい。このバージョンでは、認知的不協和が加わる。通常、緑は「ゴー」、赤は「ストップ」を意味するが、ここではそれが逆になっている。

*go/no-go*課題は、衝動性を測るために作られたものだ。点を見た瞬間にクリックするのだが、誤答が多い人は衝動的であることが多い。衝動的であると同時に、リスクテイカーでもある。

*go/no-go*課題は他にもたくさんあり、心理測定ゲームのセットにはいくつかの課題が含まれていることが多い。それぞれが異なる方法で*go/no-go*の判断を複雑にしている。

あるゲームでは、5色の矢印が横1列に並んでいる。中央の矢印は、他の矢印と同じ方向を向いてなくても構わない、と指示されている。

矢印が青や黒の場合は、矢印キーで中央の矢印の方向を指示する。
矢印が黄色の場合は、矢印キーで横の矢印の方向を指示してください。

あれ？　意図的に恣意的な指示をしている。青か黒かというのは、なかなか理解しにくいものだ。1つのコツは、心の中でそれらの色を黄色と濃い色の枠にはめ込むこと。黄色は横の矢印の方向、濃い色は中央の矢印の方向を指示するように自分に言い聞かせるのだ。

もう1つの*go/no-go*ゲームは不条理なもの。「小さい口」と「大きい口」の顔を見分けて、どちらかを矢印キーで示す。大きな口の方が5%ほど広い。この違いはほとんど意識下だ。とはいえ、適当に当てるよりは良い結果が得られるだろう。

小さい口

大きい口

このようなゲームはあまり気にしない方がいい。誰もが難しいと感じるものだ。ゲームメーカーの説明によると、これらのゲームは衝動性だけでなく、注意力を測るものでもある。ある人は集中力を維持し、ゲームの時間中に上達するかもしれない。衝動性が低く、注意力が高い人は、航空管制官や会計士に向いている。その逆は、販売員に向いている。

? あなたはどちらにしますか?

(a) 今55ドル、または

(b) 61日後に75ドル

? あなたはどちらにしますか?

(a) 今54ドル、または

(b) 119日後に55ドル

これは、スタンフォード大学の心理学者ウォルター・ミッシェルが行なった有名な「マシュマロ・テスト」[4]だ。一九七〇年代初頭、ミッシェルとエベ・B・イブセンは、保育園児にあるジレンマを提示した。すぐに食べられるマシュマロを1つ、または15分待てるならマシュマロを2つ食べられるというものだった。ミッシェルは1つ目のマシュマロを、テーブルの上の手の届くところに置いた。子どもはいつでもそれを食べることができるが、もし食べてしまったら、2つ目のマシュマロはもらえない。ミシェルとイブセンは、ストップウォッチで時間を計った。しかし、15分も我慢できた子はほとんどいなかった。子どもは平均6分ほどで誘惑に負けてしまった。

マシュマロ・テストはその後、大衆心理学のミームとなった。私たちは皆、マシュマロ・テストを受けている子どもなのである。デザートを抜いたり、ジムに通ったり、老後のために貯金をしたりすべきだとわかっていても、今、気持ちのいいことをする方が簡単なのだ。人生は一度きりだ。満足を先延ばしにすることは、究極の紛争解決策になりうる。ミッシェルらは、最初のマシュマロ・テストに参加した子どもたちを追跡調査した。その結果、誘惑に負けなかった子どもたちは、その後の人生で成功し、悩みも少なかったと報告している。彼らは、SATのスコアが高く、離婚、肥満、薬物乱用の割合が低かった。

ここに挙げた心理測定ゲームは、マシュマロ・テストの大人版だ。お金と時間に関する二者択一の問題が出題されている。質問は視力検査のように対話式なものになっているかもしれない。質問にどう答えるかによって、次に提示される選択肢が決まる。

今55ドルを取るか、61日後に75ドルを取るか。今すぐの選択肢である(a)の場合、あなたは本当に今すぐお金が必要なのかもしれない(立ち退きを迫られているとか)。また、即時支払いは確実なものだが、人生は不確実なものだ。恩人が61日後に生きているとは限らない。自分が生きているかどうかもわからないのだから。まさに「現在を楽しめ」だ。

しかし、55ドルがあなたの人生を左右するほどの金額ではなく、額面通りに受け取ったのであれば、(b)の遅延オプションには多くの利点がある。会計士に言わせれば、2カ月後に36%のリターン、これは年率換算で543%という驚異的なリターンに相当する。

2番目の選択肢である119日後の54ドル対55ドルは、どちらかというと迷うところだ。1ドル追加のために約4カ月待つ価値があるかどうかは、それほど明確ではない。待つことで得られるプレミアムは、年間5.79%のリターンに相当する。これは、他の容易にできる投資（株式や投資信託など）の平均的なリターンと変わらないため、待つことに説得力はない。

ここでリターンについて触れたが、ゲーム中に計算している暇はない。ポイントは、膝を打つような反応を測ることだ。報酬を遅らせることを比較的厭わないことは、ビッグファイブの特徴である誠実度と関連している。長期的なプロジェクトを自分のペースで進めることができる、自己主張の強い人が求められる職業には欠かせない要素だ。実際、どのような仕事でも、給料を得るために時間を費やそうとすれば、自分を律することが必要だ。

探索し、計画して、実行する

心理測定ゲームは小さな世界だ。通常のビデオゲームのように詳細なものではないが、ビデオゲームのようにプレイヤーを未知の領域に突入させる。まず最初にすべきことは探索だ。ゲームに用意されている選択肢を試してみて、その仕組みを知る。そして、学んだことをもとに、スコアを最大化するための計画を立てる。最後に、その計画を実行する。これは、ジョージ・ポリアの問題解決のための万能の処方箋「探索、計画、実行」を具現化したものだ。

心理測定ゲームでは、何千ものデータ点を収集することがある。スコアはその1つに過ぎない。記号は、そのスコアがどのように達成されたかを記録している。プレイヤーがどのように未知のものに立ち向かい、経験から学んだのか、初期のつまずきでやる気を失ったのか、失敗の連続の後に勝利したのか、などが記録されている。人間の面接官であれば、このような詳細は忘れてしまい、最終的なスコアを正当化するための物語を作ってしまうだろう。記号はすべてを記憶している。

? 空気ポンプに取り付けられた風船が表示されます。ボタンをクリックして空気を入れると、風船が膨らみ、5セントが加算されてジャックポット〔累積した賞金〕の可能性が出てきます。いつでも止めて、賞金を獲得することができます。しかし、空気を入れるたびに風船が割れる危険性があります。風船が割れると、その風船から賞金は得られません。このゲームでは、さまざまな色の風船を膨らませることができるので、経験から学んで戦略を調整することができます。一度集めたお金は、永久的に銀行口座に残り続け、リスクはありません。

このゲームは、メリーランド大学のカール・W・レジュエスを中心とする心理学者チームが考案し、二〇〇二年に発表された「バルーン・アナログ・リスク・タスク」(BART)である。BARTは、リスクに対する態度、具体的には、リスクと報酬のトレードオフを測定するものだ(マシュマロ・テストは、時間と報酬をトレードオフするもので、ある意味補完的だ)。

私たちはみんな、おもちゃの風船や風船ガムを膨らませたことがある。目標は、顔の前で破裂しな

いように、できるだけ大きくすることだ。そのためには、慎重さと野心を足して2で割る必要がある。私たちは、ゴム風船や風船ガムの物理的な限界をある程度理解している。しかし、スクリーン上のバーチャルな風船はそうはいかない。安全策をとって数セントで済ませることもできるし、限界点を知るために空気を入れ続けることもできる。しかし、その限界点が固定されているのか、変化するのかはわからない。

心理学の文献にある標準的なBARTのスコアは、破裂していない風船のクリック数の平均値だ（破裂した風船は集計されていない）。これは通常で30前後。レジュエスのチームは、BARTのスコアの高さが、喫煙、ギャンブル、アルコールや薬物の乱用、避妊なしのセックス、万引きなどのリスク愛好的行動と相関していることを発見した。BARTは不良少年（不良少女）の指数だ。しかし、リスクを取ることは必ずしも悪いことばかりではない。多くの仕事では、リスクを取ることが不可欠だ。職種によって最適値が異なるため、BARTは採用時に役立つ。

ここではBARTのチートシート（カンニングペーパー）を紹

介する。風船の色には大きな違いがある。二〇〇二年に行なわれた実験では、オレンジ、黄、青の3色だった。オレンジ色の風船は、1―8回のクリックで破裂した。黄色の風船は32回まで、青は128回まで可能だ。採用ゲームでは色が異なる場合があるが、その場合には、破裂する可能性が異なることを示していると考えてほしい。

その色の限界内であれば、風船の破裂点はランダムだ。BARTのソフトウェアは、基本的に、あるクリックで風船が破裂するかどうかを決めるために、仮想の壷からボールを引く。二〇〇二年の実験では、黄色の風船の場合、最初は32個のボールが壷に入っていた（1個は黒、残りは白）。プレイヤーがクリックするたびに、アルゴリズムはランダムにボールを1つ引き、それを置いておく。そして、黒いボールを引き当てると、風船が破裂する。この現象は、1回目のクリックでも、32回目のクリックでも、その他のクリックでも、すべて同じ確率だ。

パイメトリクス社のBARTゲームの説明画面には、「このゲームの目的は、風船を膨らませて、できるだけ多くのお金を集めることです」と書かれている。それを鵜呑みにして、賢いギャンブラーのように勝負してみたくなる。そのためには、各色のパターンを覚えて、それに合わせて戦略を立てることが大切だ。風船が破裂することもゲームの一部だと認識して、慎重になりすぎないようにしてほしい。

一方で、運を使いすぎるのもよくない。例えば、紫色の風船を持っていて、その風船の最大クリック数が128回だとする。限界に近づくと、得るものよりも失うものの方が大きいことに気づくはずだ。あなたはその風船で期待できるもののほとんどを、すでに獲得しており、風船が破裂したらすべてを失うことになる。そのようなリスクを冒してまで、少しでも多くのお金を得ようとするのは賢明では

	最適な戦略	予想収益
オレンジ	4回のクリックで終了	10セント
黄	16回のクリックで終了	40セント
青	64回のクリックで終了	1.60ドル

ない。

レジュエスのグループが指摘したように、最適な戦略は、それぞれの風船を、その色の最大値の半分まで膨らませてから終了させることだ（最大値がわかっていて、まだ風船が破裂していないことが前提だが）。この戦略では、半分は風船が破裂するが、それで構わない。残りの半分の時間は、1回のクリックで5セントを回収する。予想される収益はその半分の2.5セントだ。表は、オリジナルの配色の場合のペイオフを示している。このゲームの利益は、主に最も破裂しにくい色（ここでは青）にある。

利益の基準からすると、ほとんどの人は臆病すぎる。風船を破裂させることを心配しすぎて、本来得られるはずの金額よりも少ない額で済ませてしまう。レジュエスのチームは、青い風船の平均的なクリックの数は約3回だったと報告している。

ゲームのゴールは、必ずしもあなたのゴールではない。あなたは「モノポリー・ゲーム」のお金を最大化しようとしているのではなく、面接や仕事のオファーを受けようとしているのだから。

交渉や金融、起業に関わる仕事では、リスクを取ることに抵抗がないことが求められる。もしあなたが、「勇気なくして栄光はない」が信条の仕事に応募しているなら、風船を割ってでも、色ごとの利益を最大化する戦略を採用するべきだ。もしあなたが、学校の先生や看護師、会計士など、リスクを取ることが問題視されやすい職種を志望しているのなら、最大限の努力をする必要はない。

探索、計画、実行の各段階が重なることがある。風船の色のパターンを学びながら、

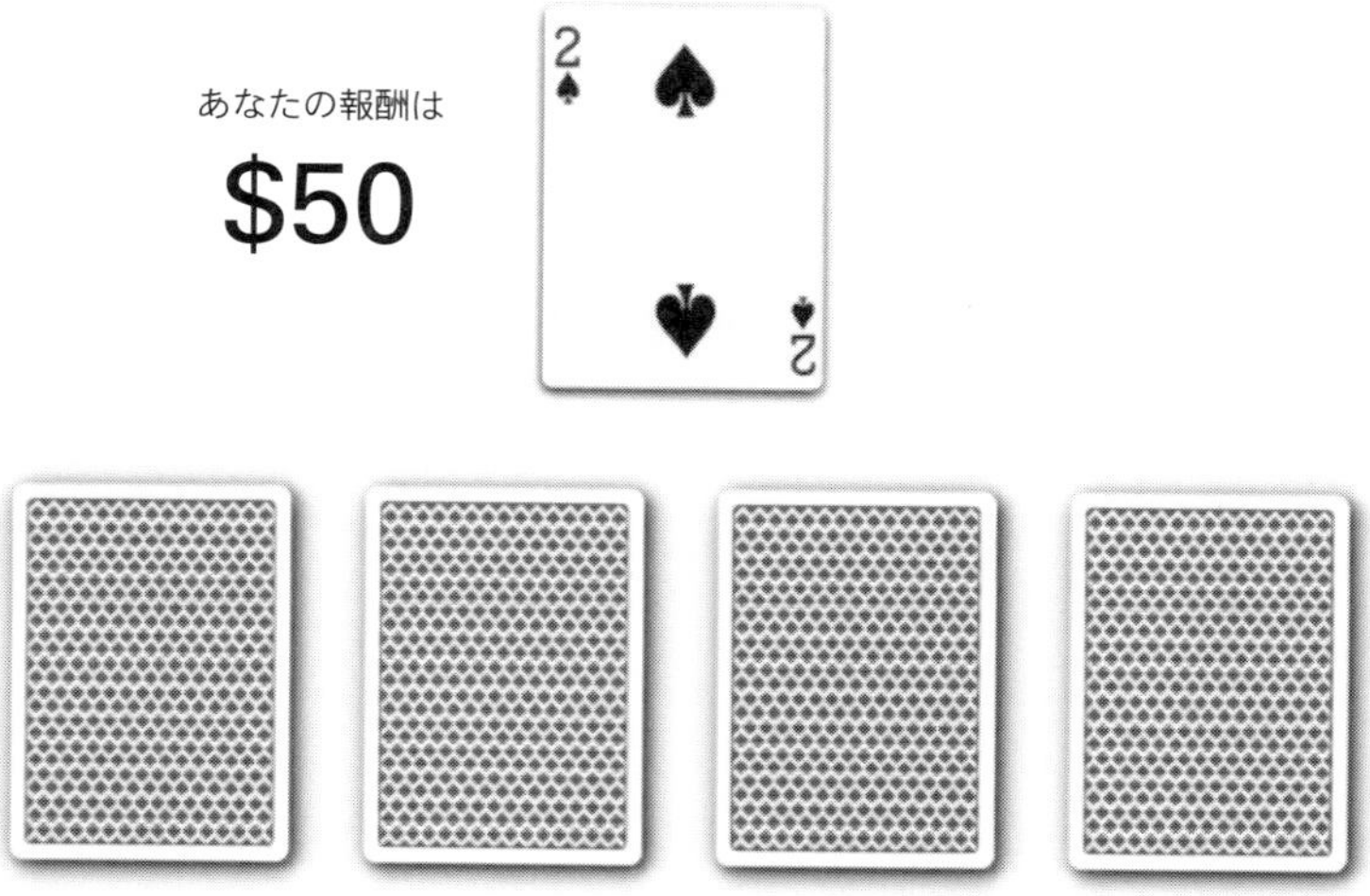

お金を稼いでいく。ゲーム中も学習を続け、必要に応じて計画を修正することができる。BARTでは、3つの段階が同時に起こるが、これは他の多くのタイプの問題解決にも当てはまる。

？ 4組のカードデッキが表示されます。デッキをクリックすると、カードを1枚引くことができます。勝って賞金を得るカードもあれば、負けて賞金を失うカードもあります。最初は2,000ドルの仮想資金が用意されています。デッキは何度でも自由に入れ替えることができます。目標は、できるだけ多くの賞金を手にすることです。

4組のデッキをスロットマシンと考えてみよう。あなたはオッズを知らされていない。それはカジノ側が知っていることであり、あなたが（お金をかけて）調べることだ。スロットマシンの中には、金額は少ないものの、他より頻繁に払い出しするものがある。また、ほとんど出ない大当たりの可能性を秘めたマシンもある。マシンの挙動を知るためには、実際にプレイしてみる必要があるが、ほとんどのスロットプレイヤーは頻繁にマシンを切り替えているため、あまり参考にならない。

ここでは、少なくとも1つのデッキが「安全」であることがわかる。つまり、そこそこ勝てて、大きな負けがないということだ。このデッキを何度もクリックしていると、おそらく手持ちは最初の時と同じようになるだろう。

少なくとも1つのデッキは「ハイリスク」だ。このデッキをクリックすると、おそらく大きな報酬（例えば100ドル）が得られるだろう。しかし、同じような結果を得るために、何度も何度もクリックしているうちに、遅かれ早かれ、傷つくにはじゅうぶん大きな損失（例えば1,150ドル）をかぶることになるだろう。

応募する仕事にかかわらず、すべてのデッキを試してみるべきだ。もしかしたら、1つのデッキが金鉱になるかもしれない（そうではないかもしれないが、何事にも積極的に取り組むことが求められる）。

ハイリスクのデッキを積極的にプレイすべきだろうか？　もし、その期待値（長期的にどのような利益や損失が期待できるか）がわかれば、答えは簡単だろう。このゲームの問題点は、「確率が収束する」「長い時間」が存在しないことだ。パイメトリクスのカードゲームでは、応募者は80回しかクリックできない。これでは、4つのデッキをそれぞれサンプリングして、自信を持って統計的な結論を出し、最も良いと思われるデッキをクリックしてそれを利用することができない。

リスクに慣れている人は、ハイリスクのデッキを繰り返し選ぶ傾向がある。リスクを受け入れようとする姿勢が、報われると信じているのだ（株式市場が債券よりも高いリターンをもたらすのと同じように）。

そういう人は金融業や営業職など、リスクの高い仕事に向いている。

また、最初に大きな損失を出した後、ハイリスクのデッキを避ける人もいるだろう。これはリスクを嫌うことを示しており、安定した給料がもらえる仕事に向いている。

? やさしい課題と難しい課題の2つの選択肢が与えられます。やさしい課題では、3秒間に5回スペースバーを押す必要があり、難しい課題では、12秒間に60回スペースバーを押す必要があります。

やさしい課題を完了すると、1ドルを獲得することができます。難しい課題では、1.24ドルから4.30ドルまで、より多くのお金を獲得することができます。しかし、確実に何かを獲得できるわけではありません。各試験の開始時に、選択した課題を完了した時にお金を獲得できる確率が表示されます。

課題を完了する（または完了できない）と、獲得金額が表示され、新たな選択肢が提示されます。目標は、2分間でできるだけ多くのお金を稼ぐことです。

各試験では、やさしい課題と難しい課題のどちらかを5秒以内に決めないと、ランダムに選択が行なわれます。

これは、あなたがどれだけ時間を管理できるかをテストするものだ。まず最初に理解してもらいたいのは、ゲームを始めたら時間が刻々と過ぎていくということである。制限時間は2分で、その中には迷っている時間も含まれている。5秒経つと選択されてしまうが、それは絶対に避けたい。なぜなら、5秒あればプレイができたはずだからだ。もう1つの重要なポイントは、3秒のやさしい課題は、12秒の難しい課題よりも時間がかからないということだ。やさしい課題を選んだ方が、より多くの時間プレイできる。

課題には正確なラベルが貼られている。やさしい課題は確実だが、難しい課題は本当に努力が必要で、誰もが毎回成功するわけではない。上の例を見てみよう。難しい課題のお金は2.77ドルで、やさしい課題のお金は1ドルだ。どちらの場合も、成功してお金をもらえる確率は50%である。ゲーム時間1秒あたりの「賃金」を計算することで、両方の選択肢をよりよく比較することができる。やさしい課題を選ぶと、1ドルを獲得できる確率は50%だ（期待値は0.50ドル）。これを3秒のゲーム時間で割ると、1秒あたり平均0.17ドルになる。

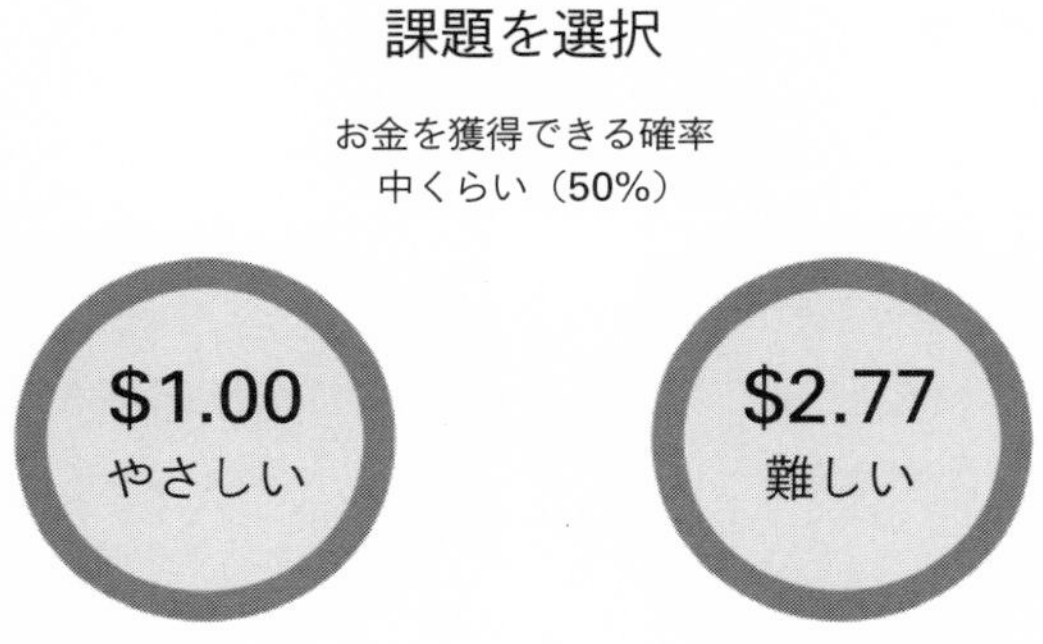

難しい課題では、50%の確率で2.77ドルを獲得できる（成功した場合の期待値は1.39ドル）。この場合、ゲームの貴重な時間を12秒消費し、1秒あたり平均0.12ドルとなる。1秒あたりで考えると、やさしい課題の方が難しい課題よりも報酬が高く、しかも難しい課題では失敗する可能性があることを考慮する必要がある。

比較のために、難しい課題がわずかに魅力的である場合の選択肢を示す。報酬を得られる可能性が高く（88%）、難しい課題には最大の4.30ドルの価値がある。つまり、やさしい課題が1秒あたり0.29ドルであるのに対し、難しい課題には1秒あたり平均0.32ドルが支払われることに

なる。

大変な作業に4倍の時間がかかるのだから4倍以上のお金が払われなければ意味がないはずだ。だが、ほとんどの場合そうではない。最大支払い額の4.30ドルでも、失敗のリスクを補えないかもしれない。

私がここで計算しているので、あなたはその必要はない。ゲーム中に計算に時間を費やすべきではない。なお、スコアを最大化するためのシンプルな戦略がある――常にやさしい課題を選ぶことだ。選択肢を考えるのに時間をかける必要はない。ただ、やさしい1ドルのボタンをクリックすること。そうすれば、より多くの時間プレイし、お金を獲得することができる。

他の心理ゲームと同様に、目的は必ずしも最大のスコアを得ることではなく、自分が求めている仕事の成功者に近いスコアを得ることだ。多くのプレイヤーは、難しい課題は難しいが「価値がある」と想定して参加する。ゲームで測定できることの1つは、プレイヤーが「難しい課題がすべてではない」と学ぶのにどれだけの時間がかかるかということだ。特にゲームの序盤では、一度や二度、難しい課題に挑戦することは悪いことではなく、その後、最適なオールイージー戦略に移行することができる。

自発的に行動することが求められる仕事では、高額なお金を得ることが成功につながりやすい。多くの人は、日々の仕事を苦労したり、無駄なことに時間を費やしたりしている。このゲームではそのようなことは、しなければしないほど好ましい。

誰かの立場になって考えてみる

色のついた帽子、嘘つきの国と真実を語る国、そして「完璧な論理学者」が登場するロジックパズルがある。このジャンルは、「あの完璧に論理的な男がYだと推定してZではないと推定したから、私はXだと推定できる」という、高度に人工的なビリヤード思考で人間を見ている。しかし、このようなパズルには、「誰かの立場になって考える」という重要な問題解決のテクニックがある。他の人が何を知っているか、何を感じているか、何をしようとしているかを理解する必要があるのだ。

この必要性は、おそらく、いわゆるEQのテストにおいてより現実に即して扱われる。このようなテストにはさまざまなスキルが含まれているが、ほとんどのテストに共通しているのは、共感性、協調性、そして感情を読み取る能力を測る項目だ。

? あなたはランダムにパートナーとマッチングされ、このゲームに参加すると、開始時に5ドルを受け取ることができます。そのお金の一部をパートナーに渡すことができます。金額は、0ドルから5ドルまでのあいだで、0.5ドル単位で設定することができます。お金の一部をパートナーに渡すとしたら、いくらパートナーに渡したいと思いますか?

これは、行動経済学の実験として広く研究されている「独裁者ゲーム」[5]だ。前出(19ページ)の信

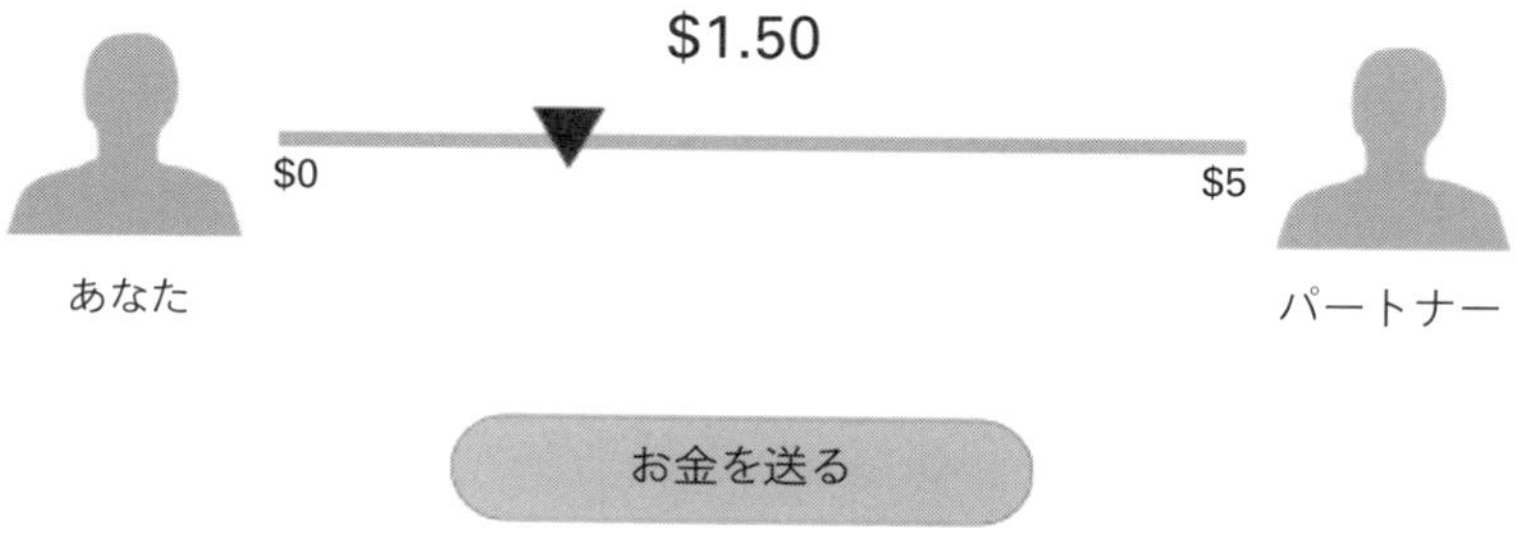

頼ゲームよりもシンプルである。ここでは、お金を分けて、それで終わりだ。このゲームは、ウェイターにいくらチップを渡すか、公共ラジオの募金活動にいくら寄付するかを決めるようなものだ。相手がどう思うかを心配する必要はない。気前よくするチャンスがあるだけだ。あるいは、そうしないか。このゲームは「独裁者」ゲームと呼ばれているのはお金を分けた人がすべての権限を持っているからだ。しかし、送信ボタンを押す前に、相手の立場に立って考えてみるべきだ。

ダニエル・カーネマン、ジャック・L・クネッチ、リチャード・ターラーの3人は、一九八六年に「独裁者ゲーム」を発表した（カーネマンとターラーはノーベル賞受賞者であり、それがこのゲームに、非常に優れたお墨付きを与えている）。彼らは利他主義の本質を理解しようとした。食事をする人がチップを残すのは、気前がいいからなのか、習慣なのか、それとも他人にケチだと思われたくないからなのか。

典型的な実験では、5人に1人の独裁者が相手に何も与えない。平均的な寄付率は約30％だ。5ドルの資金であれば、1.5ドルになる。

独裁者ゲームでの行動は、誰かに見られているかどうかに大きく左右されることが知られている。独裁者の正体や選択を相手にも知られないように厳重に秘密裏に分配した場合、約60％の人がすべてのお金を自分のものにしている。就職のためのゲームは、プライベートなものとは言い難い。

雇い主が、いや、アルゴリズムが、あなたがお金をどう分けるかについて判断をするのだから。いくつかの選択肢を挙げてみよう。

すべてを自分のものにする（相手には0ドル）。この最大に利己的な対応は、金融で成功している人によく見られる。

1.5ドルを相手に渡す。独裁者ゲームの典型的な30％の申し出に相当する。これは、バランスのとれた共感と利益を示すもので、幅広い仕事に適した回答だ。

2.5ドルをパートナーに渡す。これは半々の割合だ。共同作業の多い仕事や公共的な仕事では重要な、他人への気遣いを表わしている。

3ドル以上をパートナーに渡す。非常に寛大な申し出はまれだ。しかし、起業家はこのゲームで異常な利他性を示すことがよくある。[6]

経済学では、富の不平等に対する態度を探るために独裁者ゲームが使われている。ノルウェーの経済学者ビョーン・バットリング、アレクサンデル・カペレン、マティアス・エクストロームによる二〇一八年の研究では、ボランティアに独裁者ゲームの2つのバージョンのいずれかをプレイしてもらった。[7] 一方のバージョンでは、お金を受け取る人はランダムに選ばれると言われていた。アンケート調査では、幸運な相手には富を分け与えるべきだという意見が多かった。さらに、これについては、政治的な保守派とリベラル派の意見が驚くほど一致していた。

もう一方のバージョンのゲームでは、お金は、認知テストでより良い成績を収めたパートナーへの賞金として説明された。そして、勝利したパートナーはお金をすでに得ているので、賞金を共有する義務はあまりない、あるいは全くないという意見の一致が得られた。

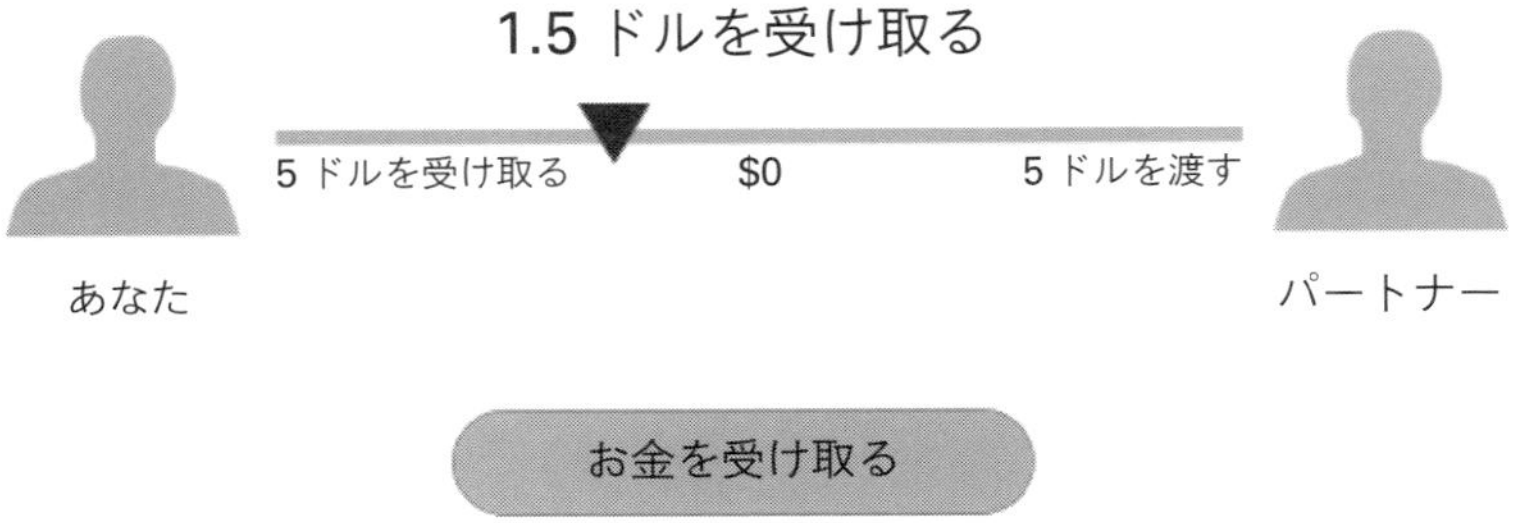

独裁者ゲームの研究によると、政治的立場を問わず、人々は棚ぼた的な幸運の再分配には前向きであるが、実力主義的な富は勝者総取りの状況であったとしても、受け入れることができるという。所得の不平等に対する考え方は、私たちが自分自身に言い聞かせている富についてのストーリーと大きく関係している。お金持ちが成功するのは、努力の賜物なのか、それとも運なのか。どちらの例もあるし、自分が信じたいことに合うストーリーを見つけるのは難しいことではない。

? これは上記の独裁者ゲームと同じ設定ですが、パートナーに5ドルまで、0.5ドル単位で任意の金額を与えたり、あるいは、パートナーから受け取ったりすることができます。あなたはいくらの金額を与えたり、受け取ったりしたいですか？

心理テストでは、独裁者ゲームに続いて、「天国の独裁者ゲーム」[8]がよく行なわれる。スペインの経済学者アウロラ・ガルシア＝ガジェゴらが考案したこのゲームは、独裁者が見えない相手から奪うことも、与えることもできるという趣向だ。

このゲームでは、通常の独裁者ゲームと同じような反応をすべきだと思うかもしれない。もしそのパートナーに対して、5ドル与えるに値すると思っていたなら、今もその相手は5ドル与えるに値する。もしあなたが、お金を分け合うのはいいことだと思っただけなら、今でもそうすることができる。

実際、ガルシア=ガジェゴのチームは、大多数の被験者がパートナーに5ドルを与えると報告している。しかし、約12%の被験者が0ドルを選択し、さらに13%の被験者がパートナーからお金を受け取っている。

天国の独裁者ゲームでは何が公正なのか？　0ドルという選択肢の方が正当化しやすい（「パートナーは、私が何も取らなかったことを幸運に思うべきだ…」）。しかし、このゲームでは、0ドルは通常の独裁者ゲームよりも人気がない。通常のゲームでパートナーをこき使う人の中には、天国の独裁者ゲームでお金を取る人もいるようだ。

このゲームはフレーミングの力を示している。慣れないことや曖昧な状況では、選択肢があっても真ん中の選択肢を選ぶのが一般的だ。多くの電子決済では、18%、20%、25%のチップを簡単に入力することができる。客は、画面に表示された選択肢をもとに、真ん中の20%を選ぶことが多いようだが、これは多くの人が他の方法でチップを払うよりも、高い値になるように設計されている。

このゲームでは、通常の独裁者ゲームより、少し欲張った選択をしても構わない。金融や取引に関わる仕事であれば、低かったり、否定的な申し出をしても構わない。それ以外の職種では、否定的な申し出は赤信号となる。「取ることができるから他人の金を取る」というのは、手抜きや自己満足など、雇用主が望まない倫理的な損失につながる可能性がある。

? さまざまな表情をした人の写真が表示されます。その表情を表わすのに最適な言葉を選んで

この人は何を感じているのだろう？

幸せ	嫌悪感	悲しみ
驚き	困惑	恐怖
希望	決意	怒り

ください。

写真の中には、短いストーリーがついているものもあります。説明文を選ぶ前に、ストーリーを読んでみましょう。


「表情認識（FER）課題」は、もともと自閉症やアスペルガー症候群の診断のために開発されたものだ。感情を正確に認識することは、一般の人と接するときに、管理職や交渉人にとって重要なスキルである。しかし、自閉症スペクトラムの人は、このゲームを難しく感じるだろう。私たちは、文脈や声のトーンに注意しながら、顔の表情を総合的に判断する。頭部の写真だけで作業するのは難しい。幸福感について言えば、私たちが期待するのは満面の笑みだ。バットマンの宿敵ジョーカーは満面の笑みを浮かべている。一九世紀のフランスの解剖学者、ギョーム・デュシェンヌは、本物の幸福感の表現には、口だけでなく目も使われることを示した。目の周りの筋肉は頬を引き上げ、ある程度の年齢以上の人の笑顔にはカラスの足跡ができる。私たちはこのことを直感的に理解しているが、言葉にするのは難しい。顔の上方の筋肉がないと、笑顔は不誠実なものになってしまう（そのため、自撮りの際には、カメラに向かって少し目を細めて撮影するようにアドバイスしている。これにより、「はい、チーズ！」と言った時の笑顔が、より本物らしいものに変わる）。

混同されやすい表現として「恐怖」と「驚き」がある。驚きでは、目を大きく見開き、眉をひそめ、あごを下げる。恐怖では、眉毛はより平らになり、口の端は横に引っ張られる。このゲームでは、いくつかの顔に添えられた短いテキストが状況を説明している。「ある女性が競馬に行って、お気に入りの馬に全財産を賭けた。賭けが成功するためには、その馬が1位か2位にならなければならない。

馬が最終ターンに入ったとき、女性の馬は2位になっている」。

写真がなくても、「望み」が正解だと思ってしまう。ストーリーのある写真では、言葉は1つの感情を示唆しているが、写真は別の感情に近いかもしれない。表情や直感に頼るのか、言葉や論理に頼るのか、こうしたストーリーのある顔は、あなたがどちらを重視しているかを表わしている。

このゲームでは、それぞれの表情への解答に制限時間があるため、分析する機会はあまりない。多くの人は、このエクササイズを予想以上に得意だと感じている。直感を頼りにすると、「魔法のように」正しい言葉をクリックできることが多い。

二〇一三年に行なわれたデイヴィッド・カマー・キッドとエマヌエーレ・カスターノの研究[9]では、文学作品を読むことで、表情の認識を含む感情知能テストの成績が向上したと報告されている。豊かな感情を持つフィクションの登場人物に触れることで、他人の感情への手がかりに敏感になることができるのかもしれない。

III　パズルと問題解決

あなたの最初の反応は間違っている

ジップリクルーターの最高執行責任者であるジェフ・ズウェリングは、彼のお気に入りの面接質問は次のようなものだと言う。

? ハンマーと釘が1.10ドルで、ハンマーの方が釘よりも1ドル高いです。釘の値段はいくらですか?

答えを声に出してから読み進めるといいかもしれない。

「志願者の中には、即座に10セントと言ってしまう人がいます」とズウェリングは言う。「それは明らかに間違っています」[1]。しかしそれは明らかではないかもしれない。というのも、面接を受ける人の多くがその答えをするからだ。だが、正しい答えは5セント。ハンマーは釘より1ドル高く（1.05ドル）、釘を足すと1.10ドルになる。

この質問は数学というよりも、衝動性を知るための質問だ。志願者が話す前に考えているかどうかを明らかにする。ズウェリングによると、この質問にはヒントが隠されているそうだ。「答えが10セントだとしたらあまりにも簡単だし、そんなに簡単だったら質問していませんよ」[2]。

ブレインティーザー（難問）は本来、難しいものだ。つまり、簡単な答えが頭に浮かんだとしても、それは間違いであることが多い。最初に思いついたことを疑ってみること。これは、自分の思考プロセスを順序立てて述べることが求められる面接において、特に有効な戦術だ。最初に「答えはこうだ」と言ってもいいのだが、この種の質問では、明白な答えはたいてい正しくない。そしてあなたは、その明白な答えが間違っていることを証明しようとする。これは、問題を知り、理解しているかどうかを確認するための良い方法だ。運がよければ、もっと有望なアプローチが見えてくるだろう。たとえそうでなくても、問題が見た目よりも微妙なものであることを理解しただけで、面接官はあなたに部分点を与えてくれるはずだ。

アップルやその他のハイテク企業の面接で聞かれるようになった、次のオックスブリッジの質問を試してみてほしい。

? あなたは熱いコーヒーのカップと、（冷蔵庫から出したばかりの）冷たいミルクの小さな容器を持っています。あなたは5分後にコーヒーを飲むつもりです。5分後にできるだけ冷たくなったコーヒーを飲むためには、どのタイミングでミルクを入れるべきでしょうか？

コーヒーを早く冷たくしたい人は、コーヒーを冷やすミルクを急いで加えるべきなのか？　しかし、最初の反応は間違っているというルールを適用すると、答えはおそらく逆になる。ミルクを入れるのはギリギリのタイミングだ。

初動の反応は、せいぜい正しい方向を示すだけだ。なぜミルクを入れるのを遅らせなければならないのかを説明することが求められるが、それにはちょっとした知識が必要だ。アイザック・ニュートンは、重力や運動に取り組んでいない時には、冷却について研究していた。「ニュートンの冷却の法則」とは、熱伝導率は物体とその周囲の温度差に比例するというものだ。

熱いコーヒーカップの周囲には、常温の空気とカウンターテーブルがある。ホットコーヒーは周囲よりもはるかに温かいので、その温度は急速に下がり始める。そうすると、温度差が小さくなることで、温度低下の速度が小さくなる。その後コーヒーはゆっくりと常温に近づいていく。ぬるくなるまで1時間かかることもある。

ホットコーヒーに冷たいミルクを入れると、すぐにコーヒーの温度が下がる。これにより、コーヒーと周囲の環境との温度差は小さくなり、冷却速度は遅くなる。このことから、冷たいミルクをすぐに入れると、コーヒーの温度が長く保たれるという意外な結論が得られる。ぎりぎりの段階でミルクを入れると、最も冷たくなるというのである。

二〇〇七年、英国のポッドキャスト「ネイキッド・サイエンティスト」〔視聴者参加型科学ラジオトークショー〕が熱い紅茶で試したところ、ミルクを入れるのを遅らせた方が冷たくなることが確認された。[3]

面接の質問の言い回しが、さらに複雑さを増している。ミルクは「冷蔵庫から出したばかり」だ。周囲よりも温度が低く、コーヒーが冷めていくのに合わせて温度も高くなっていく。5分後、ミルクは冷蔵庫の中にあった時よりも冷たくなくなっている。これは先ほどの効果を打ち消す傾向がある。

しかし、結論を変えるほどの違いはない。ホットコーヒーは、室温よりも華氏100度（摂氏約37.8度）以上も温かい。冷蔵されたミルクは、室温よりも30度（摂氏約1度）ほど低いだけだ。他の条件が同じであれば、コーヒーはミルクが温まるよりもずっと早く冷める。ミルクの温度が5分で多少変化しても、それほど大きな違いはない。

?（面接官は銀色の物体を持っている）これがアルミなのか鋼（スチール）なのか、どうやって見分けますか？

磁石を使う、とあなたは思ってないだろうか？　みんな考えることは同じだ。しかし、アップル社のエンジニアにこの質問について聞いてみると、磁石を使うことは必ずしも良い答えではないようだ。なぜかというと、ステンレス製の冷蔵庫から磁石を取り外して、同じステンレス製の食器洗い機やオーブンにくっつけてみるとよい。おそらくくっつかないだろう。鋼は鉄と炭素の合金で、その組成はさまざまだ。磁石がつくものとつかないものがある。冷蔵庫の前面に磁石がつくようになっているのは、メモや子どもの絵を貼ることができるようにという消費者の要望からだ。それ以外では、高級なステンレスでも磁気を帯びないのが普通だ。アルミもそうだから、マグネットテストは決定力に欠けるのである。

鋼とアルミを見分ける方法はたくさんある。良い回答は、できるだけ多くの方法を挙げることになる。密度は確実なテストの1つだ。アルミは鋼よりはるかに軽い。アルミの比重が約2.7であるのに対し、鋼は約7.8だ（この数字は金属の重さと、同じ体積の水の重さを比較したもの）。つまり、1インチ角の鋼は、1インチ角のアルミの約3倍の重さがあるということだ。

その重さは、手に持ってみればすぐにわかる。また、比重を測る装置もある。用意するものは、キッチン計りか郵便計り、コップ、鍋だけだ。コップに水を入れて鍋にセットする。そして、コップの中に金属をゆっくりと入れ、完全に水に浸るまで下げていく。コップから水がこぼれ、その水の体積は金属の体積と同じになる。コップを鍋から取り出し、あふれた水の重さを測る（その際、あふれた水を入れた鍋の重さを量り、その後水を流して乾かした鍋の重さを量るとよいだろう。その差が水の重さだ）。最後に、金属製の物体をコップから取り出して、それだけを計量する。

水が24グラム、金属製の物体が186グラムだったとしよう。どちらも体積は同じだ。つまり、金属の密度は186/24、水の7.75倍でなければならない。これは、アルミではなく、鋼の予想範囲内だ。この実験はあまり正確ではないが、3倍の差がある。もはや正確である必要はないだろう。


アルミよりも、非磁性体であるステンレスの方が高値で取引されているくず鉄置き場では、磁石も比重検査もあまり使われていない。回収の現場では、研削盤テストが好まれる。回転する砥石に未知の金属を当てる。鋼は火花が出るが、アルミは火花が出ない。

手軽な方法としては、キーテストがある。家の鍵や車の鍵を持って、未知の金属を引っ掻いてみる。簡単に引っかくことができれば、それはアルミ（銀や金と同じくらい柔らかい）。傷がつかなければ鋼だ。

見た目で見分けることも不可能ではない。表面処理にもよるが、アルミはくすんだ色、鋼は銀色に近い色をしていることが多い。鉄は酸化するとオレンジ色の薄っすらとしたさびになる。鋼の多くは比較的さびにくいが、オレンジ色の腐食の斑点がある金属は、鉄か鋼である可能性が高い。

アルミニウムは酸化すると、表面に薄くて硬い酸化アルミニウムの層ができる。これは白っぽく、さびと違ってほとんど削ることができない。白っぽい粉は、金属製の物体がアルミニウムであると考える理由になる。

この問題は実用的な知識だけでなく、ブレインストーミングの能力も問われる。妥当と思われる最初の答えで済ませるのか、それとも豊富なアイデアを持っているのか。というのも、新しい製品やビジネスを創造する際には、最初のアイデアが却下されたり、横取りされたりすることが多いからだ。アップル社は創業時にコンピュータを作っていたが、今ではそれは売上げの10％以下になっている。スターバックスは、シアトルで舌の肥えた人向けのコーヒーの豆と挽き売りをする小売りチェーンとして設立された。[4] それが世界的な成功を収めたのは、創業者が「コーヒーをすぐ飲めるようにすること」に気づいて実行したからだ。

? 地球にある時より月にある時のほうが重いものは何でしょうか？

月の表面重力は地球の約6分の1だ。つまり、物の重さも6分の1になり、例外はありない。当然のことながら、「何もない」と答える。物理学を知っている人なら、特にそう思うかもしれない。しかし、面接官は何か答えを用意していなければ、この質問をしない。それを考えるのがあなたの仕事だ。

地球上で重さがXの物体があるとする。月面での重さは約X/6になる。X/6がXより大きくなるには、Xが負の数であることが必要だ。地球上でマイナスの重さを持つもの、つまり下に落ちるのではなく上に登るものが必要だ。

たとえばヘリウム風船。これが意図した答えだ。厳密に正しいかどうかは、物理学よりも意味論の問題である。物理学者に言わせれば、地球でも月でも、ヘリウム風船には、ヘリウムとゴムの質量と重力の影響で、わずかな重さがある。しかし、ヘリウムは空気よりも軽いので、地球上ではヘリウム風船は自分の重さよりも大きな空気の重さを移動させる。これが浮力となり、下向きの重力よりも大きな上向きの力となる。

月には空気も浮力もない。そこではヘリウム風船は単に重さを持ち、他のものと同じ速度で落下することになる。風船の重さは、郵便はかりに乗せて測ることができる（月の重力に合わせて再調整する必要があるが）。このように、月ではヘリウム風船が地球でよりも重くなることは間違いない。

なお、ゴム製のヘリウム風船は、月の真空状態では破裂してしまう。YouTubeには、ゴム製の風船が真空室で破裂する様子を撮影した動画がある。[5] 樹脂製の風船の方は大丈夫かもしれない。

? あなたは、2つの同じ封筒を見せられました。どちらにも現金が入っていて、片方の封筒にはもう一方の2倍のお金が入っています。あなたは片方の封筒を渡され、その中にいくらお金が入っているかわかりませんが、それをもらえることになっています。しかし、あなたは封筒を交換する機会も与えられている。あなたは交換しますか？　しませんか？　それはなぜですか？

常識的な答えは、「いいえ、取りかえても意味がありません」だろう。あなたの封筒が、より良いものである確率は50％だ。取りかえることでもそれは変わらない。しかし、当たり前に思えることだからこそ、罠を警戒すべきだ。

「2つの封筒問題」と呼ばれるこのパズルは、一九四三年にベルギーの数学者モーリス・クライチクが発表したものが起源となっている。クライチクのオリジナルな語り口では以下の通り。2人の男性がネクタイをプレゼントされたとする。2人はどちらのネクタイが高価かを議論し、賭けで解決することにした。2人はそれぞれのネクタイの値段を調べ、安いネクタイを持っている男性が、もう1人の男性の高価なネクタイを獲得する。[6]

それぞれの男性は、自分が持っているネクタイを失うことになるが、より高価なネクタイを手に入れることができると考えることができる。これでは賭けた方が有利に見える——が、双方に有利な賭けはない。

封筒にお金を入れたバージョンは、一九八〇年代に流行した。[7] それ以来、この問題は数学や哲学の専門誌で何十年にもわたって論争を巻き起こしてきた。学者を当惑させる問題に決定的な答えを出すのは、求職者にとっては大変なことなのである。

まず、取りかえる場合について説明する。あなたが持っている封筒をAと呼び、その中に入っている金額をAドルと呼ぶ。

もう一方の封筒Bには、Aの半分かAの2倍の額が入っている。どちらも同じ確率だ。取りかえることで、私は50%の確率でA/2ドルを手にすることができ、同じ確率で2Aドルを手にすることができる。これは次のようになる。

$1/2 \times \$A/2 + 1/2 \times \$2A =$

$A/4+$A=
$1.25A

取りかえた方が25%良い結果が期待できる。

多くの人はこの結論を疑うだろう。ここで、別の見方をしてみよう。具体的には、一方の封筒に100ドル、もう一方の封筒に200ドル入っているとする。Aの封筒にはどちらの金額が入っているかわからない。

100ドルを持っていれば、交換することで200ドルになり、100ドルの利益を得ることができる。200ドルを持っている場合、交換すると100ドルに下がってしまい、100ドルの損失になる。100ドルを得るか失うかの確率は半々だ。プラスマイナス0だ。取りかえても意味がない。この方が納得しやすい。

平均して25%の利益が得られるという議論のどこが間違っていたのか？ 私は封筒の中の金額をAドルと呼び、A/2ドルの損かAドルの得かを決めた。しかし、この2つの結果は、Aドルの額と無関係ではない。Aドルの額によって決まる。

交換した時に、私はAドルの方が大きい金額の場合に限りA/2ドルを失い、Aドルが小さい金額である場合に限り、Aドルを得ることができる。

私がA/2と言ったときに実際に意味しているのは、「(どちらの封筒に入っていようと) 大きい方の金額の半分」、つまり100ドルのことだ。Aと言った時は、「小さい方の金額」という意味で、これも100ドルだ。失うものも得るものも同額である。

上記の取りかえのケースで問題なのは、心が文脈に応じてXとYを自由に再解釈してしまうことだ。

ここでは、私の損失を説明するAは、私の利益を説明するAと同じ数字ではない。代数は、同じ文字が同じ数を指していないと成り立たない。

つまり、取りかえの意味がないということだ。

多くの面接官は、この説明で納得するだろう。しかし、学者たちは、取りかえには正当な理由があると指摘している。[8] 大小のパラドックスと同様に、このパラドックスも言われてないことにかかっている。

「一方の封筒にはもう一方の封筒の2倍のお金が入っている」。

どちらの封筒をどのようにして使うのかを誰が決めたのかを知る必要がある。それが違いを生む。

ここで1つの解釈がある。「バンカー」はまず、この奇妙なゲームに参加するための金額を決める。例えば、300ドルだとしよう。そして、100ドルを1つの封筒に、200ドルをもう1つの封筒に入れる。コイントスでAと書かれた封筒が決まり、プレイヤーに手渡される。これらはすべて、ゲームが始まる前の舞台裏で行なわれる。

この設定では、プレイできる現金の額は決まっている。コイントスをしても、それは変わらない。プレイヤーが交代した場合、増額する可能性も減額する可能性も同じだ。どちらの場合でも、損益は2つの封筒の金額の差（この例では100ドル）になる。このことから、取りかえは無意味であるという結論になる。

しかし、これと同じように矛盾しない別の解釈もある。舞台裏でバンカーは、まずプレイヤーに渡す封筒Aに入れる金額を決める。そして、彼女はコインを投げる。表ならAの2倍の金額をBに入れ、裏ならAの半分の金額をBに入れる。

観客にとって、このゲームは前のゲームと同じように見える。2つの封筒、同じ説明、同じ選択。微妙な違いは、コイントスでもう片方の封筒Bに入っている金額が決まっていることと、コイントスの前に中身が決まっていたAをプレイヤーが持っていることだ。これを理解していれば、取りかえのロジックは完璧だ。持っているお金の半分を失うリスクはあるが、持っているお金と同じだけの利益を得ることができる。取りかえによって本当に25%の利益が期待できる。このように、この問題は曖昧だ。取りかえることが意味を持つ状況と、そうでない状況を想像することができる。

この質問は、面接官の共感を呼ぶので人気がある。すべてのビジネスは、製品の発売、新しい市場、IPO、合併など、不確実な未来への賭けの一覧表だ。新規事業には、成功する可能性が高いものもあれば、失敗する可能性が高いものもある（しかし、失ったもの以上に失うものはない）。このような場合、「これはやる価値がある」と判断してしまいがちだ。しかし、多くの製品や会社の破綻を見れば、そうでないことがわかる。挑戦してはいけないということではない。ただ、市場や世の中の裏事情は見えないということを意識する必要があるのだ。人は曖昧さに直面すると、魅力的なベンチャー企業を実際よりも魅力的に見せるような、自分の望む読み方を好む傾向がある。

予想外の言葉に注意する

ロジックパズルを開発するのは、それほど簡単なことではない。人気のあるものは語り継がれ、合理化されていく。なぞなぞもそうだが、一言一句が大切だ。そのため、奇をてらったもの、意外性のあるもの、「不要なもの」に注意を払う必要がある。意外な部分が重要であり、ヒントになると考えてよいだろう。ここでは、アップル社で出された質問を紹介する。

? あなたは目隠しをされ、ゴム手袋をしています。あなたの目の前には100枚のコインが置かれたテーブルがあります。コインのうち90枚が表向きで、10枚が裏向きです。どれが裏で表か見てもさわってもわかりません。コインを2つのグループに分け、それぞれに同じ数の表向きコインが含まれるようにしてください。

コインの表と裏を分けるのが、目標だと思われるかもしれない。目隠しをしてゴム手袋をしていれば、それは簡単なことではないが、アップル社の問題が簡単だとは誰も思っていないだろう。しかし、この問題ではそうではない。この問題では、ほとんど杓子定規な要求がなされている。「コインを2つのグループに分けて、それぞれに同じ数の表向きコインが含まれるようにしてください」。表は90枚ある。これを忘れないように。面接官は、「コインを表が45枚ずつの2つのグループに分けてください」と言えばいい。その方が明確だ。面接官がそのような言い方をしなかったことが重要だ。それはおそらく、回答には各グループに45枚の表が必要ではないことを意味している。

結果的に、その推測は正しかった。では、どうやって表の数を変えるのだろう?

テーブルから数枚のコインを取り除いたり、ポケットから数枚のコインを追加したりすることはできる。しかし、問題では「コインを分ける」と言っており、テーブルの上の100枚のコインのことを強く示唆している。コインを足したり引いたりすることは書かれていないし、それがどう役に立つのかもわからない。

もう1つ、表の数を変える方法がある。それは、いくつかのコインを裏返すことだ。コインが表だった場合、今度は裏になるし、その逆もある。例えば、100枚のコインを2つのグループに分ける。1つ目のグループにはX枚のコインがあり、2つ目のグループには100マイナスX枚のコインがある。全部で90枚の表があることはわかっているが、それぞれのグループに何枚あるかはわからない。もう1つの未知数Yを、第一グループの表の数と定義する。すると、第2グループの表の数は90-Yでなければならない（表の数は全部で90枚だから）。わかりましたか？

また、コインがX枚で表がY枚の第一グループには、X-Y枚の裏があるはずだと言える。

では、ゴム手袋を使って、第一グループのコインをすべて裏返してみましょう。このグループは、X-Y枚の裏の代わりに、X-Y枚の表を持つことになる。

裏返した第一グループの表の数（X-Y）と第2グループの表の数（90-Y）が等しくなるように、未知数のXとYを選択したいと思う。

X-Y=90-Y

これが可能なのは、X=90の場合だけだ。これを解決するには、100枚のコインを90枚と10枚のグループに分け、90枚のグループをひっくり返せばよい。そうすれば、2つのグループの表の数は同じになる。

試してみよう。90枚のグループに82枚の表があるとする。つまり、10枚のグループには8枚の表があることになる。90のグループをひっくり返すと、裏が82枚、表が8枚となり、もう一方のグループと同じ数の表ができる。

最初のグループに含まれる表の数が最も少ない可能性は80だ。この場合、全部で90枚になるためには、もう一方のグループの10枚すべてが表でなければならない。

謎めいた問題に直面したときは、弁護士が契約書の抜け穴を調べるように考えるべきだ。ある単語やフレーズが定型文でない場合、それには理由があるはずだ。面接の際のコツは、質問を自分の言葉で繰り返すこと。これは、あなたが何かを省略していないかどうかを確認するのに役立つ。万が一、重要な要素が抜けていれば、どんなに気の弱い面接官でも、それを指摘し、正しい方向に導いてくれるはずだ。

? これまでのノーベル賞受賞者を3人挙げてください。

ここで重要なのは「これまで」という言葉だ。今年の受賞者を聞くのは簡単すぎるのだろうか？ ノーベル賞受賞者は、決して有名ではない。ノーベル委員会は一九〇一年から賞を授与している。過去の受賞者の中には、非常に有名な人もいるが、それを知ることはそれほど難しくない。

まず、有名な優れた頭脳の持ち主で、ノーベル賞を受賞していてもおかしくない人物は誰か、と考えてみてください。アルバート・アインシュタインを思い浮かべただろうか？ ビンゴだ。物理学賞（一九二一）を受賞している。

平和賞というのもある。前世紀の最も崇高な人道主義者は誰だろう？ アメリカ人なら、キング牧師、ネルソン・マンデラ、マザー・テレサ、マハトマ・ガンジーの名前がすぐに出てくる。最初の3人は受賞したが、ガンジーは受賞していない。ガンジーは一九四八年一月に暗殺され、ノーベル委員会はその年の平和賞の授与を取りやめた。規定では、受賞者は生きていなければならないとされている。

文学賞というのもある。二〇世紀の有名な文学者といえば？ 多くのアメリカ人は、アーネスト・ヘミングウェイ、ウィリアム・フォークナー、そしてトニ・モリスンを思い浮かべるだろう。3人とも受賞している。

科学や経済の分野では、有名な受賞者は少ない。しかし、ジェームズ・ワトソンとフランシス・クリック（必要な3つの名前のうち2つを提供できた）、イワン・パブロフ（犬の人）、エルヴィン・シュレーディンガー（猫の人）を忘れてはならない。

つまり、例としては、アインシュタイン、マーティン・ルーサー・キング・ジュニア、アーネスト・ヘミングウェイが正解となる。

女性の功績を讃えたいなら、マリー・キュリー、マザー・テレサ、トニ・モリスンなどが考えられる。

アメリカの大統領だけで答えることもできる。セオドア・ルーズベルト、ウッドロー・ウィルソン、ジミー・カーター、バラク・オバマの4人が平和賞を受賞している。

その他の有名な受賞者としては、アルベール・カミュ、ウィンストン・チャーチル（平和賞ではなく文学賞）、T・S・エリオット、リチャード・ファインマン、アル・ゴア、ヴェルナー・ハイゼンベルク、ラドヤード・キプリング、ヘンリー・キッシンジャー、ドリス・レッシング、トーマス・マン、グリエルモ・マルコーニ、アリス・マンロー、ユージン・オニール、ジョージ・バーナード・ショー、W・B・イェイツなどが挙げられる。

? もしあなたが2,000ドル持っていたら、24時間でどうやって2倍にしますか?

面接の質問には、ジェフ・ベゾス（あるいは他の誰か）があなたに、新しいビジネスを始めるための資金を提供する、というタイプのものがある。それはどんなビジネスだろうか? だが、これはそんな質問ではない。ここで重要なのは、「24時間以内」という言葉だ。大人であれば、24時間後に資本金が2倍になるようなビジネスベンチャーなど存在しないことは知っているはずだ。

リスクとリターンはトレードオフの関係にある。24時間で100%の利益を得るというのは、非常に素晴らしい収益率だが、それには非常に大きなリスクが伴うことになる。ギャンブルになるのだ。

例えば、2,000ドル分のカジノチップを買って、高額賞金がかけられるルーレットゲームで赤に置くことができる。倍か0だ。

また、24時間後に満期を迎える先物を買うこともできる（これによって、金利、S&P 500〔S&Pダウ・ジョーンズ・インデックスLLCが公表している米国の代表的な株価指数の1つ〕、中国人民元の上昇または下降に賭けることができるが、その結果はルーレットの例とさほど変わらない）。

結論：1日でお金を2倍にできる方法はたくさんあるが、どれもあまり意味がない。そのようなリスクを受け入れるのを常としている人は、長い間、問題を解決することはできないだろう。

? あなたはミッドタウンで働いています。両親はアップタウンに住んでいて、恋人はダウンタウンに住んでいます。仕事が終わると地下鉄の駅に行き、アップタウン方面行きでもダウンタウン方面行きでも、最初に到着した電車に乗ることとします。すると、90％の確率で両親の家に着くことになりました。でも、時刻表を見ると、アップタウンとダウンタウンの電車は同じくらいの頻度で走っています。なぜでしょうか？

注目すべき点は、「同じくらいの頻度で」というスケジュールだ。この「同じくらいの頻度で」という文章を削除すれば、説明することは何もない。（夕方のラッシュアワーにある特定の駅では）90％の列車が、アップタウン行きの列車の可能性がある。そうなると、当然、90％の確率でアップタウンに行くことになる。

また、「同じくらいの頻度で」という言葉は、公共交通機関を利用する人たちが、普段よりもスケジュールを信頼することを意味している。

避けて通れないのが、駅に到着する時間だ。この時間は、その日に起こったすべての小さな遅れによって決定される。あなたはある時間に到着し、最初の列車が停車するまで待つ。90％の電車がアップタウン行きであるということは、ある到着の時間の90％において、次の電車がアップタウン行きであることを意味する。これには簡単に説明できる。それは、アップタウンの電車は常に、ダウンタウンの電車よりも少し前に到着する（そして両方ともに時計のように動く）ということだ。

例えば、各列車は10分ごとに運行している。アップタウン行きの電車は10分ごとに到着する。5:10、5:20、5:30など。ダウンタウン行きの電車は、その1分遅れで到着する。5:11、5:21、5:31というぐあいに。5:11と5:20の間にあなたが到着する可能性は、5:10と5:11の間に到着する可能性よりも9倍高くなる（この場合、次の電車はアップタウン行きの5:20だ）。

このパズルは少なくとも一九五〇年代には存在していて、数学の魅力を伝え続けたマーティン・ガードナーが解説している。[9]

アナロジーを使う

歴史は繰り返さないが、韻を踏んでいる。慣れない問題に直面したときは、「これは以前に直面したことのある問題と同じだろうか？」と自問すべきだ。同じ問題ではないかもしれないが、手がかりになるほど近いものかもしれない。

？ 馬の大きさのアヒル1匹とアヒルの大きさの馬100匹のどちらと戦いたいですか？

このインターネット上のミームは、どこにでもある面接の質問になっている。[10] 二〇〇三年には、レディット〔アメリカの掲示板型ソーシャルニュースサイト〕のユーザーが「何でも聞いて」にこの質問を投稿するようになった。二〇一二年のセッションでは、バラク・オバマ大統領にこの質問が投げかけられたが、ホワイトハウスのスタッフはこの質問を無視した。[11] BBCは二〇一六年のロンドン市長候補にそれをたずねた。二〇一七年、ジェフ・フレーク上院議員が、ニール・ゴーサッチ判事の最高裁指名承認公聴会で、このくだらない質問を投げかけた。これにより、アリゾナ州フェニックスにあるフレーク上院議員の事務所では、馬の大きさのアヒルのコスチュームを着たデモが行なわれた。また、ビル・マーレイ、アーロン・ポール、ブルース・スプリングスティーンなどの著名人がこの問題について意見を述べているビデオが、ネット上にアップされている。[12]

言うまでもなく、正解は1つではない。面接官は、あなたが自分の選択をどのように正当化するかを見ている。馬の大きさのアヒルは比喩だと思っていいだろう。それは何か別のものを表わしていて、1つのアナロジーは職場にある。あなたはファーストフード店や小売店のカウンターで働いたことがあるかもしれない。お客の中には小さなクレームを抱えている人もいれば、大きなクレームをつける人もいる。多くのクレームは無駄骨だが、すべてのクレームに対応しなければならない。小さなクレームを抱えた100人のお客よりも、大きなクレームを抱えた1人のお客の方が対応しやすいのが普通だ（誰もが自分のクレームは重大だと思っているから）。これが、100の小さな問題よりも、1つの大きな問題、つまり馬の大きさのアヒルを選ぶ理由だ。

この質問をさらに文字通りに捉えて、全く別の例えを使うことも可能だ。SF映画に登場する巨大生物（ゴジラや巨大昆虫など）は、自重で崩壊するという主張を聞いたことがあるかもしれない。これは、高校の理科の授業でよく出てくる「スケール変化の効果」によるものだ。

生き物の重さは、その線寸法の3乗に比例する。しかし、筋肉や骨の強さは、その寸法の2乗に比例する。そのため、アリのような小さな生き物は、自分の体重の数倍の重さを持ち上げることができる。一方、大型の生物は重力に逆らって体重を支えるのに苦労する。この効果により、恐竜の大きさは制限され、最大級のクジラが恐竜よりも大きくなるのは、水がクジラの体重を支えているからだ。

スケールの変化は、馬の大きさのアヒル（HSD=horse-sized duck）やアヒルの大きさの馬（DSH=ducksized horse）にも同様に当てはまる。アヒルは2本の鉛筆のような足で、丸々とした七面鳥のような体を支えている。普通サイズのアヒルとしてはそれだけで十分だ。しかし、その細い脚では、馬の大きさにスケールアップしたアヒルの1,000ポンドの体重に耐えられない。そうすると、HSDは倒れて起き上がれなくなってしまう。

また、飛ぶこともできない。空を飛ぶ馬を見ないのには理由がある。翼面積は長さの2乗に比例する。空を飛ぶ生き物は小さいものが多い（昆虫）。鳥類でも、大型のものは飛ばない。

HSDができそうなことといえば、泳ぐこと。体に比例して大きくなっても、浮いていて、水が重い荷物を運んでくれる。しかし、泳ぐことができるHSDは、非常に力不足である。水かきのある足のパドリング領域は、線寸法の2乗でしか拡大しないのに、HSDの立方体サイズの質量の慣性力に勝たなければならない。要するに、HSDは陸でも水でも空でも、あなたを追いかけたりはしない。狙われないようにしていれば、大丈夫だ。

しかし、アヒルサイズの馬は、その小ささから多くの利点を得ることができる。脚は体重の何倍もの重さを支えることができるし、バッタのように飛びかかってくることもできる。DSHの群れは、まさに手に負えないものである。

ビル・マーレイはHSDにした。「首の部分がほとんど羽毛だからだ。乗っているように見せかけて、後ろから首を絞めてやるんだ」[13]。

面接用の難問は、勉強していない科目の論文式試験問題のようなものだ。明らかに間違ったことや愚かなことを言わずに、関連性を導き出し、ストーリーを語り、結論を出すことが求められる。

ジョージ・ポリアは、「良いアイデアを持つことは、その対象に関する知識が少なければ難しく、知識がなければ不可能である」[14]と書いている。「良いアイデアは、過去の経験や以前に得た知識に基づいている。ただ覚えているだけでは良いアイデアは得られない。材料だけでは家は建たないが、必要な材料を集めないと家は建たない」。

？ テニスボールはなぜ毛羽立っているのでしょうか？

なぜという質問に気をつけよう。なぜゴルフボールにはディンプル（小さなくぼみ）があるのか？　フットボールはなぜステュウィー・グリフィン〔海外アニメ『ファミリー・ガイ』の主人公〕の頭のような形をしているのか？　身近なスポーツ用品には、なぜよく考えるとちょっと変わった特徴があるのだろうか？　このようななぞなぞは面接官に人気がある。決まった答えがないからこそ、危険なのである。この質問では、テニスボールはただの毛羽立ちではなく、独特の毛羽立ちであるということが重要だ。野球のボール、サッカーのボール、ビリヤードのボール、ボウリングのボールはファジー（毛羽立ち）ではない。スカッシュやラケットボールのような他のラケットスポーツでは、毛羽立たないゴム製のボールを使用している。バドミントンでは、本物またはプラスチック製の羽のついたシャトルコックを使用する（ただし「毛羽」はない）。なぜテニスボールは違うのだろうか？

羽毛、雪、タンポポやミルクウィードの種、クモの糸など、空気中を移動する他のフサフサしたものを考えてみよう。これらは空気抵抗のためにゆっくりと動く。

同じゴムボールを2つ想像してみてほしい。片方の表面にフェイクファーを接着する。どちらが空気中を速く移動するだろうか？　どちらがよく跳ねるだろうか？

明らかに、毛皮のない方だ。毛皮があると空気の抵抗を受けてボールの動きが鈍くなるし、衝突時にゴムのクッションになって跳ね返りが弱くなる。テニスボールのファズ（毛羽立ち）には、この両方の効果が（程度の差こそあれ）ある。これは、本格的なプレイヤーにはよく知られていることだ。プロはボールを選ぶとき、フェルトが平らになっているものを選ぶ。その方が反発力が増すからである。テニスボールは昔から毛羽立っていたわけではない。最古の例は一四〇〇年代の革製で、ゲームは芝生の上で行なわれていた。一七〇〇年代になると、布製のボール（羊毛とコルクの芯を封入）が普及した。ゴムが使われるようになったのは一八七〇年になってからだ。安価で耐久性があり、形も統一されているため、瞬く間に従来のボールに取って代わった。

しかし、ゴムは従来のボールよりもはるかに弾力性がある。クレーコートになったことで、ゴムボールを使用したゲームのスピードが速くなり、プレイヤーが反応しずらくなって、怪我のリスクが高まった。跳ね返りが大きいほど、広いコートが必要になる。しかし、ほとんどのテニスコートは、不動産価格の高い、金持ちの多い郊外にあった。

テニスボールの毛羽立ちは、跳ね返りを抑えるための方法だった。ボールだけでなく、ラケット、コート、ルール、そしてプレイヤーも、長い時間をかけて共に進化してきた。すべてが関連している。1つのことを変えると、他のことにも影響が出てくる。ゴムボールに毛羽立ちを加えることで、テニスの面白さやプレイのしやすさを維持することができた。

毛羽立ちの効果は他にもある。毛羽立ちは空気との摩擦を増やすことで、スピンの重要性を高める。巧みなプレイヤーは、ボールが飛んでいる間にカーブを描くようなスピンをかけることができる。これにより、さらに戦略性が高まり、ゲームには欠かせない要素となっている。

ここでは、求職者が知らないようなテニスの歴史や豆知識を紹介した。知っている人はいいが、知らない人は、テニスボールの毛羽立ちを知っていることと関連付けることができるかもしれない。エンジニアであれば、ファズの空気力学についてさらに詳しく説明できるだろう。しかし、面接官はもっと大きな全体像を見ている。

? 生きているあいだ、年間100ドルを生産する機械があったとしたら、あなたは今日、その機械にいくら払ってもいいと思いますか?

後でお金を払うより、今お金を払った方がいい。これはビジネスの世界では当たり前のことで、雇用主の中には求職者がこの概念を理解しているかどうかを確認したい人もいる。金融用語では、マネーマシンは年金であり、生涯(または他の特定の期間)にわたる収入の流れである。この例えは、質問に答えるために非常に重要だ。頭の中で計算をする方法でもある。

マネーマシンや年金を購入することは、ギャンブルだ。生涯にわたる収入である年金は、私たちの死すべき存在の不確実性を受け継いでいる。適正な価格を設定するには、年齢と寿命が問題になるはずだ。機械の価値は、団塊の世代よりもミレニアル世代の方が高い。例えば、あなたが30歳で、平均余命が50年だとする。その場合、全部で5,000ドル程度の受け取りが期待できる。

しかし、だからといって5,000ドルを喜んで支払う必要はない。保険計理人は、年金の価値を現在価値で表わす。これは、将来の収入源と理論的に等価な、今すぐ支払われる一括払い金のことだ。

宝くじの大当たりはその一例だ（これも適切な例え）。1億ドルのジャックポット（大当たり）の当選者は、1億ドルの小切手を受け取ることはない。その代わりに、当選額よりもずっと少ない金額の即時一括払いか、何年もかけて1億ドルになるように分割して支払うかの選択を迫られる。宝くじ委員会は、当選者が一連の支払いを受けるように促すことで、多額の前払いを避けたいと考えている。

現在価値を計算するには、「割引率」（有価証券などの将来価値から現在価値を算定するときの割合）が必要だ。これは金利のようなもので、人や企業にとって、お金の時間的価値を表わしている。企業の場合、割引率は、会社が負債に対して支払っている金利や、他の事業から得られると予想される利益などが考えられる。個人の場合は、予想される投資収益率が割引率となるだろう。しかし、今すぐにお金が必要な場合は、現実的な投資収益よりも個人の割引率の方が高いかもしれない。

例えば、平均利回り5％と言われている投資信託に、余分なお金を預けることができるとする。そうすると、1年後に100ドルを手に入れるよりも、今100ドルを手に入れた方が良いことになる。なぜなら、100ドルを投資すれば、1年後には約105ドルになると期待できるからだ。

実際、今95ドルと少し持っていれば、それを5％で運用して1年後に100ドルを手にすることができる。そのため、95ドルは1年後の100ドル支払いの現在価値と考えることができる。

すべての表計算アプリには、現在価値（PV）関数がある。いくつかの情報を入力すれば、現在価値を計算してくれる。最初の100ドルをすぐに受け取り、全部で50回の支払いを想定し、割引率を5％とした場合、マネーマシンの現在価値は1,926ドルとなる。5,000ドルではなく、この金額が妥当なのかもしれない。

面接では、おそらくスプレッドシートを使うことは許されないだろう。しかし、暗算に適した近道がある。長期年金の現在価値は、年間支払額を割引率で割ったものにほぼ等しい。この場合、次のようになる。

現在価値＝
支払額／割引率＝
$100/5%=$100×20=$2,000

この式は、永久に支払われることを目的とした年金の「永久年金」に適用される。しかし、長期年金の現在価値のほとんどは、最初の数十年の支払いで決まる。そのため、若い人が何年も年金を受け取る場合のように、予想される支払いが多い場合には、このショートカット式は適切な近似式となる。終身年金の場合、実際の値は常にこの式の値よりも小さくなる（このケースでは、2,000ドルではなく1,926ドル）。

製品、研究プログラム、買収などには初期費用がかかる。イノベーターが幸運であれば、それらは現金収入源となる。この質問に対する良い答えは、あなたがトレードオフを認識しており、それらを評価できることを示している。ポイントは、「マネー・マシン」の現在価値は、割引率の選択に非常に敏感であるということだ。これは、将来に対する期待と願望を測るものだ。割引率は、金融の大きな謎の1つであり、ビジネスの提案を評価する際には注意が必要である。

? 超大作映画に長蛇の列ができています。その映画館では、先に並んでいる人の誕生日と自分の誕生日が一致した最初の人に無料チケットをプレゼントすると発表しました。あなたは列に並んでいる人の誕生日を知らないし、自分の前にあなたの双子兄弟を入れることはできません。しかし、あなたは列の任意の位置を選ぶことができます。あなたが無料チケットを手に入れる確率が最も高いのはどの位置でしょうか？

この問題は、「誕生日問題」を思い起こさせるかもしれない。これは、数学の授業で、生徒が順番に自分の誕生日を発表していき、2人が同じ誕生日であることを発見するというものだ。この問題のポイントは、誕生日が同じであることは、一般に想像されているよりもはるかに多いということである。23人の教室で、少なくとも1人が一致する確率は50％強だ。50人のグループでは、97％の確率で一致する。

誕生日問題は、ここでの重要なアナロジーだ。しかし、面接官は誕生日問題そのものを聞いているわけではない。聞いているのは、どの位置に並べば、チケットが当たる確率が高いかということだ。

1番に並びたいとは思わないだろう。なぜなら、あなたの前には誰もいないから。1番の人が無料チケットを獲得する可能性はゼロだ。

2番の人にはわずかな可能性しかない。1番の人と同じ誕生日でなければならない。その可能性は約1/365だ。

（「約でいいですか？」と念押しするべきだ。そうすればうるう年や、ある時期に出産が多いという事実は気にする必要がないことを、面接官は確認してくれるだろう）。

タダ券を手に入れる確率は、列の順位が上がるほど高くなる。しかし、ある時点で確率は最大になり、減少するはずだ。あなたが当選する可能性のある最後の位置は366番だ。あなたの前には365人の人がいることになる。その人たちと誕生日が違うということは、ほとんどありえない。そうなると、あなたの誕生日は誰かの誕生日と一致しなければならない（ここでもうるう年は無視する）。

これはトレードオフの関係にある。あなたは、自分の前に（自分の誕生日と一致する可能性のある）人がそれなりの数がいるほど後ろにいたいと思っているが、自分の前にいる2人に最初に一致してしまう可能性が高いほど、後ろにいてはいけない。

計算の天才でもない限り、頭の中で正確な答えを出すことはできないだろう。しかし、学校で習った誕生日の問題を覚えている人は、おおよその答えを出すことができる。教室の小さな人数（約23人）では一致する確率が半々であることを考えると、23番の位置からあまり離れたくはない。しかし、そのトレードオフは対称的ではない。23番の少し後ろにいるより、少し前にいる方がいいのである。

その理由はこうだ。自分の前にいる2人が一致してしまったら、それで終わり。あなたの負けだ。しかし、自分より前の人に一致しなくても、終わったわけではない。後ろの人と一致する可能性は他の人と同じくらいある。だから、あなたは23番よりも少し前の位置、20番くらいの位置にいたい。

面接官がパソコンの使用を許可してくれれば、表計算アプリを作成して正確な答えを得ることができる。アプリで4つの列を作る。2列目は、最初のn人の中で誕生日が一致しない確率だ。3列目は、最初のn人の中に少なくとも1人の一致する人がいる確率。最後に、4番目の列は、最初に一致した人の中に#nの人が含まれている確率だ。模式的には左のようになる。

スプレッドシートの3列目を見ると、23人の場合、最初に少なくとも1人が一致する確率は50%を

列の中の位置，n	最初の n 人で一致しない確率	最初の n 人の中で少なくとも1人が一致する確率	人物 n が最初の一致に含まれる確率
1	100%	1から左のセルを引いた値（＝0%）	0%
2	上記セルの364/365倍（＝99.73%）	1から左のセルを引いた値（＝0.27%）	左のセルからその上のセルを引いた値（＝0.27%）
3	上記セルの363/365倍（＝99.18%）	1から左のセルを引いた値（＝0.82%）	左のセルからその上のセルを引いた値（＝0.55%）
…			
n	上記セルの(365－(n－1))/365倍	1から左のセルを引いた値	左のセルからその上のセルを引いた値

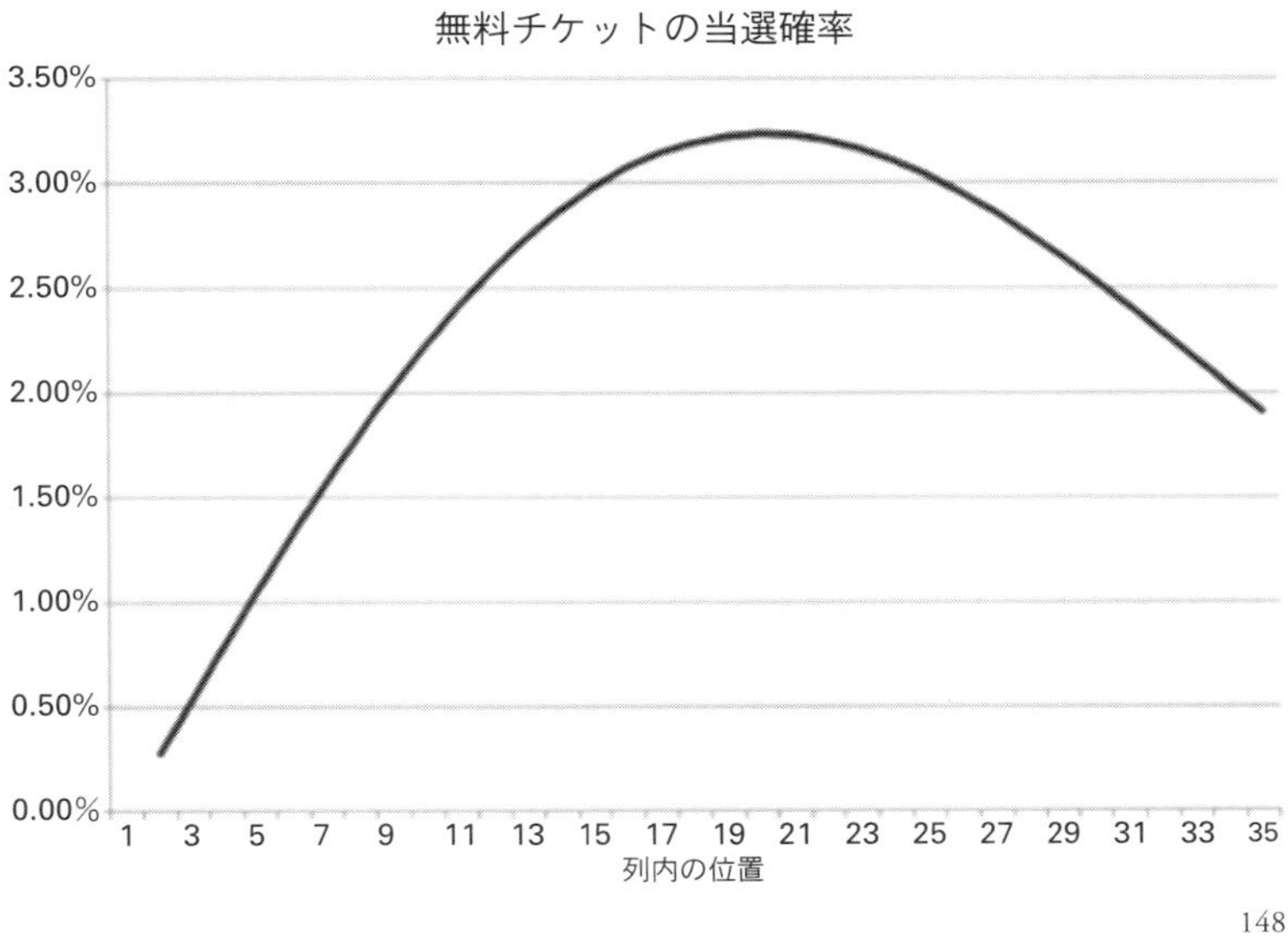

超えることがわかる（50.73%）。これが、古典的な誕生日問題の答えである。

しかし、面接の質問に答えるには、4番目の列を使う（図のように）。曲線は20番の位置でピークになる。その時点で、無料チケットを獲得する確率は約3.23%だ。

問題を分割する

問題解決のための普遍的な戦略は、困難な問題をより小さく、より簡単に解決できる部分に分割することだ。これは小学校の算数でも使われているし、初期の人工知能にも組み込まれていた。また、大きなプロジェクトに取り組む人は、本能的に、あるいはプロジェクト管理ソフトを使って、この方法をとっている。

？ あなたがネズミになって、水筒に閉じ込められたとします。あなたはどうやって脱出しますか？

ゴールドマン・サックスで使われたこの質問は、詳細を説明することなく、応募者を別の現実に引きずり込む。あなたは悪い状況に置かれたネズミだが、その状況をどうやって分割して考えますか？

この問題は、未知の部分が多いため、人々を悩ませる。1つは、水筒にキャップが付いているかどうか。成長したネズミは、鉛筆の直径の穴をくぐり抜けることができる。[15] しかし、密閉された水筒を内側から開けることはできないし、空気がなければ長くは生きられない。

人間がキャップを開けるしかないのだ。鋭い感覚を持つネズミとしては、人間が大切な飲料容器にネズミが入っているのを見て警戒することが最大の利点になるかもしれない。そのため、水筒が透明かどうかも大きな未知数だ。

この2つのポイントについて面接官に質問するのは当然のことだ。しかし、何も言わなくても、この2つの未知数の組み合わせによって、2×2のグリッドに4つの可能性が生まれる。それぞれの可能性に対応した戦略を立てることは、元々の不明確な問題に比べて容易だと思える。

賢いネズミは、ここに挙げた4つのケースのうち、3つのケースでは逃げられることが期待でき、4つ目のケースでもチャンスがある。

＊

問題を分割して考えることは、面接で奇妙な推定値を求められる場合に特に有効だ。七月四日にタイヤがパンクした車は何台?「アーリーン」という名前のヨガインストラクターは何人いますか?スニッカーズのキャンディーバーは世界に何本ありますか? このような質問は、ノーベル賞を受賞した物理学者のエンリコ・フェルミ(一九〇一―一九五四)が広めたものである。フェルミは、シカゴ大学の物理学の学生たちに、シカゴのピアノ調律師の数などを推定することを要求した。

今日、私たちは必要な統計をすぐに調べることができる。しかし、フェルミ流の質問は、採用の場では相変わらず人気がある。面接官は必ず、最終的な数値よりも応募者の思考プロセスに興味があると言う。思考プロセスとは、一般的には問題を分割して考えることだ。未知の部分は、既知の量、調

	水筒が透明	水筒が不透明
水筒には キャップがない	ネズミ嫌いの人間が「えーっ！」と言う。人間はあなたを見て、水筒を投げ捨てたり、適当な場所を探しながら、水筒を遠ざけて持っていたりする。瓶は開いているので、あなたは出ていく。	愚かな人間は、あなたが口の中に入るまで、あなたが水筒の中にいることを知らない。 人間はあなたを食べようとはせず、即座にあなたを吐き出してしまう。 あなたは安全な場所に逃げる。
水筒に キャップがある	これは危険だ。人間は、あなたが入ったキャップ付きの水筒を捨ててしまうかもしれない。困りますね。万が一、キャップ付きの透明水筒に入ってしまったら、人間の目から隠れるのが一番だ。 ラベルやロゴの下に隠れて目立たないようにすることもできる。それ以外の場合は、かわいらしい姿で水筒を撫でて、同情を誘ってみよう。運が良ければ、動物好きの人があなたを解放してくれるかもしれない。	喉が渇いた人間は、水筒のキャップを外してから ... （上のキャップなしの場合を参照）。

べられる量、調べられそうな量で表現する。

? 君はデンバーから来たんだね。デンバーには何枚の小銭《ペニー》がありますか？

自信を持って次のように発表するのが良い返事だ。

デンバーにある小銭の数＝
デンバーの人口×1人当たりの小銭の平均数

デンバーの人口は国勢調査局が把握しているので、簡単にググることができる。もしあなたが実際にデンバー出身なら、とりあえずその都市のおおよその人口を知っているはずだ。また、小銭入れの中、ソファのクッションの下、車の中に何枚の小銭が入っているか、漠然としたイメージを持っているはず。この方程式は、必要な未知数を、評価しやすい2つの量で表わしている。問題を分割する方法は、これだけではない。こう言ってもいいかもしれない。

デンバーにある小銭の数＝
デンバーにある硬貨の数×硬貨のうち小銭が占める割合

これは間違いではない。ただ、これではゴールに近づけない。デンバーにあるコインの数は、ペニー（1セント銅貨）の数と同様に見極められないことだ。最初の式の方が良い。

このような質問では、面接官はおそらくデンバーの人口をググらせてくれないだろう。フェルミ推定への回答は、必要な計算を即興で行なったうえでの、言葉の能力であることが期待される。暗算の第一のルールは、数字を丸めてを使うこと。国勢調査の数字は不便なほど正確だし、大都市圏の人口は、市域内の人口の数倍になるのが普通だ。そのため、丸めた数字を採用する余地がある。デンバーのような中規模都市では、人口100万人という数字が無難なところだろう（二〇一〇年の国勢調査では、デンバーの人口は600,158人だった。首都圏の人口は約300万人だ。したがって、「デンバーの人口」という意味では、100万人という数字は妥当なものだろう）。

デンバーに住む人が手にしている、平均的な小銭の数は何枚ですか？　あなたはデンバー出身だが、面接官はおそらくそうではないだろう。あなたの言うことにはいくらかの説得力がある。そして、この推定値も、丸めた数字を正当化するのに十分なほど曖昧なものになるだろう。小銭は家の小銭入れにも、銀行にも、レジにも、そしてデンバーの造幣局にもある。デンバー市民1人あたり、平均で500枚の小銭を持っていると考えるのが妥当だろう。

デンバーの人口を100万人、小銭の平均枚数を500枚として、それを掛け合わせると5億枚の小銭がデンバーにあることになる。

これで面接官はほとんどA評価をしてくれるだろう。この推定値が正しいかどうかは別問題である（内定を得るためには重要ではない）。ネットで調べてみると、アメリカの造幣局でさえ、どこに何枚の小銭があるのか、はっきりとは把握していないことがわかった。造幣局は年間130億枚の小銭を生産しているし、銀行システムを通過した古くて傷んだコインを溶かしているが、生産された小銭のほとんどは二度と見ることができない。引き出しの中に放り込まれ、忘れ去られ、長い長い間、流通しない。現在流通している小銭の数は1,300億枚と言われている。[16] 3億2千500万人のアメリカ人であれば、1人当たり400枚になる。しかし、かなりの割合の小銭が〝職務離脱〟している（実際、衛生管理者は小銭をゴミ箱に捨てる人がいると訴えている）。

肝心なのは、デンバーに何枚の小銭があるかについては、デンバー造幣局の局長でも知らないということだ。口先でうまいことを言っても、面接官はあなたが間違っているとは言えない。

? テキサス州にあなたは、何人の人を入れることができるでしょう?

面接官は、スタジアムのように人を詰め込むことをイメージしているのだろうか？　スタジアムのように人を詰め込むのか、ドバイの超高層ビルのように人を重ねるのか…どうでしょうか？と聞いてみよう。しかし、面接官が何と言おうと、合理的な範囲内であれば、テキサス州には世界中の人が簡単に収まることがわかるだろう。

その答えは、2つの量の積で表わすことができる。

テキサス州の面積×収容密度

これらの量は互換性のある単位で測る必要がある。テキサス州の面積が平方マイルであれば、収容密度は1平方マイルあたりの人数となる。

アメリカの西海岸から東海岸までの幅は2,500マイルといったところだ。アメリカの地図を思い浮かべてほしい。テキサス州の幅は、ローワー48〔アラスカ・ハワイを除く米48州〕の幅と比べてどうだろうか？　エルパソからルイジアナ州境までのテキサス州の幅は、サンフランシスコから東海岸までの距離の4分の1くらいだろうか。つまり、テキサス州の幅は約600マイルとなる。

テキサス州の丈の長さは横幅と同じくらいだ。一辺が600マイルのテキサス州を囲む正方形を描く。この正方形の面積は600×600マイル、つまり36万平方マイルだ。しかし、テキサス州はでこぼこな形をしているので、正方形の面積の約半分だとしよう。そうすると、18万平方マイルになる。簡単に20万平方マイルとするのもいいかもしれない。

次に必要なのは、1平方マイルにどれだけの人が入れるかということだ。極端な例として、平らな土地に肩を並べて立ち、全員が同じ方向を向いている場合を考えてみよう。平均的な大きさの人は、2×1フィートの長方形に収まるだろう（肩幅が2フィート、それに1フィートを掛けたもの）。

1マイルは5,280フィートだから、1平方マイルには横に5,000列以上、縦に2,500列以上のスペースがあり、これは1,250万人以上に相当する。これを1,500万人としよう。

テキサス州の面積20万平方マイルを掛け合わせると、3兆になる。世界の人口が80億人になろうとしているのに比べれば、はるかに多い。世界中の人がテキサスに入れるくらいのスペースがある。実際には、ニューヨーク市程度の人口密度でも実現可能だ。

正確な数字――テキサス州の面積は268,597平方マイル。

？海面を1フィート下げるためには、バケツで何回海の水をすくわなければなりませんか？

この質問では、概算の質問に答えるための3つのコツを説明することができる。1つ目は、言葉の不正確さを利用して、丸めた数字を使うこと。面接官はバケツの大きさを言っていないので、私は1立方フィートだと言う（メートル単位の方が換算しやすいのだが、ここでは英語の単位を使って説明する）。

次に、海の面積を平方フィート単位で知る必要がある。この数字がこの問題の答えになる。というのも、バケツで海水を汲み出さなければならない量は、海の面積（平方フィート）に海面降下量（1フィート）をかけたものだからだ。その積はX立方フィートになり、私たちのバケツは1立方フィートなので、X回すくう必要がある。

海の面積を知ることは求められていない。地球の大きさ（直径8,000マイル弱）、地球表面の海の面積（約70％）、球体の表面積の計算式（$4\pi r^2$）はだいたい知っていると思う。

ここにもコツがある。頭の中で計算をしていると、四捨五入の回数が増えてくる。各項を常に切り上げようとすると、積が大きくなりすぎるからだ。また、常に切り捨ててしまうと、答えが小さくなりすぎてしまう。良いコツは、量が切り上げられたか切り下げられたかを覚えておき、次の乗算では逆にすることだ。これは思ったよりも簡単で、ごく自然にできるようになる。

例えば、地球の表面積を計算するとしよう。円周率（3＋）の4倍に、地球の半径の2乗をかけたものだ。最初の2つの項は、12となる。これを偶数の10に丸めたいと思う（端数が切り捨てられたことを覚えておこう）。

地球の半径は、直径約8,000マイルの半分、つまり約4,000マイルだ。これを2乗して1,600万平方マイル。これに円周率の4倍をかけると、1,600万×10＝−1億6,000万となる。しかし待てよ、あの10は本当は12ちょっとだったのだから、積はもっと大きくなる。そのため、1億6,000万を切り上げて2億平方マイルとする。

そのうち70％は海なので、海の面積は約1億4,000万平方マイル。

次のステップは、平方マイルを平方フィートに変換することだ。1マイルは5,280フィート。これを5,000に切り捨てる。1平方マイルは、約5,000×5,000平方フィート（特に2乗されているので、実際にはもっと大きい）。つまり、5×5＝25に1,000×1,000（100万）をかけて、2,500万となる。切り捨てて2乗したのだから、切り上げて3,000万にする正当な理由がある。

今度は1億4,000万に3,000万をかける。順序立てて述べるやり方だと、140を半分にして30を2倍して、70×60、つまり4,200（100万×100万）になる。それは4,200,000,000,000兆平方フィート、つまり4,200兆平方フィートだ。

最終的には、それに1フィートを掛けて4,200兆立方フィート、つまりこれがバケツですくう海水の量となる。

3つ目のコツは、有効数字（測定結果を表わす数字のうち、位取りを示す0を除いた意味のある数字のこと）の数を誇張しないことだ。例えば、ミレニアル世代が人口の24.663％を占めていると主張するのはおかしいだろう。ミレニアル世代は非公式な言葉であり、人によって定義が異なるからだ。「24.663％」という統計値は、存在しない正確さを意味している。一般的に、有効数字の数が多すぎると誤解を招きやすく、不誠実な印象を与えてしまう。変わった質問の頭の中の見積もりでは、通常、1つの有効数字が正当化できるすべてである（それさえも無理があるかもしれない）。この場合、私は0.2を切り捨てて、海を1フィート下げるのに約4,000兆回の汲み出しが必要だと言うだろう。

ちなみに、最近の科学的な推定では、世界の海の面積は約36,100万平方キロメートル。これは13,900万平方マイル（私たちの推定値はこれに近い）で、3,880兆平方フィートに相当し、これと同数の立方フィートの水がかき出されることになる。4,000兆という数字は、すべてを考慮しても見事に近いものだ。

この質問の不確定要素はバケツだ。バケツにはさまざまなサイズがある。アメリカでは、塗料の保管や調合には5ガロン（約15リットル）の容量が一般的だ。だが、これでは0.668立方フィートしか入らない。私たちが最初の見積もりで想定していたのは、1立方フィートの大きさのバケツだった。つまり、5ガロンのバケツであれば、答えは2倍の回数になる。

? エンパイア・ステート・ビル（ESB）の重さはどれくらいですか?

エンパイア・ステート・ビルディングは、1,000個のフェルミ推定を作り出した建物だ。エンパイア・ステート・ビルにはホッチキスが何個入っているか？　エンパイア・ステート・ビルに入るピンポン玉の数は？　エンパイア・ステート・ビルの中で、昼食にアボカドトーストを食べた人は何人いるか?

アップル社の面接官がたずねるこの質問（ビルの重さ）は、数ある難問の中でも最も難しいものの1つだ。この手の質問が得意な人でも、面喰らってしまう。二〇世紀の超高層ビルの質量は、鉄桁、コンクリート、板ガラス、大理石の床、エレベーター、乾式壁、配管、電気配線、流し台、トイレ、冷暖房装置などの合計だ。これらはすべてが異なる密度を持っており、建築物の多くは居住者からは見えない。目に見えないし、心にも残らない。

にもかかわらず、この質問では、パーツに分解するテクニックが有効だ。ただし、ホワイトボードを使った方がいいかもしれない。まず最初に書くべきことは

重さ＝体積×密度

私たちはたしかに、エンパイア・ステート・ビルの体積や密度は、重さ以上に知らないはずだ。しかし、体積は計算しやすいし、密度にある程度の制限を設けることは難しくない。

よく知っている人は、エンパイア・ステート・ビルの階数が約100階（実際には102階）であることを知っている。一般的な超高層ビルは、床から床までの高さを測ると約14フィートだ（これもフェルミ推定のために知っておくと便利な統計だ）。ESBの高さが約1,400フィートだとしよう。

単純な箱であれば、体積は高さに底面の面積をかけたものになる。しかし、ESBは先端が細くなっているので、それを考慮しなければならない。まずは底面の面積を計算してみよう。このビルは1つの街区を占めているが、その街区はマンハッタンの道路グリッドが描かれているため、はっきりとした長方形をしている。1街区の長さは？　ニューヨーカーなら、ミッドタウンの「ショートブロック」（1マイルにつき約20ブロック）と「ロングブロック」（1マイルにつき約7ブロック）の大きさを知っているだろう。しかし、もしかしたらあなたは、ニューヨークに行ったことがないかもしれない。「1マイルに16個の街区がある」という大ざっぱな話を聞いたことがあるかもしれない（あるいは、聞いたことがないかもしれない。後者の場合、推測するしかないが、おそらくその近辺になると思う）。

1マイルは5,280フィート。これを16のブロックで割る。もっと頭を使って計算すると、簡単にするために、分子と分母の両方を切り捨てることができる。5,280/16はだいたい5,000/15で、10,000/30=1,000/3、つまり約333となり、これを切り捨てて300とする。ブロック面積（正方形のブロックの場合）は、300×300=90,000平方フィートとなる。しかし、切り捨てたので、今度は切り上げして10万平方フィートにしてみよう。

これは、歩道と隣接する道路、中央分離帯までの面積だ。建物の一階部分の面積は、実際には多少小さくなる。ESBの高層階は一階よりもさらに小さい。しかし、このビルのイメージを思い浮かべてみると、上方のほとんどが先細りのない弾丸のような形をしていることがわかる。平均的なフロアの面積は、10万平方フィートのブロックの約半分、5万平方フィートと言えるかもしれない。

ESBの体積は、5万の1,400倍、10万の700倍、つまり7,000万立方フィートになる。

次に、ビルの密度だ。エンパイア・ステート・ビルを訪れたことのある人は、アールデコ調の大理石、硬材、金箔などを覚えているだろう。これらの高密度で高価な素材は、見栄えを良くするためだけに必要なベニヤなみの厚さだ。明らかに、ESBの密閉された空間のほとんどは空気であり、ビルの重量にはほとんど寄与していない。

密度は、水の密度を1（比重）とした尺度で表わすことができる。ほとんどの木材や乾式壁の密度は、1より少し小さい程度だ。その他の一般的な建築資材であるコンクリート、レンガ、ガラス、大理石、そしてESB建造時に流行したアルミニウムは、密度が2から3の間である。残るはスチールで、密度は約7.8と非常に高い。現代の超高層ビルを可能にしたのは構造用スチールで、スチールは自分の重さの何倍もの重さを支えることができるからだ。しかし、超高層ビルの体積に占めるスチールの割合は少ない。

ＥＳＢの建設資材の平均密度を2と仮定しよう。それと大きく異なることはありえない。そうなると、密閉された体積のうち、どれだけが空の空間（空気）で、どれだけが建築用の材料なのかという疑問が残る。妥当な推測では、建物の体積は空気が90％、建築資材が10％だと考えられる。これも正確ではないかもしれないが、大きく外れることはないだろう。

そうすると、建物全体の密度は約0.1×2=0.2となる。つまり、ＥＳＢの重さは、同じ体積の水の重さの約1/5になる。1/5に推定体積の7,000万立方フィートをかけると、ＥＳＢの重さは1,400万立方フィートの水と同じくらいになる。

1立方フィートの水の重さは？ 62.4ポンドだと知っている人はいいだろう。しかし、アメリカ、リベリア、ミャンマー以外の国ではメートル法が使われている。それらの国でも、ＳＴＥＭ（理系）の卒業生は、メートル法による水の密度を知っている可能性が高い。それはとても簡単だからだ。1リットルの水の重さは1キログラムだ。

1リットルは1立方デシメートルで、1デシメートルは4インチに非常に近い。1フィートは約3デシメートルで、1立方フィートは3×3×3=27立方デシメートル（リットル）だ。

つまり、1立方フィートの水の重さは約27キログラム。これにより、ＥＳＢの質量は

1,400万×27キログラム

また、1,000キログラムはメートルトンで、英語のトンとあまり変わらないことも覚えておこう。

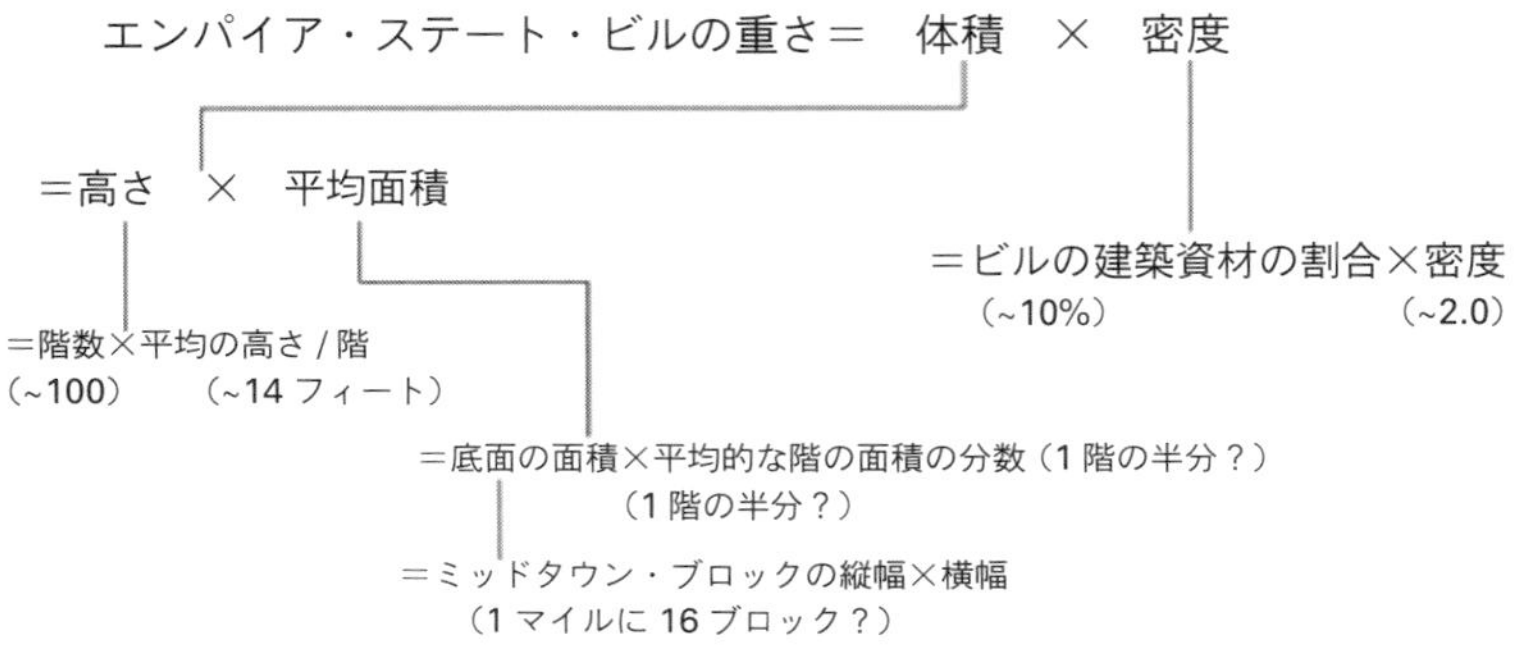

前者を1,000で割って、後者にも同じ係数をかけると

14,000×27トン

これは、15,000×30の45万トンには及ばないが、仮に40万トンとしておこう。これが答えだ。

現在の所有者であるエンパイア・ステート・リアルティー・トラストによると、ESBの重量は385,000トンだそうだ[17]。

この図は、問題がどのように分割されたかを示している。すべての未知数は、他の2つの量の積として表現された。これを、既知の量や推定しやすい量になるまで続ける。

推定の質問に答えるときは、簡単に見えるようにすることが目標だ。フェルミは、科学定数や人口・経済データを暗記して、頭の良さをアピールしていた。あなたにもそうしてほしい。知っておいて損はないと思う。

・あなたが面接をする都市、州、国のおおよその人口（アメリカの場合、33,000万人）。

・世界の人口（78億人）。
・地球の大きさ（直径8,000マイル弱、円周25,000マイル弱）。
・単位換算——1マイルは5,280フィート、1日は24×60×60秒、円の1回転は360度。
・従業員数、年間売上高、株価、1株当たりの利益など、面接を受ける会社の財務データ。

絵を描く

面接室にはホワイトボードがあり、それには理由がある。

？ 毎日正午に、東行きの船がニューヨークからフランスのルアーブルに向けて出発し、西行きの船がルアーブルからニューヨークに向けて出発します。ちょうど7日間の旅になります。あなたが今日、東行きの船でニューヨークを出発した場合、旅の途中で西行きの船に何隻出会うでしょうか？

多くの面接の難問と同様に、この問題にも長い歴史がある。「ハノイの塔」で知られるフランスの数学者、エドゥアール・リュカ（一八四二—一八九一）が考案したものだ。リュカの同僚の多くがこの問題に取り組んだ。

ニューヨークを出発して東に向かうと、西行きの7隻の船と出会う。それゆえ、最も一般的な誤答は7。誤っている理由は、旅の途中でル・アーブルを出港する7隻の西行きの船にも出会うからだ。

つまり、14隻の船だ。

図を描けば、問題が明確になる。それは到着船と出発船の図である。0日目のニューヨークからスタートし、時間とともに東へ（図では上へ）進んでいく（左図）。あなたの旅は太い対角線で示されている。この線は、西行きの船を表わす斜線と交差している。点は、あなたの船が西行きの船と交差することを表わしている。ここでは7日間の全体図の一部を描いたが、初日に2隻の船と出会うことがわかれば十分だ。1つは港から半日後、あなたの船が出発した翌日にニューヨークに到着する予定の西行きの船と出会う時だ。もう1つは、出発して丸1日後にニューヨークに到着する入港船との出会いである。

これが1日に2隻の船と出会うというパターンだ。7×2で14となり、先ほどの図と一致する。因みに、全体の図がどのようになるかは次頁の図を参照してほしい。もちろん、面接では全体図を描く時間はない。

最終的な答えは14だろうか？　厄介なのは、図の中で白丸で示されている「エッジケース」を処理することだ。0日目の正午にニューヨークを出発した瞬間に、西行きの船が港に入ってきた。これは出会いと言えるだろうか？　同じように、あなたがルアーブルに入港すると同時に、西行きの船がルアーブルを出港する。

14という答えは、一方のエッジケースをカウントしているが、もう一方はカウントしていない。両方のケースを同じように扱うべきだと思うかもしれない。そうすると、13（どちらのエッジケースもカウントしない——海での出会いのみ）と15（両方のエッジケースをカウントする）という答えになる。

この問題にはもうひとひねりあり、それを指摘することで面接官を感心させることができる。ル

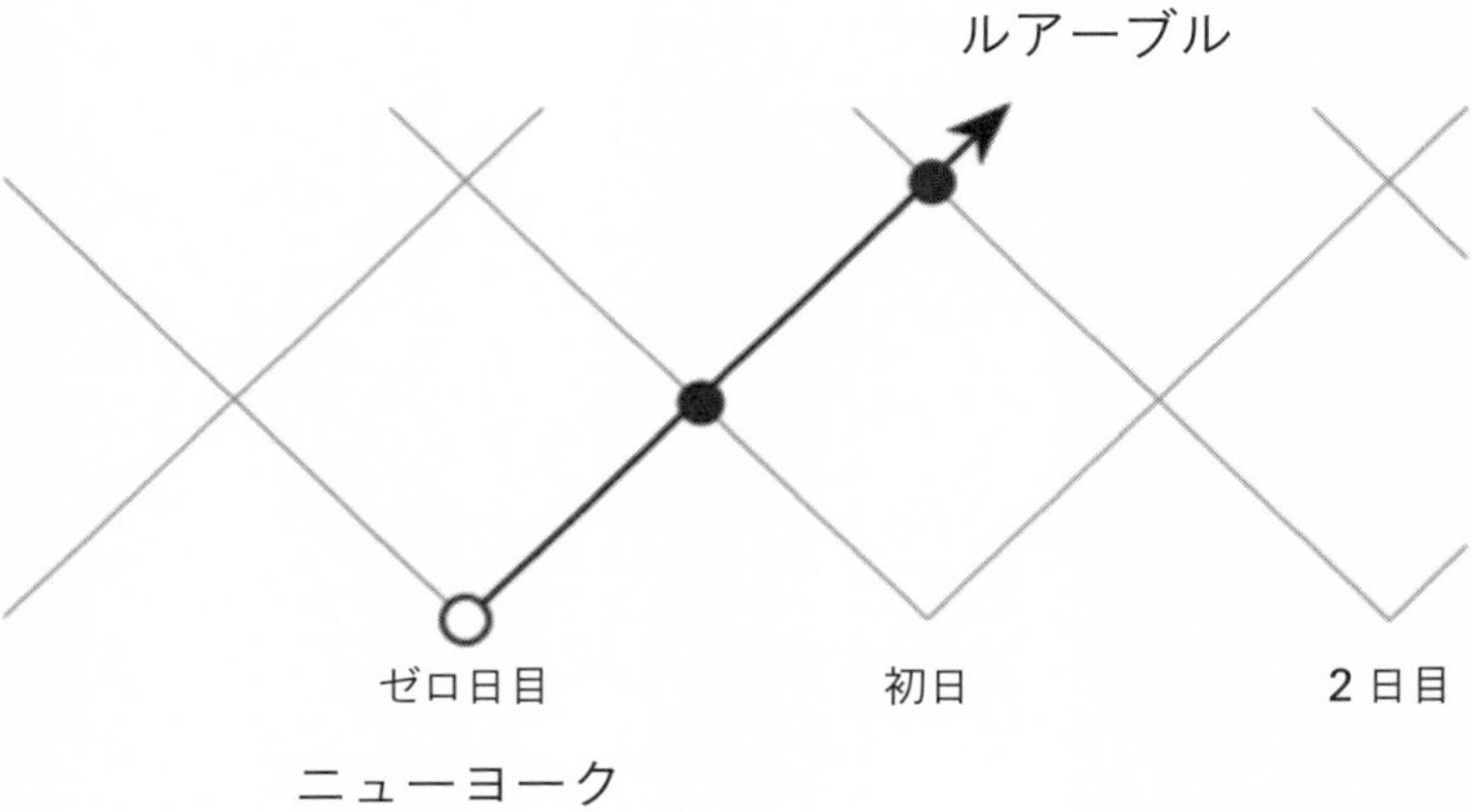

アーブルはニューヨークよりも6時間進んでいる。質問ではタイムゾーンに触れていないが、タイムゾーンはそれぞれ違う。

船は両都市を正午に出発すると言われている。それはもちろん現地時間である。ルアーブル発の西行きの船は、ニューヨーク発の東行きの船よりも6時間先行していることになる。仮に、ちょうど7日間の航海であれば、西航船は6時間早く、現地時間の午前6時にニューヨークに到着する。

例えば、ニューヨークで午前11時45分になったとしよう。あなたはルアーブル行きの船に乗った。近くには、その日の早朝にルアーブルから到着し、約6時間も停泊している船がある。その船は「旅の途中で出会った」船の1つに数えられるだろうか？　私はそうは思わない。その船は、あなたが乗船したときにはすでにそこにいて、それ以降は動いていない。

正午前、最も近くを移動している西行きの船は、18時間進んだ先の海にいる。その船とは9時間後に出会うことになる（その船はあなたの船に同じ速度で向かってくるので）。その後、12時間ごとに別の船とすれ違う。その日の西行きの船は6時間前に出発し、あなたはルアーブルを出てから3時間後にその船と出会う。

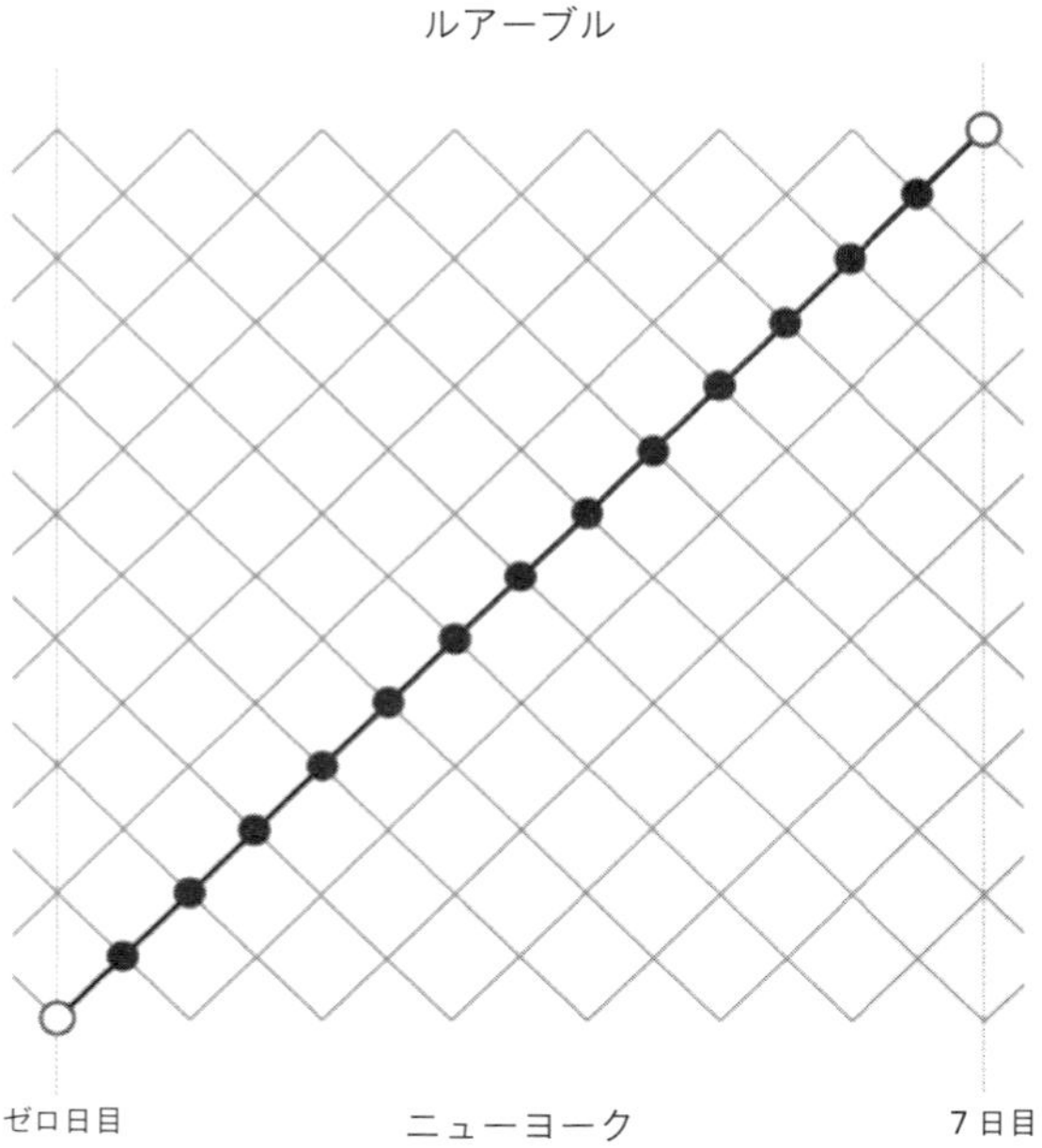

　時差を考慮すると、港では議論の余地のあるケースはない。移動する船の出会いはすべて港から離れた場所で起こり、出会いの前、中、後に両方の船は移動している。このような出会いは14回ある。

　これらを総合すると、14がベストアンサーとなる。時差を考慮すると、これが唯一の答えとなる。時差を無視した場合、この質問はやや曖昧になる。13、14、15を有効な答えとして抗弁することができる。

　どんな問題でも絵を描くことは可能だが、すべての絵が役に立つわけではない。アヒルの大きさの馬を100匹描いても、たぶん何にもならないだろう。

　幾何学的な問題（次の「真円の円盤」など）では、絵を描くのは当たり前だ。しかし、最も有効な絵は抽象的なものが多い。リュカの問題は、船を描くのではなく、模式図を作ることで解決している。したがって、量を変えたり、複数の選択肢があるような問題では、フローチャートやデシジョン・ツリー（決定木）〔ツリー構造を用いて分類や回帰を行なうためのグラフ〕を検討することになる。

? 真円の円盤からテーブルを作ります。円盤に垂直な3本の脚を、円盤上に無作為に取り付けます。テーブルを裏返して床に置いたとき、テーブルが自立する確率は何％でしょうか？

三脚は一般的に安定している。まず、3本脚のテーブルがどうして安定しないのかを考えてみよう。テーブルの天板を重い大理石の円盤と見立て、それを垂直で爪楊枝のような細さの鉄の棒で支えている。脚が天板を支えられない理由の1つは、脚が一直線上にある場合だ。その場合、天板は直線の軸上で倒れてしまう。

もう1つのケースは、脚が中心からずれている場合だ。脚がすべて天板の片方辺の近くにあると、天板は倒れてしまう。

ホワイトボードに円を描く。無作為に3つの点を追加して、3本の脚の取り付け位置を表わす。点の配置を何通りか試してみて、感覚をつかんでみよう。

「NO」と書かれた図を見てみよう。このテーブルは倒れてしまう。3つの支持点は、同じ半円（影の部分）の中にあるという点で、中心から外れている。テーブルの天板半分は、まったく支えがない。実際にその部分は半分よりも広く、3つの点はそれぞれ斜線部の中である程度の距離を保っている。

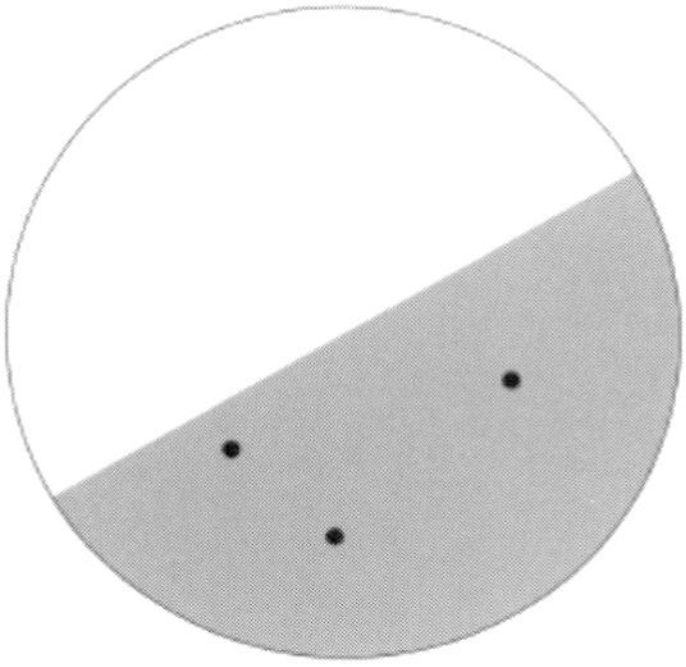

NO

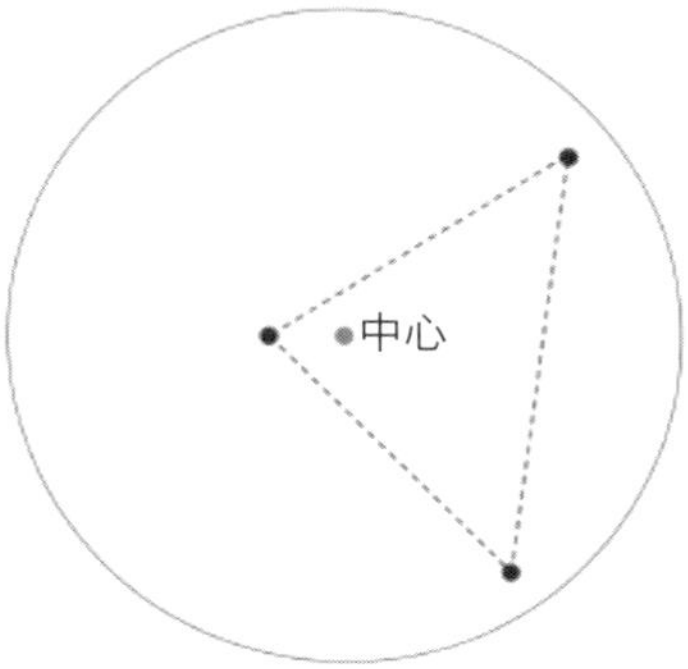

OK

立つためには、テーブルの中心をすべての側から支える必要がある。「ＯＫ」と書かれた図を見てほしい。最適なデザインではないが機能している。テーブルの天板は任意の2点を基に回転させても、必ずその質量の抵抗に遭う。脚を含まない半円はない。

それを別の形で表現するとこうなる。3つの点を線で結んで三角形を作る。円の中心が三角形の中に入っていれば、テーブルは立つ。そうでなければ、テーブルは倒れてしまう。

これは、物理学的にも常識的にも妥当なことだ。物体は、その質量が重心という1点に集中しているように振る舞う。均一な円盤の場合、重心は円の中心（正確には円の中心の、しかも円盤の厚さの中間点）にあることになる。この中心はすべての側から支えられていなければならない。支えがすべて片側にあると、物体は傾いてしまう。

この問題の次の段階は、円の領域から無作為に選ばれた3つの点が、同じ半円の中に入らない（同義的には、中心を囲む三角形を形成する）確率を計算することだ。

最初の点を、円のどこかに選ぶことを想像してみてよう。テーブルが立たないような選択はあるのだろうか？

答えは「ノー」だが、条件がある。1点目はテーブルの中心と一致させたくない。その場合、3つの点が同じ半円の中に入ってしまい、中心のピボット（旋回軸）からテーブルの天板がひっくり返ることになる。

しかし、無作為に選ばれた点が正確な中心と一致する可能性は限りなく低い。基本的には、無作為に選んだ点1は、どんなものでもオーケーだ。

次に2つ目の点を選ぶ。ここでもテーブルが、立っていられなくなるような選択はあるのだろうか？

先ほどと同じように、点2がテーブルの中心と一致していれば、ギリギリのケースとなる。しかし、今度は別の問題がある。点1、点2、テーブルの中心がすべて一直線上にある場合、テーブルは立たない。この場合、点3は、3つの点を含む半円を作ることになる。

しかし、繰り返しになるが、無作為な点が中心点と一致する可能性や、その中心点を通る直線上にある可能性は事実上ゼロだ。点1と点2を無作為に選んでも、ほぼ確実に問題はない。

テーブルが立つかどうかを決めるのは、3つ目の無作為な点だ。これには別の図が必要だ。

点3は、点1と点2を含む半円のどの部分にも入ってはならない。この3つの点は、テーブルの中心から測った互いの角度位置で表わすことができる。最初の2つの点の間に角度Xがある場合、テーブルを立たせるためには、3つ目の点は、同じく角度Xの円の扇形に位置しなければならない。

Xが小さいとき——点1と点2が円の扇形に収まるとき——点3はその反対側の扇形にある、同じくらい薄い切れ目に収まるように制約される。Xが大きいとき——点1と点2が大きなパイの切れ目を定義するとき——点3は同じように大きな切れ目のどこにでも配置できる。

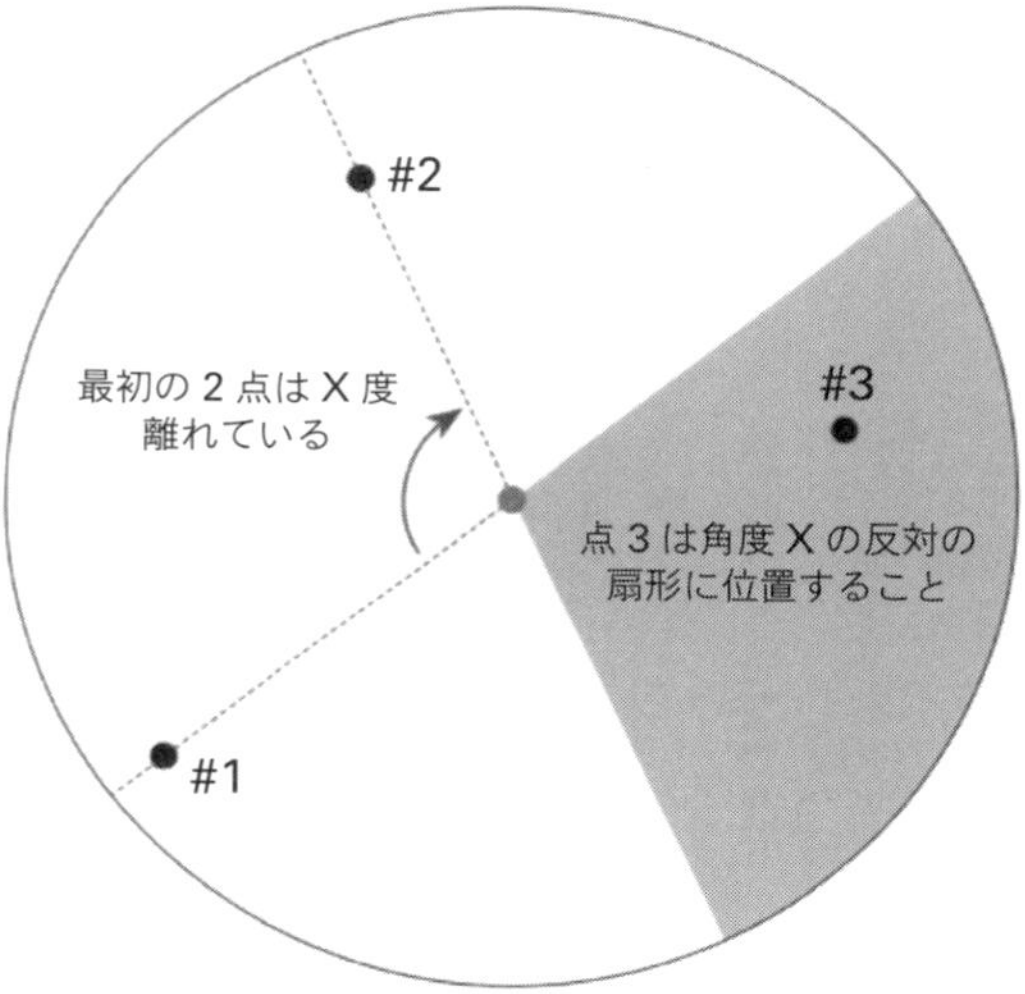

点1と点2は、0から180度までの範囲で配置することができる。無作為に選ばれた2つの点では、すべての角度が同じように起こりうることを考えると、その差を分けることは正当なことだと言えるだろう。平均して、点1と点2は180度の最大値の半分、つまり90度離れている。ということは、安定した点3は、通常、360度のうち90度の範囲に収まる必要がある。その確率は、90/360=1/4だ。したがって、このテーブルが成立する確率は1/4ということになる。

ゴールドマン・サックス証券などで出題されたこの問題は、「脚は天板の円周上に取り付けられていなければならない」という古い難問を、より難しくしたものだ。しかし、この条件は不要であることがわかった。省略すると問題がより謎めいたものになる。

?あなたは、3つの扉から1つを選ぶことができます。1つの扉の後ろには金があり、もう1つの扉の後ろには何もありません。そして、残りの1つの扉の後ろには秘密の通路があって、同じ内容とルールの最初の3つの扉につながっています（しかし、どの扉の後ろに何があるかはその都度変わる)。金が見つかる確率は何%でしょうか?

フローチャートで説明する。最初の選択を3本の矢印で表わす。1つは金、もう1つは無、そして3つ目は秘密の通路を指している。扉にはマークがないので、どれがどれだかわからない。それぞれの結果は同じ確率だ(3分の1の確率)。

最初の2つの結果、「金」と「無」を選んだ場合は決定的だ。ゲームは終わる。しかし、秘密の通路はそうではない。秘密の通路を選べば、基本的には最初からやり直しだ。エンドレスのテレビゲーム『ダンジョン』のように、何度も秘密の通路のドアを選択することも考えられる。難しいと思われるかもしれないが、こう考えてみよう。秘密の扉は、決定を遅らせることしかできない。遅かれ早かれ、決定的な扉を選ばなければならない。その時、「金」を選ぶ確率と「無」を選ぶ確率は同じだ。ここでは、金を手にする確率は50%となっている。

視覚的な議論を数学で補足することができる。そのためには、ドアに値を割り当てる。金の扉の価値を「1」(莫大な金額)とする。何もないドアは、当然ながら0の値だ。

どんな選択をしても金になる確率をPとすると、このゲームをプレイする価値はP(莫大な金額)となる。これは、秘密の通路のドアの価値でもあるはずだ。秘密の通路のドアは、ゲームを新たにプレイするのと同じリセットだからだ。

図から読み取ると、次のようになる。

$$P=(1/3\times1)+(1/3\times0)+(1/3\times P)$$

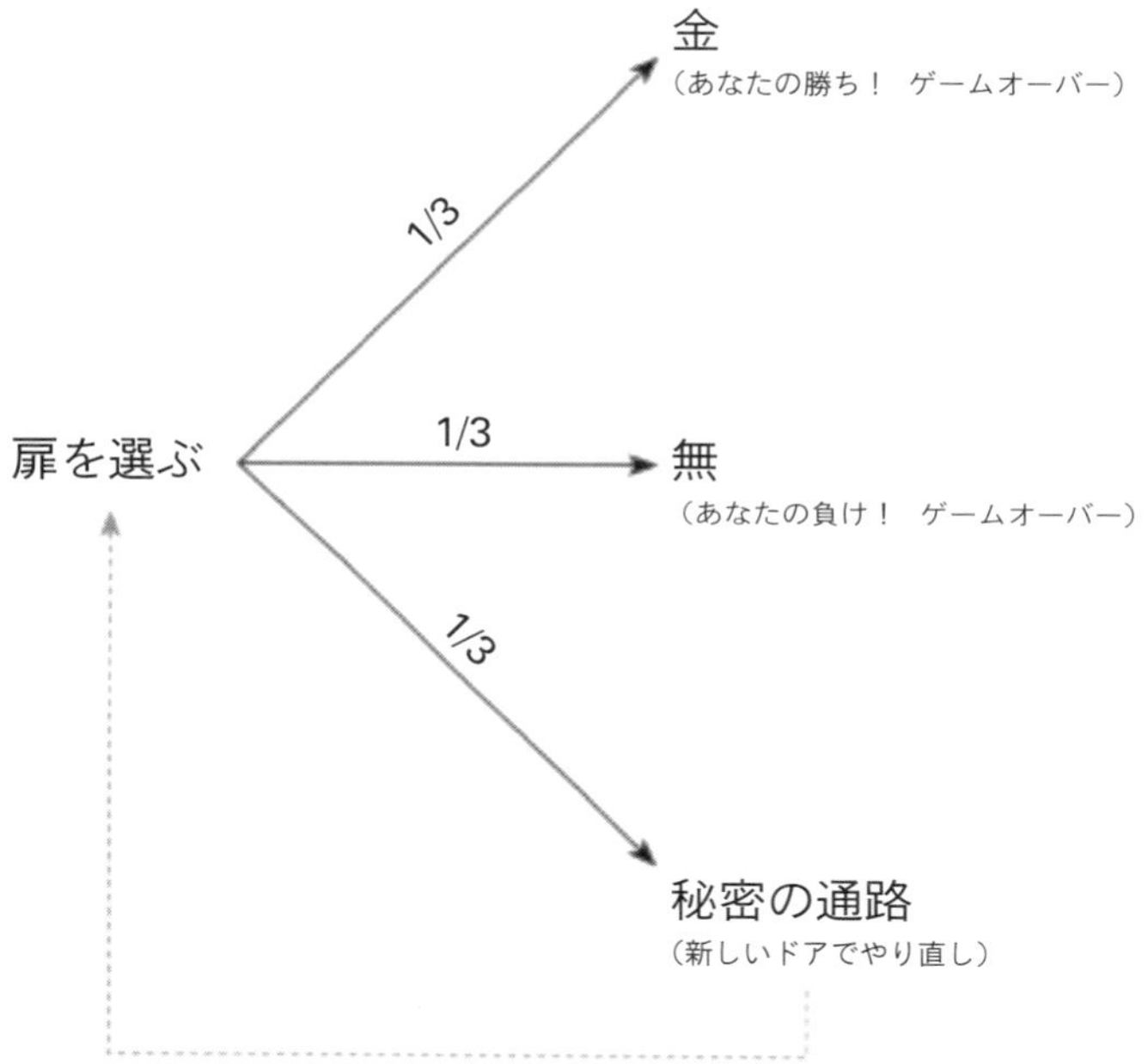

それを簡略化すると

P=1/3+1/3×P

3P=1+P

2P=1

P=1/2

この計算により、プレイヤーが金塊を手にする確率は半々であることが確認できる。

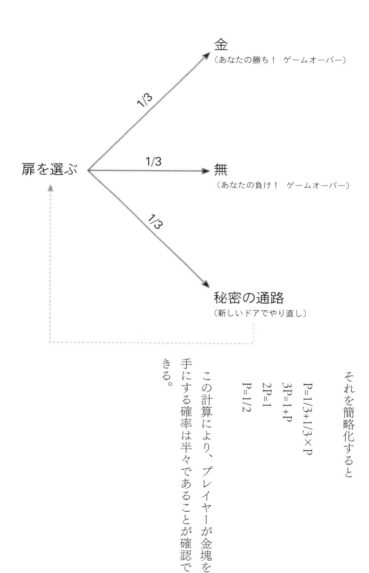

問題をよりシンプルにしてみる

推定の質問は以下のように非常に具体的であることが多い。「聖スウィジンズ・デーには何枚のピザが注文されますか?」。聖スウィジンズ・デーがいつなのかわからないとパニックになりがちだ。だが、知る必要はない。西暦九世紀のイギリスの司教聖人であるスウィジンは、二一世紀のピザの消費とは何の関係もない。この質問は、「ある日、何枚のピザが注文されたか?」という質問と変わらない。このシンプルな質問は、聖スウィジンズ・デー（七月一五日）がいつなのかを知る必要がないため、簡単に答えることができる。

ここでもう1つの重要な戦略を紹介する。問題をもっとシンプルにしてみることだ。運が良ければ、よりシンプルな問題の解決策が元の問題のそれと同じになるかもしれない。そうでなくても、よりシンプルな問題に使われた方法が、元の問題に取り組む方法を示唆してくれるかもしれない。

問題を単純化するにはいくつかの方法がある。1つは、「聖スウィジンの日に」という条件を排除して、より一般化した問題（任意のランダムな日にピザを食べる）を作る方法。もう1つは、問題の中の数字の1つを、より少ない量に置き換える方法だ。例を挙げてみよう。

? 1から100万までのすべての数字を書き出すと、2という数字は何回書かれているでしょうか?

大きな数字（100万）を小さな数字に置き換えて考えてみよう。「1から10までのすべての数字を書き

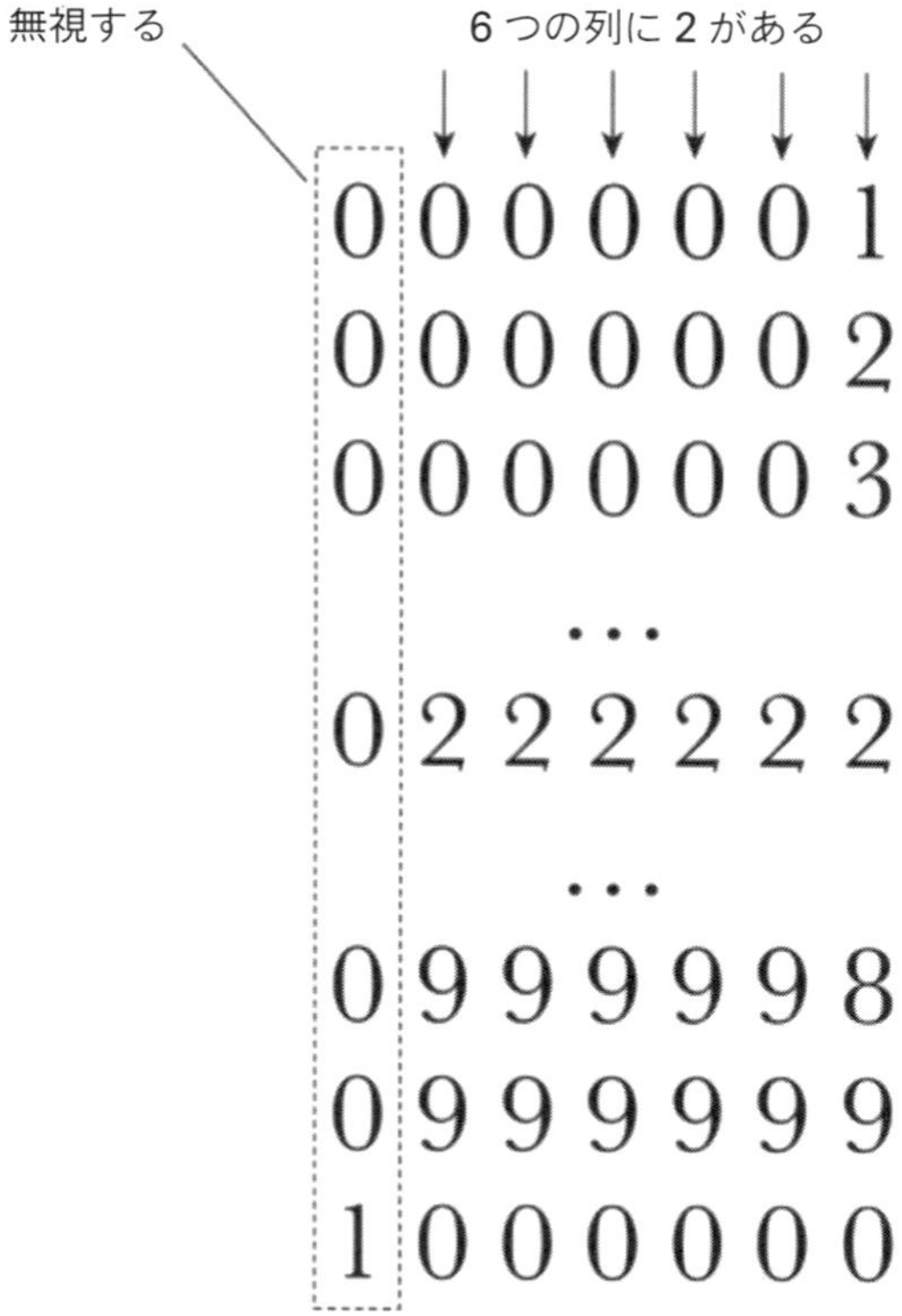

出してみると、2という数字は何回書かれているでしょうか?」。2が入っている数字が2だけであることは明らかだ。答えは1つだ。

今度は少しスケールアップする。「1から100までのすべての数字を書き出すと」これは、ほとんどの数字が2桁であるため、少し複雑だ。2は1の列または10の列に現われる。

1の列で10ごとに2が現われる――2、12、22、32…92(全部で2が10個)。

また、10の列にも2が10個ある。これは、20から29までの10個の連続した数字のブロックのための22という数字が二重にカウントされているが、これは当然のことで、2が2つ含まれているから。100の列はまったく重要ではない。この列を使う数字は100だけで、2はない。つまり、1から100の間には、10+10=20個の2があるということだ。

パターンが見えてきた。長い紙に、1から100万までのすべての数字を書くことを想像してみてほしい。先頭の桁には0を入れて、すべての数字をちょうど7桁にする。

一番左の列には2がない。100万の1を除いて、その列はすべて先頭が0なので、あるはずがない。

私たちは「2」だけに興味があるので、一番左の列を無視することができる。その結果、2がある列が6つになった。これらの列では、10個の数字がすべて同じように使われていることがよくわかる。まるでダイヤル錠の数字を調べているようだ。それぞれ100万の数字を持つ列が6つあるが、そのうちのちょうど1/10が2の数字だ。答えは、6×1,000,000/10 = 600,000である。

? 今日は火曜日です。10年後のこの日は何曜日でしょうか？　あなたは自分の答えにどのくらい自信がありますか？

もっと簡単な質問から始めよう。「1年後のこの日は何曜日でしょうか？」。誕生日、七月四日、クリスマスは、通常、年ごとに曜日が1つ進むことがわかっている。これは、365を7で均等に割ることができないためで、丸々52週と1日の残りがあるからだ。そのため、今年の火曜日の誕生日は来年の水曜日になる。

もちろん、その年がうるう年でなければの話だが。4で割り切れる年には、二月二九日という余分な日がある。うるう年は366日で、残りは2日だ。二月二九日を挟むと、曜日は2日先に進む。

この他にも、ほとんどの人が知らない調整がある。西暦の下二桁が〇〇で終わる年は、400で割れる場合を除き、うるう年がスキップされる。これが問題になるのは二一〇〇年だが、その時にあなたが仕事の面接を受けることはないだろう。

つまり、今日が火曜日であれば、来年は二月二九日がない限り――ある場合には木曜日となる――、この日は水曜日となる。

10年の間には、2回または3回のうるう年がある。この場合、曜日は12日または13日進む。曜日を変えずに7を引くことができるので、実質的には5日か6日先になる。今日が火曜なら、この日は10年後の日曜か月曜になる。

どちらになるかは、次のうるう年がいつなのかということと、今日が二月二九日より前なのか後なのかを考える必要がある。

・今年がうるう年で、二月二九日がまだ来ていない場合、これからの10年間にはうるう年の日が3日あり、通常の10日に3日追加されるので、答えは月曜日となる。
・今年がうるう年で二月二九日を過ぎた場合は、今後10年間に2回のうるう年の日があり、2日プラス10日の増加となる。この場合、答えは日曜日となる。

しかし、まだ終わっていない。今年はうるう年ではないかもしれない。

・来年がうるう年の場合、今後10年間で3回のうるう年の日がある（答えは月曜日）。
・今から2年後がうるう年なら、10年後もうるう年になる。現在の日付が三月一日以降であれば、今後10年の間に3回のうるう年の日があることになる（だから、答えは月曜日）。
・ただし、2年後がうるう年で、現在の日付が二月二八日以前の場合は、10年目のうるう年の日は数えられないので、2日（日曜日）しかないことになる。
・今から3年後がうるう年の場合、次の10年目にはうるう年の日が2日（日曜日）になる。
・もう1つエッジケースがある。うるう年の日に面接を受けることもありうる。そうすると、10年後はもううるう年にはならないので、二月二九日はない。存在しない日の「曜日」は存在しない。

例を挙げてみよう。二〇二二年七月一二日（火）に面接する。うるう年ではない。今後10年間で3回のうるう年がある（二〇二四年、二〇二八年、二〇三二年）。二〇三二年のうるう年は、七月一二日が二月二九日の後なのでカウントされる。うるう年では、10年分の年間日数に加えて3日分の曜日が進み、合計13日となる。7を引くと正味6日の繰り上がりとなる。つまり、10年後（二〇三二年）の七月一二日は、火曜日の6日先、つまり月曜日になる。

質問の2番目の部分を忘れないでほしい。「自分の答えにどれだけ自信がありますか？」。調査によると、人は自分の知識や技術、正確さを過信する傾向がある。例えば、一九八一年に行なわれた調査では、93％のドライバーが、自分の運転技術は平均よりも優れていると信じていたという結果が出ている。[18]予測モデルは、保険、金融、コンサルティング業界の生命線だ。モデルが正確であることが重要なだけではなく、モデルの正確さを知ることも必要だ。どんなモデルでも失敗することはある。非常に頭の良い人たちが、自分の予測が正しいと思い込みすぎたために、数え切れないほどの企業が倒産している。

どれほど確信を持っていても、0ではない確率でミスをしてしまうことがある。この質問に答える際には、そのことを認識しておく必要がある。面接のストレスの中で、頭の中の計算に99％の自信を持つことは、とても素晴らしいことだ。だが、100％の自信を持つことは現実的ではない。

? あなたは、よくシャッフルされた2つのカードの山を持っています。1つは52枚の通常のデッキ。もう1つは26枚（ハートとスペードのみ）のハーフデッキです。あなたは、どちらかのデッキを選び、そこから2枚のカードを引きます。そのカードが同じ色（赤か黒）であれば、あなたの勝ちです。あなたはどのデッキを選びますか？

またフルデッキからランダムに引いた26枚のカードからなる3つ目のデッキがあったとします。あなたならどの山を選びますか？

ブラックジャックのプレイヤーは、デッキが有限であることを知っているが、これには順序がある。エースを引くと、デッキに残っているエースの数が減る、これにより、次のエースを引く機会が減る。

これと同じ原理がここにも当てはまる。レギュラーデッキから1枚のカードを引いたとする。それは赤だ。このとき、山には25枚の赤いカードが残っている（現在の山は51枚）。2枚目の赤いカードを引く確率は25/51だ。これは約49%で、1枚目のカードに適用された50%よりも低くなる。26枚のハーフデッキの方が枚数が少ないため、カードを引くたびに影響を受ける。最初のカードを選んだ後、残りの25枚のカードの中で同じ色のカードは12枚しかない。同じ色のカードがもう1枚出てくる確率は12/25、つまり48%だ。

したがって、ハーフデッキよりもフルデッキの方がいいだろう。大きな違いではないが、このような違いがある。

次の質問は、52枚のフルデッキから26枚のハーフデッキをランダムに引いた場合についてたずねている。ランダムなので、色が均等になる保証はない。

それはいいことだ。なぜかというと、特に簡単なケースを想像してみよう。ランダムに引いた26枚のカードが、たまたますべて赤だったとする。そうすると、あなたは必ず赤を2枚引いて勝つことができる。

それほど偏っているわけではないだろうが、バランスが悪いと有利になる。黒が余っていれば、1回目のドローで黒を、2回目のドローで黒を引く可能性が高くなる。実は、色が均等に分かれていることは、色合わせゲームにとって最悪のケースなのである。

つまり、第2デッキよりも第3デッキの方が明らかに有利なのだ。最悪の場合、3番目のデッキは均等に分割されているが、おそらくそうではないだろうし、その方が勝つ確率が高くなる。

この問題の厄介なところは、第3のデッキが52枚の第1のデッキよりも良いかどうかということだ。時間をかけた難しいアプローチは、3番目のデッキの確率を計算すること。しかし、これは複雑でつまずきやすい。だが、もっと良い方法がある。3つ目のデッキは、基本的に1つ目のデッキの上半分だ。覚えておいてほしいのは、第1デッキは「よくシャッフルされている」ということだ。最初のデッキは「よくシャッフルされている」のであって、その上半分に色が均等に入っている保証はない。つまり、上から2枚のカードを引く場合、第1の山から引いても第3の山から引いても違いはない。

これでもまだよくわからないというならば、もっと単純なケースを想像してみよう。つまり、2枚のカードで構成された「デッキ」だ。この2枚のカードは、完全にシャッフルされた52枚のデッキから無作為に引き出されたもの。最初の山を選ぶと、そこからランダムに2枚のカードを引くことになり、まさに2枚のカードの山が作られたことになる。勝利の確率は同じでなければならない。

答えは、勝つ確率が同じである1つ目か3つ目のデッキを選び、2つ目は避けるべきだということだ。

? 4本脚の椅子と5本脚の椅子は、どちらが安定していますか?

2本脚の椅子と3本脚の椅子、どちらが安定しているか考えてみよう。2本脚の椅子は実際にはない。もし作ったとしても、すぐに倒れてしまう。しかし、3本脚の椅子やスツールは大丈夫だ。3脚は3点で構成されているので、ぐらつかない。これは、床に凹凸があっても、3本の脚の長さが（無理のない範囲で）完全に同じでなくても同じだ。3脚は「シンプル・イズ・ベター」の典型である。一方、4本脚の椅子は凹凸のある床ではグラグラするし、5本脚の椅子はグラグラする場合が複数ある。

では、なぜ3本脚の椅子が増えないのだろうか？ 3本脚のスツールや椅子に長時間座ったことがある人なら、簡単にひっくり返ってしまうことを知っているからだ。

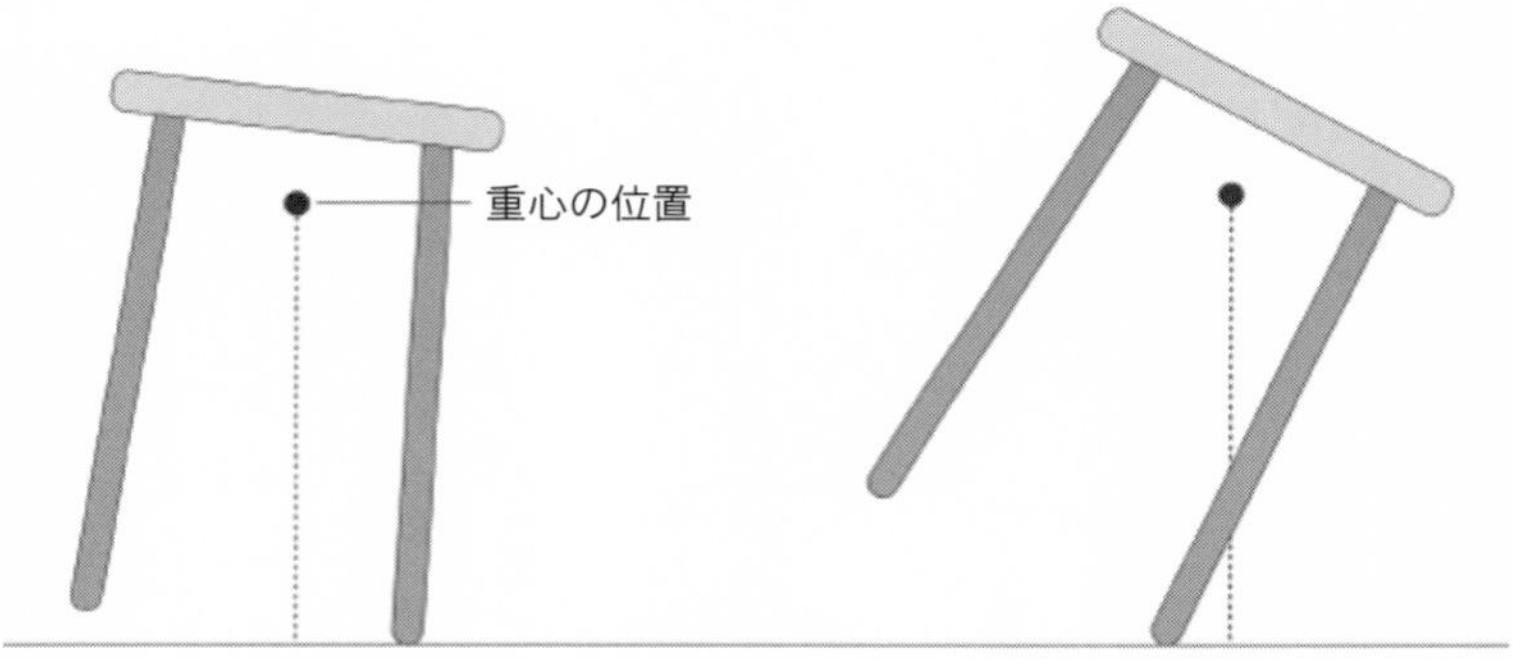

椅子にもたれかかると、椅子は隣り合う2本の脚でバランスをとる。その2本の脚の床との接点が1本の線になっている。椅子の重心がその線を越えてしまうと、椅子は正しい位置に戻れずに転倒してしまう。

この図では重要な点が強調されているが、実際には椅子と座る人の配置を考慮する必要がある。座る人の体重と身長によって重心が高くなり、配置はさらに頭でっかちになる。

3本脚の椅子の場合、重心は脚で作られた三角形の辺に比較的近い位置にある。4脚、5脚になると、重心は辺から徐々に離れていく。つまり、5本脚の方が、椅子が傾いたときに自力で動くことができる。これは単なる理論上の話ではない。回転椅子の中には、安定性を高めるためにキャスターを4個ではなく5個にしたものもある。

安定性には少なくとも2つの種類がある。少ない脚はふらつきを防ぐのに適しており、対称的に配置された多くの脚は転倒を防ぐのに適している。

ふらつきの話に戻ろう。一九七三年の『サイエンティフィック・アメリカン』誌に掲載されたマーティン・ガードナーのコラムでは、凹凸のある床の謎を解き明かしている。[19] 凹凸のある

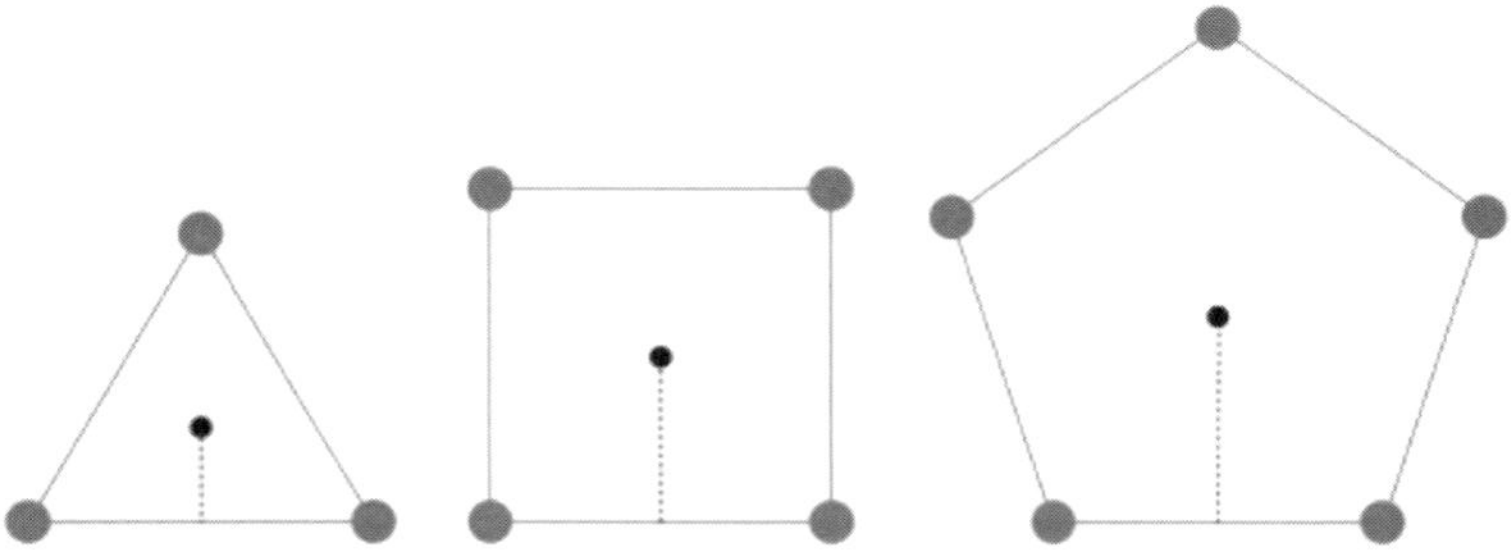

床の上に4本脚のテーブルを置くと、ぐらぐらする。ガードナーは、「もしテーブルの天板が斜めになっていても構わないなら、4本の脚がしっかりと床についている場所を見つけることは常に可能だろうか？」[20]と問いかけた。答えは「イエス」だ。ガードナーは直感的な証明を行ない、これに触発されて、「ふらつき」の数学に関する学術的な文献が出てきた。

対称的な4本脚のテーブル（または椅子）がふらつくとき、それは準安定な2つの位置の間でおこる。対角線上にある2本の脚（AとCと呼ぶ）が凹凸のある床に接触し、ピボットの役割を果たす。B脚を押し下げると、B脚も地面に接触し、A－B－Cの3脚でテーブルを支える。すると、残りの脚Dが宙に浮いてしまう。代わりにDを押し下げると、A－D－Cの3脚ができ、Bが床から浮き上がる。これでは、質素なカフェの飲み物を台無しにしてしまう。ガードナーは、4本脚のテーブルを回転させるだけで、すべての脚が床にしっかりと接する位置を見つけることができることを示した。4本脚のテーブルは3脚のように安定している。

ガードナーの証明は、4本の脚が正方形に配置されていることを前提とする（テーブルの天板の形は関係ない）[21]。床に突起部やこぶがあると想像すると、イメージしやすいだろう。脚AとCはこの突起部の頂上に置か

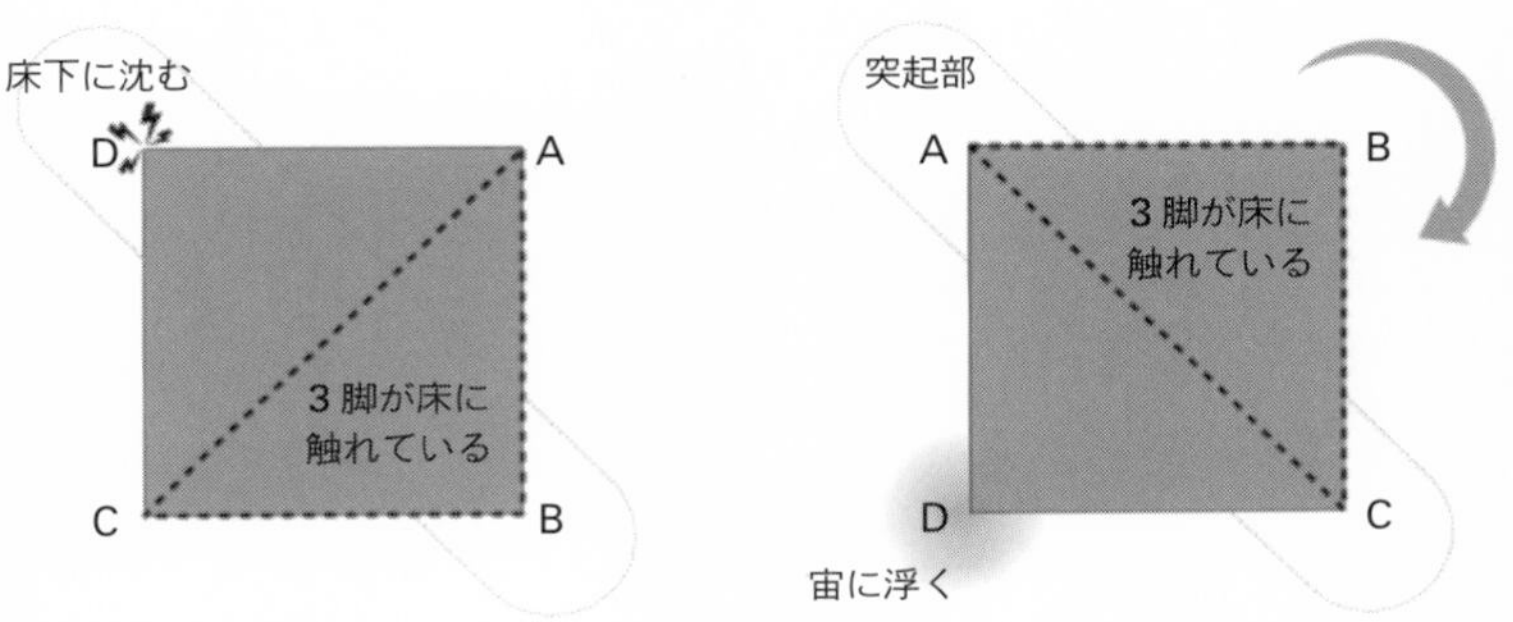

れている。脚BとDは突起部の両側の「谷」にいる。同時に床に触れることができるのは1本だけだ。

ここで、脚Bを押し下げて床に接触させ、AとCとで3脚を作る。テーブルを中心に90度回転させて、脚A、B、Cを常に床に接触させる。脚Aは突起部から右上の谷（もともと脚Bがいた位置）に滑り込む。一方、脚Bは谷の位置から右下の突起部の上に移動し、脚Cは突起部から左下の谷にスライドする。

脚Dは左上の突起部に到達する。しかし、対角線上にあるBは突起部上にあり、A－Cは谷の低い位置にあるため、Dの先端はシーソーの低い方のように沈むことになり、床面に沈む（床は柔らかい粘土でできていると想像してほしい）。Dの下側の先端が、最初は床面から1センチ上にあったとしたら、最後は床面から1センチ下になってしまう。これが、A、B、Cがそれぞれの場所で床に接するようにする唯一の方法だ。

次に、中間値の定理（18ページ）を使って、山を登ったり降りたりする問題と同じことをしてみよう。現地の床面からの上下の距離と回転の関係をグラフにしてみる。脚A、B、Cは回転中、高さが0のままである。脚Dは、床から1インチ上からスタートし、1インチ下で終了する。床面が連続している限り、Dの線はA－B－Cの線と交差

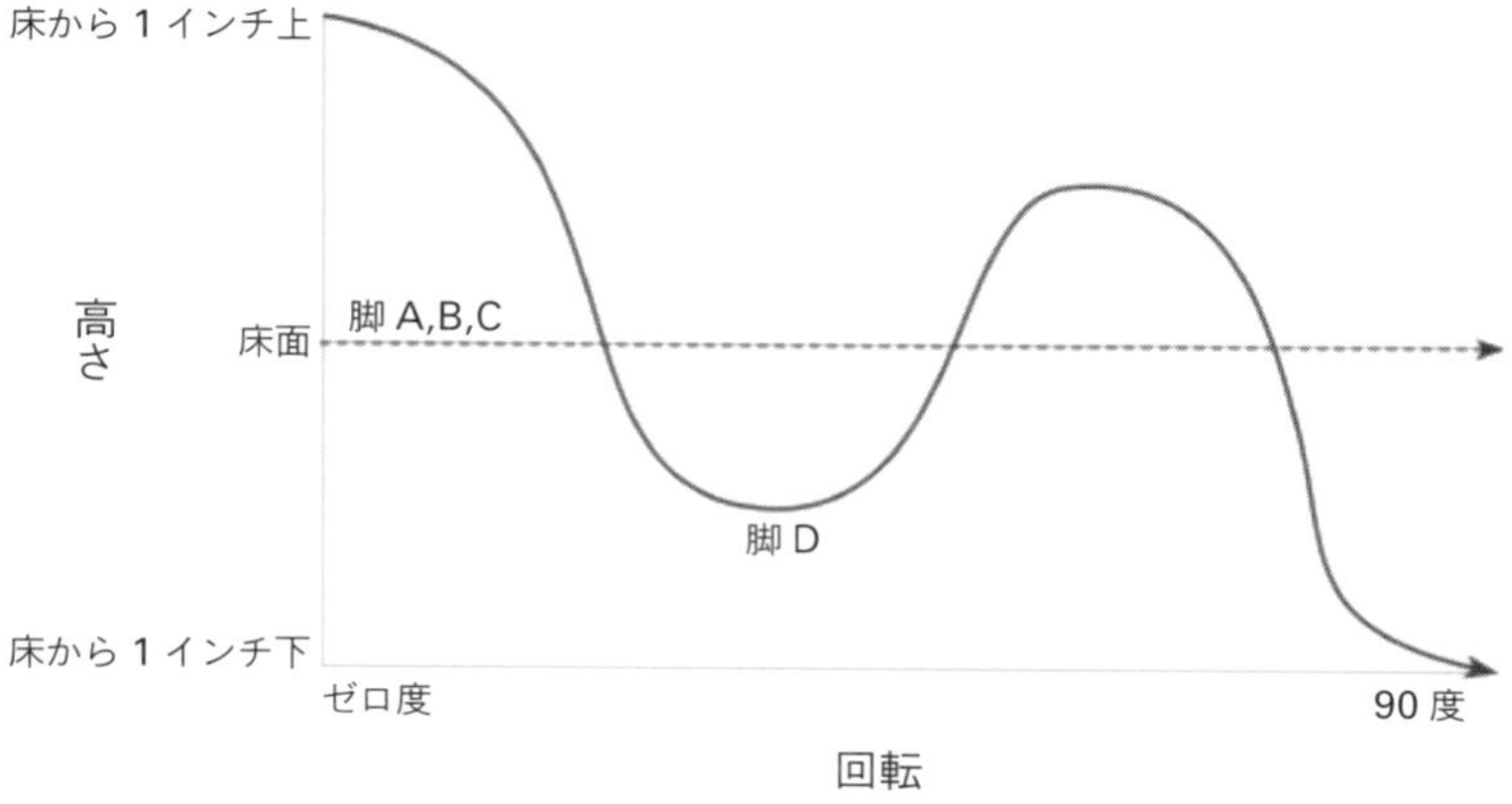

しなければ、始点から終点までたどり着くことができない。床の表面が単純な隆起よりも複雑な場合は、２回以上交差することもある。交差する地点では、４本の脚が床にしっかりと固定される。

ガードナーは、「この定理は、実際に役に立つ」と書いている。「テーブルの表面が少し斜めになっていても構わなければ、脚の下に入れるものを探す必要はない。テーブルを回転させるだけで、安定した位置に戻すことができる。電球を交換するために４本脚のスツールや椅子に乗らなければならないとき、床が凸凹していたら、スツールや椅子を回転させて均等にすればいい[22]」。

この結果は、椅子よりもテーブルの方が実用的だろう。屋外のカフェでは、テーブルは円形のものが多く、簡単に回転させることができる。それに対して椅子は、テーブルや机、カウンターなど、特定の方向を向いているのが普通だ。

正方形のテーブルや椅子ではなく、長方形のテーブルや椅子を使用する場合は、180度ほど回転させる必要があるかもしれない。しかし、ガードナーの証明は、５本以上の脚の場合どのように配置してもうまくいかない。それには、１本のふらつく対角線が必要だが、5本脚のテーブルには、そのような対角線がいくつもあるからだ。

結論から言うと、4本脚の椅子は5本脚の椅子よりも揺れに対して安定しており、5本脚の椅子と違って回転させるだけで凹凸のある床にもしっかりと固定することができる。しかし、左右対称に配置された5本脚の椅子は、転倒に対してより安定性が高い。

この質問はスペースX社のエンジニアにも聞かれた。安定性がすべてではないことも付け加えておく。四角い椅子は、人間の体や建築物によりフィットする。家具職人が五角形の椅子を作ろうとすると、大量の木材が無駄になる。正方形や長方形と違って、五角形は板から無駄なく切り出すことができないのだ。

良い質問をする

企業にありがちな問題は、社員がプロジェクトの各部分を単独で完成させ、それを他の社員に最小限のコミュニケーションで「納品」してしまうことだ。往々にして、誰かが必要なものを誤解していたために、作業をやり直さなければならないことがある。そのためには、まず質問をするのが賢明だ。

面接時の質問では、それが前面に打ち出され、あなたならどうやってタスクを実行するか、あるいは製品をデザインするかを問いかける。ロジックパズルのように、質問に必要な情報がすべて用意されているわけではない。それを補うために、自分で質問を投げかけることが求められる。この問題は対話型であり、質問の質や答えの質が評価されることになる。

?もしあなたが火星から来たとしたら、どのように問題を解決しますか?

これは、アマゾン社では欠かせない質問になっている。二〇一五年に公開された映画『オデッセイ[23]』にちなんだもので、比較的新しい質問だ。マット・デイモンが火星に取り残された宇宙飛行士を演じ、彼は地球に戻るために一連の技術的、人間の問題を解決しなければならない。アマゾンで質問されたように、この質問には解釈の余地がある。まず最初にすべきことは、曖昧さをなくすことだ。面接官に質問の意味を聞いてみよう。

(a)私は現在の科学に矛盾しない未発見の火星生命体です。それはおそらく、私は地下の微生物であり、あまり問題解決をするつもりはありません。
(b)私は時代遅れのポップカルチャー的な火星人です――つまり、赤い惑星から来た架空の知的な地球外生命体です。
(c)私は火星へ移住した未来の人類です。
(d)私はペンシルベニア州のマース(火星)から来ました。

面接官からは(b)か(c)と言われるだろうが、それは最も豊かな答えを提供するからだ。また問いかけの曖昧さが重要だ。それは、どのような問題を解決するのかということだった。質問は次のようなものになるだろうか?

（a）火星人の私が一般的な問題を解決するには、どうすればいいのでしょうか？
（b）火星人の視点を持った私が、地球の問題をどのように解決するのでしょうか？

ここでは（b）の方が興味深いケースだ。回答には、関連する可能性のある火星の事実を使用するのが適切だが、主に、賢明な部外者の立場から話すことが求められる。この質問は、「もしあなたが地球の考え方に縛られていなかったら、世界の問題をどのように解決しますか？」と言いかえられる。

それにはいろいろな方法があると思う。しかし、あなたは目的から意識をそらさないようにすべきだ。重要なのは、火星人として何をするかではなく、地球で仕事のオファーを受けることだ。そのためには貴重なカンニングペーパーがある。アマゾンの信条だ。一次面接の前に、会社のホームページで調べておくといいだろう。信条は、誰も読まないお説教のようなものだと思っていないだろうか？そう思うかもしれない。しかし、ジェフ・ベゾスは少なくともそれを読み、署名している。面接官も箇条書きにして、頭に叩き込まれていると考えてよいだろう。

アマゾンの求人サイトには、「リーダーシッププリンシプル」[24]という信条がある。私はそれをざっと読んで、火星人（?）の問題解決に関係する記述を探した。目についたものをいくつか紹介する。

リーダーは長期的視点で考え、短期的な結果のために、長期的な価値を犠牲にしません。ビジネスではスピードが重要です。多くの意思決定や行動はやり直すことができるため、大がかりな検討を必要としません。計算した上でリスクを取ることに価値があります。

私たちはより少ないリソースでより多くのことを実現します。倹約の精神は創意工夫、自立心、発明を育む源になります。

これは、あなたの答えのテンプレートになる。アマゾンの信条を参考にしたと言っても構わないが、面接官はあなたが手間をかけたことに感心するだろう。あなたは次のようなことを言うかもしれない。

「火星の1年は地球の2年に相当するので、私はより長期的な視点で考えます。しかし、大きな問題を解決するのは短距離走ではなく長距離走であり、日々の浮き沈みはほとんど誤差の範囲に過ぎません」。

「だからといって、時間が貴重でないわけではありません。地球人は問題解決のために、些細な判断にも驚くほどの時間を費やしています。『フレドキンのパラドックス』[25]とは、似たような選択肢があればあるほど、どちらが良いか判断するのが難しくなり、重要性が薄れてしまうというものです。火星での問題解決はダイナミックです。多少のリスクは覚悟の上で、データが変化したときにはすぐに変更できるようにしておきます」。

「火星は小さな惑星なので、手段の経済性を重視しています。最良の解決策は、今あるものを最も賢く利用することです。地球もそこから何かを学べるかもしれません」。

どこで面接を受けるにしても、事前にその会社のミッション・ステートメントを調べておこう。役に立つことが多い。

対話式の質問は、しばしば企画の練習として提示される。マイクロソフト社の質問を見てみよう。

? 私の冷蔵庫に、いつも牛乳が入っているようにするにはどうしたらいいですか？

気まぐれな前提条件を、何でも言っていいということではない（ある面接官は、「冷蔵庫に牛を入れる！」と答えられたことがあるそうだ）。マイクロソフトの元面接官ジョエル・スポルスキーは、「賢い応募者は、企画とは難しいトレードオフの連続であることを理解しています」[26]と説明している。良い答えは、そのトレードオフを明確にする。まず始めに、この牛乳配達システムの目的は何か確かめよう。

・お客様がマーケットに牛乳を買いに行く必要がなくなることですか？　しかし、その場合でもカリフラワーやグラノーラ、マリナラソースなどはマーケットに買いに行かなければなりません。食料品店に行く時間が問題なのに、牛乳に注目してもあまり意味がない。オンラインで食料品を配達するサービスはたくさんありますし、冷蔵牛乳のパイプラインを街中に敷設するよりもはるかに現実的です。

・お客様が牛乳を買い忘れないようにするためですか？　それならば、冷蔵庫内の棚にはかりを設置するのも1つの方法です。お客様は、その上に牛乳パックを置きます。はかりは牛乳の重さを測定し、過去の消費パターンと比較して、お客様に牛乳の購入時期を知らせてくれます。

・いざというときに、お客様が牛乳を切らしてしまわないようにするためでしょうか？　その場合は、冷蔵庫にエバミルクの缶を数個入れておくというローテクな解決策があります。それよりも、超高温処理（UHT）された牛乳を用意した方がいいでしょう。UHT牛乳は、味が格段に良く、密封されているので未開封で約6カ月持ちます。

この質問に対する一般的な答えは、「スマート冷蔵庫」だ。冷蔵庫の中身をスキャンし、機械学習を用いて食品を識別し、ラベルやバーコードを読み取ることができる。例えば、低脂肪で乳糖を含まない牛乳が1ガロン容器に37%入っていることを認識する。そして、牛乳が必要になったときにお客様に知らせたり、宅配の注文をしたりすることができる。さらに、定期的に購入するすべての食品に対しても同様のことが可能だ。

スマート冷蔵庫を実現するには、新しいハードウェアが必要だ。しかし、それとほぼ同等の機能を持つ、ソフトウェアだけのソリューションがある。クライアントはアプリをダウンロードし、食料品の購入に使用したクレジットカードの明細にアクセスする許可を与える。ソフトウェアは消費のパターンを分析し、それをもとにリマインダーを送信する。クライアントが市場にいることをGPSが検知すると、アプリは買い物リストをメールで送信する。これらはすべて消費者に無料で提供され、追加料金を払えば食料品を配達することもできる。

現実には、プロジェクトを熟考していないクライアントや上司と仕事をすることがよくある。そのようなときには、きちんとした質問をすることで、お互いにゴールが見えてくるかもしれない（スティーブ・ジョブズの言葉にもあるように、「人は自分が何を求めているのか、それを示すまではわからない」）。あなたの仕事は、中途半端で矛盾しているかもしれない構想を、クライアントと一緒に磨き上げることだ。

対話式の質問は、ロジックパズルと区別する必要がある。問題は、一見すると答えを導くのに十分な情報がないように見えるが、実はそうではない（面接官にヒントを求めるのは良くないかもしれない）。

ヒントの1つは「どのように」という言葉だ。複雑なことをどうやってやるのかという短い質問は、面接官からの、何か質問をするべきだというヒントなのだ。

より一般的には、これらの質問は最適化に関わるものだ。人間の価値に最も適した企画やプランを見つけなければならない。「何を最適化するのか？」という質問が多くなる。

？スキットルの入った飛行機を、どうやって空にしますか？[27]

スキットルとは、M&Mのような形をしたフルーツ味のキャンディーで、ハードキャンディーにおおわれている。もし、スキットルを詰め込んだ飛行機のドアを開けたら、キャンディーは虹色の激流となって流れ出すだろう。

この質問をする面接官は、労働集約型の大きなプロジェクトを組織する能力に関心を持っている。実用性、経済性、さらには法的側面も考慮して、良い回答をしよう。人気のある答えの1つは、クレーン（または何らかの装置）を使って飛行機を前後に傾け、お菓子を流し出すというものだ。ほとんどの面接官は、これを現実的な答えとは考えていない（クレーンのセットアップを説得力のある詳細に説明できる機械エンジニアでない限り）。

もっと面白いアイデアは、子どもたちに飛行機に入ってもらい、好きなだけ「無料のお菓子」を持ち帰ってもらうことだ（申し訳ないが、航空会社の弁護士は、そのような過失訴訟には耐えられないだろう）。

中途半端な計画を立てるのではなく、まずは面接官にいくつかの質問をしてみよう。例えば、次のような質問だ。

・飛行機とスキットルのどちらに価値があるのでしょうか？　私たちはスキットルを救うことに全く関心を持たなくてよいのでしょうか？

答えは「飛行機」と「あんまりない」だろう。ボーイング737の新品は約100万ドル。パッケージから出されたキャンディーの市場価値は0だ。回収されたスキットルの多くはつぶれているだろうし、航空機の内部には世界中の最新の病原菌が常にまん延している。フードバンクにキャンディーを寄付するにしても、法的にも栄養的にも問題がある。スキットルから得られるカロリーはゼロだから。

・ゴールはすべてのスキットルを取り除くことなのでしょうか、それとも99％以上のスキットルを取り除くことなのでしょうか。

飛行機に乗る人は、足元でスキットルが転がる音がしたり、頭上の荷物入れからスキットルが降ってくるのを見たくない。そのためには、スキットルが全く入っていないか、それに近い状態でなければならない。

・ゴールは、できるだけ早く飛行機を空にすることなのでしょうか、それともできるだけ安上がりにすることなのでしょうか？

この2つの目標は関連している（「時は金なり」）。飛行機の価格が100万ドルで、航空会社の投資収益率が年間3.65％だとする（なぜこの数字を選んだかはおわかりだろう）。そうすると、飛行機は1年で365万ドル、つまり1日1万ドルの収入を得ることができる。これは、飛行機が使えるようになるまでの1日の遅延にかかるコストの概算だ。

すご腕の清掃作業員は、1人1時間あたり100ドルになるかもしれない。もし、100人のチームが1時間で飛行機を掃除できるとしたら、その労力は1万ドルになるが、それだけの価値はある。遅延は非常に高くつくので、飛行機を早く片付けられるのであれば、多くの人を雇う価値がある。

現実的なプランとしては、ドアを開けて、重力でできるだけ多くのスキットルを流し出す。そして、雪かきとほうきを持ったチームを送り込み、スキットルをドアに向かって掃き出す。その際、スキットルを踏んだりつぶしたりしないように、機内の床に足をスライドさせるようにして作業する。

次に、工業用または携帯用の掃除機を使って、キャンディーを丸ごと、または砕いて回収する。その後、飛行機本体や椅子、カーペットなどを徹底的に掃除することになる。

M&Mとは異なり、スキットルは水に溶ける（多くの子どもたちが知っている）。主な原材料は、砂糖、コーンシロップ、水素添加されたパームカーネルオイルだ。一般的なカーペットクリーナーであれば、スキットルを粉砕して溶かすことができるはずだ。また、貨物室や客室の内部をスチームや圧力で洗浄することも考えられる。

? オフィスに入ると、机の上に時限爆弾が置かれていました。時限爆弾は残り90秒を切っています。あなたは100階建てのビルの60階にいます。あなたならどうしますか？

ドロップボックス社で出題されたこの質問は、推理力だけでなく、組織力も問われる。面接官はわざわざ3つの数字を指定している。「90秒」「60階」「100階」。これらの数字から暫定的な結論を導き出し、それを面接官に確認した上で計画を立てることになる。

アメリカの都市で100階建ての超高層ビルがあるのは、ニューヨークとシカゴだけだ。したがって、100階建てのビルは、おそらく何もないところには建たないだろう。大都市の中でも最も密集した場所に建つことになるだろう（面接官に確認してみてください）。

もう1つの推論は、超高層ビルの60階の窓は開かないだろうということだ——これも確認すること。爆弾を外に放り出すプランの場合は、窓を壊さなければならない。これはおそらく現実的ではないだろう。厚いガラスに椅子をぶつけて、時限爆弾がすぐそばで時を刻んでいるのに、ガラスが粉々になるのを待っている自分の姿が想像できるだろうか。

仮にあなたが窓を壊して時限爆弾を投げ出すことに成功したとしても、時限爆弾は混雑した通りや他の建物に当たるだろう。爆弾が空中で爆発するように投げるタイミングを測れたとしても、破片は街の風景に散らばってしまう。

そして、残り90秒の仕事だ。どうやら面接官は、アクション映画を見ていたらしい。あのジャンルでは、時限爆弾は緊張感を生み出すための装置だ。目覚まし時計にダイナマイトを取り付けたもの、あるいは、時計やデジタル表示器、ノートパソコンなどを使って、視覚的にカウントダウンを行なうものなど。

現実の世界では、悪人は爆弾に見える爆弾を作らない。また、発見されそうな場所に爆弾を仕掛けたりもしない。しかし、大丈夫。あなたはその前提に沿って行動すればいい。プランBはビルからの避難だ。100階建てということは、何千人もの人がいるということである。パニックを起こさずに、自分が狂っていないこと、本当に爆弾があることを他の人々に説得しなければならない。これは90秒ではできない。

せいぜい、爆弾のある階にいる同僚を階段で上下の階に誘導するくらいだろう。これは半ば現実的な目標であり、群衆制御の超能力を必要としないかもしれない。面接官に聞いてみてほしい。犠牲者を出さないためには、爆弾の置かれた階だけを避難させれば十分ですか?と。「はい」と答えられれば、それが最善の策だろう。

そうでなければ、爆弾を解除するという戦略が残されている。これは思ったよりも簡単なことかもしれない。爆弾解体の専門家もテロリストも、衝撃に強いプラスチック爆弾を採用している。米軍のテストでは、プラスチック爆弾C4は、落下させたり、ハンマーで叩いたり、火をつけたり、電子レンジで加熱したり、銃で撃ったりしても、すべて起爆しなかった。爆発させるには雷管が必要だ。雷管は別の爆発物を少量装填したもので、ヒューズまたは電気回路によって起爆させる。

面接官が(90秒を)「切っている(カチカチと時を刻んでいる)」と言った。これは、時計が電気雷管への回路の一部であることを意味している(面接官に要確認)。

オフィスにはハサミがある。雷管への配線を特定して、それを切ることができるはずだ。

映画の中では、それほど簡単なことではない。主人公がワイヤーを切ると爆弾が爆発するように仕組まれている。あるいは、赤と青の2本の電線があり、主人公は正しい方の電線を切らなければ粉々に吹き飛ばされてしまう。

だが、このような筋書きが当てはまる理由はなく、あれは脚本家の発明である。そこで、電線を切断して建物から避難し、警察に連絡して、あとは爆弾処理班に任せる。爆弾を解除できたなら、それは犯人逮捕のための証拠となる。

? 摂氏50度の小部屋に、木製のテーブルの上に1辺が1メートルの氷の立方体が置かれています。立方体の縦の面は、1つを除いて、近くの壁から1メートルのところにある。もう1つの面は壁から30センチのところにあります。あなたは、1メートル四方の断熱用毛布を2枚もらいました。氷ができるだけ長く固まっているようにするためには、あなたはどこに毛布を置きますか?

ヘンリー・デイヴィッド・ソローは『ウォールデン 森の生活』の中で、ボストンの実業家フレデリック・チューダーの「氷王」としての活躍を紹介している。[28] チューダーは、ウォールデン池から冬の氷を大量に採取し、ニューオリンズからカルカッタまで、世界中の蒸し暑い場所に出荷した。初期の頃は失敗続きだったが、チューダーは大きな氷の塊でも、おがくずで断熱すれば長い船旅に耐えられることを発見した。

　このアップル社で使われた質問に答えるには、ちょっとした物理学の知識とメートル法の単位に慣れている必要がある。慣れない人のために、摂氏50度が華氏122度で、1メートルが約40インチ、30センチが約12インチとだけ伝えておく。暑いサウナサイズの箱に入った、大きな氷を思い浮かべてみてほしい。

熱は、伝導、対流、放射の3つの手段で伝わる。「伝導」は、温度の異なる2つの物体が直接接触しているときに起こる。この場合、熱はテーブルから氷へと流れる。まずは、面接官に聞いてみよう。テーブルの温度は部屋の摂氏50度なのか、それとも氷の温度なのか？

テーブルは大きな氷の塊を支えることができることがわかっているので、イケアのように合板をペグで固定しただけのものではない。おそらく密度の高い木の固まりだと思われる。テーブルが最初は部屋の温度と同じだとすると、氷に直接触れることで氷に大きな熱を伝えることが考えられる。ということは、氷とテーブルの間に毛布を敷いた方がいいかもしれない。また、2枚の毛布を置くこともできる。熱伝導はしばしば最も効率的な手段となるからだ（だからこそ、毛布は体の上にではなく、下に敷いて使うのが、荒れ地で生き残るためのコツなのである。無防備な体は空気中よりも冷たい地面に熱を奪われてしまう）。

また、氷が毛布の空気を押しつぶしてしまい、断熱効果が低下してしまうので、氷とテーブルの間に2枚の毛布を置いておく価値はあるかもしれない。

しかし、これには問題がある。1メートル角の氷の重さは1トンだ。

1キログラム（約2.2ポンド）は、10センチの立方体の水の質量である。一メートルの水の立方体は1,000キログラムで、メートルトンとも呼ばれている。氷は液体の水よりもわずかに密度が低いので、文字通り1トンの氷があることになる。

それはとても持ち上げられるものではない。1トンの氷を移動させるには、産業用の設備を必要とする大掛かりな作業になる。しかし、待ってほしい、面接官によれば、この部屋は氷と壁の隙間がせいぜい1メートルだという。そこにフォークリフトを入れるのは無理だろう。

したがって、あなたは面接官にたずねるべきだ。氷の下に毛布を敷くために、氷を持ち上げる方法が何かありますか？（私には1トンの氷を持ち上げることができませんから）

もし、面接官が魔法で氷を浮かせてもいいと言ってくれたら（そして、テーブルは氷よりも暖かいと言ってくれたら）、氷とテーブルの間に少なくとも1枚の毛布を置くべきだ。

しかし、面接官が持ち上げることを否定したとしよう。その場合、テーブルからの熱伝導は失われ、私たちは氷の5つの面に注目しなければならない。すべての面には、他の2つの熱伝達手段である対流と放射がある。

「対流」は、物体に接触している気体や液体が流れて、熱（または冷気）を物体から遠ざけることで起こる。氷の周りの暖かい空気は冷えて密度が高くなる。そして下へ向かって流れてすきま風となり、氷の表面に多くの空気を引き込み、氷を溶かす。通常の毛布は、繊維の間に空気を閉じ込めて対流を抑える。この効用によって、毛布や衣服は私たちの体を温めてくれるのである。

3つ目の熱伝達である「放射」は、真空中でも機能する。すべての物体は、赤外線という形で「熱」を放射している。この赤外線はバックショット（散弾銃のペレット）のように四方八方に飛び出す。氷の塊でさえ熱を放射している。しかし、部屋の壁の方が温度が高く、放射量もはるかに多い。折りたたみ式の薄いマイラー（デュポン社製ポリエステルフィルム）を使った宇宙用ブランケットは、熱放射を反射するので、表面を覆うことでこのような熱をほとんどなくすことができる。また、マイラーを通常の毛布に貼り合わせたサバイバルブランケットもある。後者は、3つの熱伝達手段すべてに対する断熱効果がある。

面接官に聞いてみよう。どのような断熱毛布ですか？

私は意外なところに気を配ることが大切だと言った。ここでは、「片側が壁から30センチしか離れていない」という点に注目するのが自然だ。それが重要なことでなければ、なぜ面接官はその詳細を提供するのだろうか？

物理学を学んだ人は、放射線は距離の2乗に比例して減少することを覚えているだろう。この「逆2乗の法則」は、暖炉の問題点の1つだ。輻射熱は、火から離れると急激に減少する。椅子を火に近づけると、体の他の部分は冷えたままで足だけが熱くなってしまうことがある。

逆2乗の法則を、氷の壁に近い側に結びつけたくなる。逆2乗の法則では、氷の壁に近い側がより多くの放射線を受けるのではないか？　しかし、この問題では、あなたが物理学をどれだけ理解しているかをテストするために、30センチという条件の入った質問をしているのである。逆2乗則は点光源に適用される。広くて寒い部屋の中にある比較的小さな暖炉は、それに近いものがある。広大な宇宙空間にある太陽もそうだ。放射源から遠く離れれば離れるほど、その熱放射を遮るものは少なくなる。赤外線のほとんどは、何もない空間に広がっていく。

この問題では、その逆の状況を示している。氷は、中空の放射源の中にある。摂氏50度の部屋は、その内部のすべての表面から赤外線の光子を放射している。その熱放射は何度も壁に跳ね返り、吸収されて再放出されるかもしれない。しかし、その光子は最終的に、部屋の中にある温度の低い物体（この場合は氷）に吸収される。

氷の2面にマイラーブランケットを敷いたとしよう。毛布に当たった光子は、どの方向からでもすぐに跳ね返ってしまう。光子は壁にぶつかり、おそらく何度も再放出されるだろう。最終的には、跳ね返った光子が無防備な氷の表面にぶつかり、量子的な作用で氷を溶かす。もちろん、光子は光速で移動するので、実際には、偏向した光子は瞬時に露出した氷の表面に導かれる。

氷が露出している5つの面をすべて宇宙用の毛布で覆うことができれば、熱放射から氷を隔離することができる。しかし、毛布が2枚しかないということは、5つの穴が開いた船の2つの穴だけを塞ぐことができるようなものだ。輻射も伝導も、（氷を持ち上げる手段がない限り）どうしようもないようだ。残るは対流である。対流を最小限に抑えるためには、露出した表面を覆うことが有効だ。

ほとんどの志願者が見落としている実用的な問題がある。溶けた氷にどうやってブランケットをかけるのだろうか？　釘や接着剤、マジックテープは使えない。

1枚のブランケットを上側に置けばいい。氷が溶けても重力で固定されている。残る一枚の毛布は、垂直な面に置かなければならない。面接官は、魔法のように毛布を垂直面に接着することができると言うかもしれない。そうであれば、どちらの面を選ぶかはあまり問題ではない。でも、もし面接官が魔法はダメだと言ったら、別のアイデアを考えてみよう。2枚の毛布をガムテープでつなぎ、1×2メートルの長方形の毛布を作る。その毛布を上面にかけ、半分の長さの2枚の垂れた部分を対向する縦の2辺に垂らす。これだと、氷が解けてもそのままでいい。

消去法で考える

シャーロック・ホームズは、「不可能なことを排除したとき、どんなにありえそうにないことでも、残ったものは、それが真実である」と言っている。「推理」「論理」「消去法」などの言葉は、パズルに関連してよく使われる。手がかりAは推測Bにつながり、それが結論Cにつながる。迷路は曲がりくねっているが、分岐点を1つずつ消していくことができる。

いわゆるロジックパズルを解く上で、演繹的論理が果たす役割は非常に大きなものだ。ニューウェルとサイモンが指摘したように、問題が難しいのは、回答の候補が指数関数的に膨大で、網羅的な探索ができない場合である。幸いなことに、面接パズルの多くはそのような意味では難しくない。消去法で解けることが多い。つまり、可能性のある解法やアプローチをすべて並べて、その中から必要なものを探し出すことができるからだ。

? チキンマックナゲットは6個入り、9個入り、20個入りの3種類の箱がある。マクドナルドが販売できない最大の数は何でしょうか?

? あなたは5セントと11セントの切手しか持っていません。その切手を使ってできない、最大の郵便料金は何円でしょうか?

「チキンマックナゲット問題」は、コンピュータサイエンスの講座だけでなく、難問中でも定番の問題だ。ファストフード、切手、コイン、通貨など、さまざまなものが登場する。マクドナルドのカウンターに行って43個のナゲットを注文する男の動画が、少なくとも一本はネット上には存在する[29](その理由は以下の通り)。

5セントと11セントの切手を使ったバージョンを見てみよう。4セント、7セント、13セント分の切手を組み合わせることができないことは簡単にわかる。あまり知られていないかもしれないが、非常に大きな数字の切手は、どんなものでも作ることができる。例えば、2,590.97ドル分の切手を作ることができる。その方法の1つは、11セントの切手を使って末尾を奇数にすることだ。2,590.97ドルの末尾は7なので、11セントの切手を7枚数える。これで77セントとなり、残りは2,590.20ドルとなる。この数字は10セントで割れるので、したがって5セントで割れることになる。その結果、5セント切手51,804枚と11セント切手7枚で2,590.97ドルとなる。これは一例で、他にもいろいろな方法でこの金額を作ることができる。

小さな金額は作れないが、十分に大きな金額は作れるということは、作れない金額の最大値があるはずだということになる。これはドイツの数学者フェルディナント・ゲオルク・フロベニウス（一八四八―一九一七）にちなんでフロベニウス数と呼ばれている。

面接官は、あなたがフロベニウス数を知っていることを必ずしも期待していない。面接でチキンマックナゲットの問題に直面したとき、それは一般的に、問題を一口サイズで処理できるように数字が選ばれていることを意味する。

チキンマックナゲットは、かつて9個入りと20個入りの箱があった。(9, 20) のフロベニウス数は151で、これは頭の中でなかなか思い浮かばない。そこで、6個、9個、20個入りの箱があったときに、マクドナルドが販売できない最大の数は何かという問題が出された。

6と9は約数3を共有していることに注意しよう。この2つのサイズでは、3で割り切れる数（6以上）のマックナゲットを注文することができるが、もちろん3で割り切れない数は注文できない。

6――6個入りの箱を1つ注文

9――9個入りの箱を1つ注文
12――6個入りの箱を2つ注文
15――6個入り箱と9個入りの箱を1つずつ注文
18――6個入りの箱を3つ、または9個入りの箱を2つ注文、などなど

つまり、3で均等に割り切れない数字だけを気にすればいいのである。3で割ったときの余りが1になる数字(1、4、7、10…)と、余りが2になる数字(2、5、8、11…)の2種類に分けられる。20を3で割ったときの余りは2だ。つまり、マックナゲット20個入りの箱1つと、必要な数の6と9があれば、余りが2の大きな数字をすべてカバーすることができる。20個入りの箱は、6と9だけの箱にある3つおきの数値パターンを補正する。もちろん、最低でも20個のマックナゲットを注文しなければならないことになるが。

20――20個入りの箱を1つ注文
23――できない!
26――20個入り箱を1つと6個入り箱を1つ注文
29――20個入り箱を1つと9個入り箱を1つ注文
32――20個入り箱を1つと6個入り箱を2つ注文、などなど。

ご覧のように、23個のマックナゲットを手に入れるのは不可能だが、より大きな余り2の数はすべ

てカバーできる。

余りが1の数字にするには、20個入りの箱を2つ用意する。そうすると、余りが1になるのは40だ。

40――20個入りの箱を2つ注文する
43――できない！
46――20個入りの箱を2つと6個入りの箱を1つ注文
49――20個入りの箱を2つと9個入りの箱を1つ注文
52――20個入りの箱を2つと6個入りの箱を2つ注文、などなど

43は、この方法では作れない最大の数であり、他の限界値よりも高いので、問題の答えになる。

切手の問題も同じような仕組みになっている。5セントの切手があれば、5で均等に割り切れる金額は、5、10、15、20セント…と、右端の桁がゼロか5の数字がすべてだ。11セントの切手を使って、0か5のパターンで補うことにする。

残るは、5で割ったときの余りが1、2、3、4のいずれかの数字。11セントの切手を使って、0か5のパターンで補うことにする。

11セント切手1枚と無制限の5セント切手で、11、16、21、26…を作ることができる。これらは、1か6で終わる余りが1の数字だが、この方法で作れない最大の余りが1の数字は6だ。

11セント切手2枚と5セント切手で、22以降の2または7で終わる余りが2の金額をすべて作る。この方法で作れない最大の金額は17だ。

11セント切手3枚と5セント切手で、3または8で終わる余りが3の金額を作る。最大の不可能な

43はマクドナルドが売ることができない最大の数

3で割り切れる	0	3	6	9	12	15	18	21	24	27	30	33	36	39	42	45	48
余りが1	1	4	7	10	13	16	19	22	25	28	31	34	37	40	43	46	49
余りが2	2	5	8	11	14	17	20	23	26	29	32	35	38	41	44	47	50

額は28だ。

11セント切手4枚と5セント切手で、4または9で終わる余りが4の金額を作ることができる。最大の不可能な額は39であり、これが答えだ。39セントは、5セントと11セントの切手で支払うことができない最大の郵便料金額である。

追伸——2つの額面（n, m）のフロベニウス数を計算する公式がある。それは、

$$nm-(n+m)$$

5と11の場合は、次のようになる。

$$5\times11-(5+11)=55-16=39$$

この公式は2つの額面でしか使えないので、チキンマックナゲットの問題には使えない。この法則を使うためのもう1つの重要な条件は、nとmが共通の約数を共有していないことだ。両方とも偶数で、約数2を共有している場合は、当然ながら奇数の金額を作ることはできない。

再追伸——マーケティングは進歩する。マックナゲットが子ども向けであることは、ファストフード大手の目に留まった。マックナゲットが4個入った子ども用の「ハッピーミール」がメニューに追加された。4、6、9、20の4種類の選択

肢のうち、注文できない最大の数は11だ。

その結果、9個入りを注文するお客が少ないことが判明した。いくつかの店ではその選択肢をやめて、4、6、20を用意することにした。このセットでは、3つの量がすべて偶数なので、フロベニウス数はない。マックナゲットの奇数はすべて不可能だ。

私たちが直面する問題のほとんどは、「チキンマックナゲット」の問題のように明確ではない。しかし、曖昧な問題であっても、可能性を整理して、そのうちのいくつかを排除することは有効だ。

? 私の手の中には50枚のコインがあり、それらを合計するとちょうど1ドルになります。そのうちの1枚を落としてしまいました。それが1セントである可能性はどのくらいですか?

面接官は、手に持っているコインの種類を言わずに、落としたコインが1セントである確率をたずねている。これは、50枚のコインを足して1ドルになるという事実が、質問に答えるのに十分であることを示唆している。

アメリカでは、通称ペニーの1セント、5セントのニッケル、10セントのダイム、25セントのクォーター、50セントのハーフダラー、100セントのドルコインがある。50枚のコインのセットで1ドルちょうどになる数は限られている。そこで、小銭の枚数に着目して、その可能性を考えてみよう。ペニーが50枚もあるのだろうか? いや、それでは50セントになってしまう。それに、コインの合計は1ドルだと言われている。もっと高額のコインがあるはずだ。

49枚のペニーは？　いや、合計1ドルであるのに、49枚のペニーであるはずがないことは明らかだろう。他の硬貨の値はすべて5セントで割り切れる。48、47、46は除外して、そのまま先へ行く。

45枚のペニー？　ちょうど45枚のペニーがあると仮定する。他に5枚のコインが必要で（合計50枚になる）、それらは55セント（1ドルになる）の価値がなければならない。ペニー以外の5枚のコインは、すべてニッケル（5セント）であったり、すべてダイム（10セント）であったりすることはできない。クォーター（25セント）かハーフダラー（50セント）でなければならない。

ハーフダラーを使ってみよう。ハーフダラー（ペニーなし）で55セントを得る唯一の方法は、それをニッケルと組み合わせることだ。この場合だと、ペニー以外は2枚のコインだけとなり、必要な5枚のコインをそろえることができない。

2枚のクォーターで55セントにするには、やはり5セントが必要となる。しかしコインの数は3枚だけだ。

これがうまくいくためには、25セント（クォーター）を1枚にしなくてはならない。55セントから25セントを引く。残りは30セントで、この金額を4枚のコインから作る必要があるが、それはニッケルとダイムの両方、あるいはどちらか一方でなければならない。

答えは簡単だ。2枚のニッケルと2枚のダイムは、30セントの額になる4枚のコインの組み合わせだ。これ以外の組み合わせではうまくいかない。

これで答えが出た。45枚のペニー、2枚のニッケル、2枚のダイム、そして1枚のクォーター。全部で50枚のコインの合計は1ドルになる。

＊

演繹的アプローチの問題点は、そこで終わりにしてしまうことだ。1つの回答を見つけても、他に回答がないとは限らない。この問題では、他の解があるかどうかを知ることが重要なので、私たちも先に進もう。ペニーの数は5で割り切れるものでなければならず、先ほどは45枚のペニーの場合を扱った。では、今度は40枚の場合を考えてみよう。この場合、合計が60セントになる非ペニーのコイン10枚が必要となる。またしても、50セント（または25セント2枚）はアウトだ。

では、クォーターではどうだろう。そうすると、残りの9枚のコイン（ペニーではない）が、60引く25で、35セントになるようにしなければならない。しかし、9枚のニッケルでは45セントになってしまい、これでは多すぎる。クォーターではうまく行かない。

40セントとの組み合わせとなると、どうしてもニッケルが頻繁に使われる。だが、10枚のニッケルは50セントだから、必要な60セントには遠く及ばない。10枚のニッケルのうち2枚を10セントに替えると、60セントになる。これはうまくいき、別の解決策が得られた。40枚のペニー、8枚のニッケル、2枚のダイム。

次は35セントだ。ペニー以外のコイン15枚を加えて65セントにしなければならない。だが、これは成立不能だ。仮に15枚のペニー以外がすべてニッケルだったとしても、75セントになり、65セントよりも高くなる。10セントやクォーターを加えても、さらに悪くなるだけだ。50枚のコインのうち35枚がペニーだった場合、合計で1ドルになる方法はない。これは当然、30、25、20…そして0枚のペニーにも当てはまる。

50枚のコインが1ドルになる条件を満たす方法は、たしかに2つだけあった。だが、ここもまた誤解を招く分岐点だ。2組のコインは答えではない。面接官は、落としたコインが1セントである確率を聞いていることを忘れないでほしい。

面接官がどのコインの組み合わせを持っているのか、それを知る方法はない。また、すべてのコインが、同じように落とされる可能性があるかどうかもわからない。このことを面接官に指摘すべきだ。特に指示がなければ、どちらのコインのセットも同じ確率であると考え、どのコインも同じ確率で落とされると考えるのが妥当な方法だ。一方のコインセットでは、50枚のコインのうち45枚（90%）がペニーだ。もう一方のセットでは、50枚のうち40枚（80%）がペニーだ。この2つの数字を平均すると、85%になる。これが求められていた答えだ。

? 6より大きな連続した3つの数字が与えられています。一番小さい数字と一番大きい数字は素数です。真ん中の数字が6で割り切れることを証明しなさい。

素数とは、1より大きい整数で、2つの小さい整数の積ではないものをいう。素数は、2、3、5、7、11、13、17…となる。古代から、素数は神秘的なものとされてきた。素数の数は無限にあり、単純なパターンには従わないが、多くの一般化が証明されている。

素数であるためには、他の素数で割り切れない数でなければならない。2は素数なので、2以外の素数はすべて奇数だ。

この問題では、連続する3つの数字のうち、最小と最大のものが素数なので、この2つは奇数でなければならない。つまり、真ん中の数は偶数でなければならない（素数ではない）ということだ。6は2×3だ。真ん中の数字が2で割り切れることはすでにわかっているので、3で割り切れることを証明する必要がある。

連続する3つの数字のうち、どれか1つは3で割り切れなければならない。そして、それは素数（6より大きい数字）ではないので、再び真ん中の数字ということになる。真ん中の数字は、2と3の両方で割り切れるので、6で割り切れることになる。

例――17、18、19。最初と最後は素数で、18は6で割り切れる。

? あなたは20階建てのビルで、5人の人と一緒にエレベーターに乗り込みました。あなたは、エレベーターのボタンを押すのが嫌いです（細菌がいる！）。あなたの階のボタンを、他の人が押す確率はどれくらいでしょうか？

ブルームバーグ社で出題されたこの問題は、応募者がエレベーターについて知っていることを、すべて忘れてしまうほどの力を持っている。応募者は「5人の人間がそれぞれ、20階のどのフロアにも同じように行くと仮定すると…」というようなことを言う。なぜそんなことを想定する必要があるのだろうか？　それはエレベーターの仕組みではない。

スパイダーマンはともかく、多くの人は高層ビルの1階から入る。エレベーターで希望の高層階に行き、その後、地上に戻ってビルを出る。

もう1つ重要なことは、エレベーターの乗り場には「上」と「下」のボタンがあり、どちらかを押して、自分の行きたい方のエレベーターを待つ。通常、逆方向のエレベーターには乗らない。高層ビルでは、ほとんどのエレベーターが一階（または駐車場階）から始まるか終わるかのどちらかだ。それを2つのケースに分けて考えてみよう。

（1）1階から適当な上階に向かっている場合。
（2）ランダムな上階から下階に降りる場合。
また、可能性の低いケースもある。
（3）あなたは、ある上の階から別の上の階に向かっている場合。

どちらのケースに当てはまるか、面接官に聞いてみてもいいだろう。そうでなければ、ケース（3）を無視して、最初の2つのケースに集中するのが防御的なアプローチだ。

ケース（1）の場合、一階で上りエレベーターに乗った人は、2階から20階まで19の行き先階が考えられる（13階があると仮定して）。同乗者たちがあなたの階に行く可能性は約1/19だ。逆に、自分の階に行かない同乗者がいる確率は18/19。

5人のうち誰もあなたの階に行かない確率は、18/19を5回掛け合わせたものだ（18/19の5乗）。電卓がなくても推定できる。18/19は19/20に近く、95%になる。95%を掛け合わせるたびに積は約5%減るので、5乗は100%に約5×5＝25%足りない、つまり75%になる。これは、自分でボタンを押さなければならなくなる可能性を表わしている。100%からそれを引くと約25%。これが少なくとも他の1人が自分のフロアに行く確率だ（実際の18/19の5乗の値は約76.31%なので、確率は23.69%となる）。

ケース（2）はもっと簡単だ。あなたは下りのエレベーターで一階に行くのだが、あなたと一緒に乗り込んだ5人のうち、ほとんどの人が同じように1階に行くだろう。下りのエレベーターでは、5人のうちの1人が（まだ押されていなければ）あなたの行き先のボタンを押す可能性は100％に近い。ケース（1）とケース（2）は、それぞれビル内の典型的な往復の区間となるので、ほぼ同じ確率だ。全体の確率は25％と100％の平均、つまり63％だ。あるいは、ケース（3）を考慮すると、それよりも少し低くなる。

これは良い答えだと思う。しかしこれは、いくつかの問題のある仮定に依存している。1つは、それぞれの上層階がどの階も同じように同乗者の行き先になる可能性が高いという仮定。これは一般的には当てはまらないだろう。最上階には人気のあるレストランがあり、ひっきりなしにお客が訪れるかもしれないし、機械設備階にはほとんどお客は行かないかもしれない。あなたは人気のあるフロアに行く可能性が高く、あなたと一緒に入った5人もそうだろう。これにより、誰かがあなたのフロアに行く可能性が、おそらく劇的に高まるのである。

もう1つの疑わしい仮定は、誰もが1人で移動するというものだ。同僚たちがランチに出かけたり、相乗りで帰宅したり、チームがプロジェクトを売り込むためにやってきたり、家族が仕事場のオフィスに同行したりする。グループが同じ目的地に行くとすると、誰かがあなたのフロアに行く可能性が低くなる。

とはいえ、あまり減らすことはできない。極端な話、他の5人全員が15階のカウンセリングを受けに来た機能不全家族だとする。あなたがその階に行くとは限らない。その家族があなたと同じ階にいる確率は、（上に行く場合は）1/19、（下に行く場合は）ほぼ100％だ。1/19と100％の平均は53％に少し足りない。
つまり、ボタンを押さなくて済む確率は、主に上りか下りかで決まるということだ。上りと下りの平均をとると、60％前後になる。

逆算する

ウォール街の面接では、大学院卒の人が言葉を失うような質問がある。派手な数学は必要ない、計算だけの文章問題だ。

? あるバス停でバスの乗客の4分の3が降り、さらに10人が乗る。次のバス停でも、その次のバス停でも同じことが起こります（全部で3つのバス停）。最初にバスに乗れた最小の乗客数は何人でしょうか？

あなたはすでに、もう1つの重要な洞察を見ているかもしれない。端数の乗客は存在し得ない。つまり、面接官が「4分の3の乗客が降りる」と言っているのは、「数が整数である」ということを伝えている。これは問題を解くのに不可欠なことだが、それだけでは不十分だ。
ありうるすべての乗客数を確認して、消去法を試すことができるかもしれない。しかし、それは退屈なことだ（面接のエチケット――面接官を退屈させないようにすること）。文章形式の問題では、方程式のような方法で解決することができる。

	バスの乗客数
何かが起こる前の元の乗客数	X
1つ目のバス停の後	$X/4+10$
2つ目のバス停の後	$(X/4+10)/4+10$
3つ目のバス停の後	$((X/4+10)/4+10)/4+10$

ホワイトボードに向かって表を作ってみよう。表の行は、物語の最初から始まり、下に向かって最後まで進む。

ここでXは元の乗客数であり、求めたい未知数である。大まかには、各バス停で同じことが起こる。これを説明するのに便利なのは、乗客数を4で割って10に加えることだ。これは、バスに残っている乗客に焦点を当てているから、「4分の3の乗客が降りる」よりも明確だ。

これで、言葉を失って立っているよりも、面接官の印象に残る素敵な表ができた。次は何をするのか？

面接官は、3番目の停留所の後にバスに残っている乗客の数を教えていないし、Xについて解決するよう求めてはいない。また、あなたは、1つの未知数で4つの方程式を解くように求められてもいない。これは方程式ですらない。

では、これはいったい何なのだろう？　これは整数であることが要求される式だ（繰り返しになるが、分数の人は存在しないからだ）。面接官は、これが成立する最小の数を聞いているのである。Xの値はたくさんあって、実際には無限にあるが、私たちは最小のものを探している。

ある数を4で割ったものが整数であれば、その数自体が整数でなければならない。表の各式が整数であるためには、その上の式がすべて整数でなければならない。つまり、最も厳しい制約、つまり私たちが心配しなければならない唯一の制約は、3つ目の停留所の後の乗客を記述した最後のものなのである。目標は、この条件が成り立つ最小のXを見つけることだ。

$((X/4+10)/4+10)/4+10$ は**整数**

これは、なかなか頭に入ってこない。

ホワイトボードを消して、最初からやり直そう。今度はアレクサンドリアのパップスにならって、逆算してみよう。Zは、物語の最後、3つ目のバス停の後にバスに残っている人の数になる。新しい表では、手順を逆順に並べる。3つ目のバス停の後にZ人の乗客がいる場合、バス停の前には4(Z−10)、つまり4Z−40人の乗客がいたことになる。新しい表は次のようになる。

この表の一番下の行には、元の乗客数（Xと呼んでいたもの）は64Z−840と書いてある。

これは、最初の表で終わったものよりも、ずっと管理しやすくなっている。先ほどと同様に、この式は整数でなければならないという制約がある。そして、分数よりも負の数はありえないので、64Z−840も正の数でなければならない。

840を64で割ると、13.125になる。切り上げて、Zの最小の整数値である14を得る。

これを入力すると、元の乗客数（X）が得られる。

$64×14−840=56$

	バスの乗客数
物語の最後（3つ目のバス停の後）に残された乗客数	Z
3つ目のバス停の前	4 (Z − 10) = 4Z − 40
2つ目のバス停の前	4 (4Z − 40 − 10) = 16Z − 200
元の乗客数（1つ目のバス停の前）	4 (16Z − 200 − 10) = 64Z − 840

試してみよう。バスは56人の乗客を乗せて出発した。最初の停留所で4分の3（56人中42人）が降り、14人が残った。その後、10人が乗り、バスは24人の乗客を乗せて出発した。

2つ目の停留所では、4分の3（24人中18人）が降りて6人になる。10人が乗って16人になった。

3つ目の停留所では、4分の3（16人中12人）が降り、10人が乗った。バスは14人で終了する。

ある種のパズルは、庭の迷路のようなものだ。入り口があって、ゴールがある。入り口からスタートして、そこから分岐しているたくさんの道（そのほとんどが行き止まり）を探索するのは当然だ。でも、ゴールからスタートして逆走できるなら、入り口を探すのはもっと簡単になるかもしれない。

? あなたは超高速のスポーツカーでサーキットを走っています。1周目の平均速度は時速60マイル。2周とも平均時速120マイルで走るためには、2周目はどのくらいの速度で走ればいいのでしょうか？

この質問は、エヌビディアやモルガン・スタンレーなどで出題されている。よくある間違った答えは、「60プラスXを2で割ると120になる。平均120を出すためには、2周目に時速180マイルで走る必要がある」というものだ。

逆に考えてみよう。あなたは今、2周目の走行を終え、2周とも平均時速120マイルで走行したとする。

走行距離（2周）を走行時間（不明）で割ると、時速120マイルになるはずだ。1周の距離が何ヤードか何マイルかは知らされていないので、それをdマイルと呼ぶことにする。1周目と2周目にかかった時間をt_1とt_2と呼び、どちらも時間で表わす。すると

$$2d/(t_1+t_2)=120$$

両辺を2で割る。

$$d/(t_1+t_2)=60$$

うーん…おかしい。1周目の平均時速は60マイルだから、つまり

$$d/t_1=60$$

この2つの式は似ている。d/t_1と$d/(t_1+t_2)$がそれぞれ60になるには、t_1がt_1+t_2になる必要がある。

つまり、次のようになる。

$t_2=0$

2周の平均時速を120マイルにするためには、車は無限の速度で走行し、2周目をあっという間に終えなければならない。車は実際には0時間で1周することはできないから、平均時速を120マイルにすることは不可能だ。

多くの人がこの状況を不思議に思っている。もっとわかりやすい例を挙げてみよう。私は1週間の厳しいダイエットをしている。昨日は「チートデイ」〔ダイエットを休む日〕と宣言し、ドーナツを7個食べた。この週にあと何個ドーナツを食べれば、1日平均わずかに1個のドーナツしか食べなかったことになるのだろうか?

明らかに7個のドーナツを食べたことで、1週間のドーナツ消費量は1日1個になってしまった。それを超えてドーナツを食べることはできない。レースカーで言えば、1周目に費やした時間で、平均時速120キロを出すことはできない。

? サイコロを振って、出た目と同じ金額のドルを勝ち取ることができます。そのお金を受け取らなくても、同じ支払いルールで2回目のサイコロを振ることもできます。2回目のサイコロが気に入らなければ、3回目のサイコロを振ることもできますが、そこまでです(3回目のサイコロの結果は受け取らなければなりません)。このゲームで最高の獲得額を得るにはどうすればいいですか？　あなたが期待できる最高の獲得額は？

当然のことだが、もしあなたが6を出したら、お金を受け取るべきだ（現在6ドルの価値があり、それ以上のことはできないので）。もし1が出たら、許されるなら、もう一度行くべきだ（現在1ドルの価値があり、それ以上悪い結果にはならないから）。

完全な戦略は、その中間のケースをすべてカバーしなければならない。例えば、2回目のサイコロで4が出ても構わないとするか？

戦略を具体化するには、逆算するのが1番だ。例えば、3回目のサイコロを振ったところを想像してみてほしい。決断を下す必要はなく、このサイコロの結果を受け入れるしかない。したがって、3回目のサイコロで期待される獲得額は、6つの均等に起こりうる結果の平均値でなければならない。($1+$2+$3+$4+$5+$6)/6、つまり $21/6 で $7/2 となる。ということは3.5ドルだ。

さて、一歩巻き戻して、2回目のサイコロを振っている自分を想像してみよう。結果を見て、選択することになる。サイコロが4、5、6のいずれかを示していたら、それを受け入れるべきだ。これは確実なことで、3回目のサイコロで期待できるリスクの高い3.5ドルよりも良いだろう。しかし、1、2、3が出た場合は、3回目のサイコロを振った方が有利だ。

この最適な2回目のサイコロ戦略を用いると、期待利益は6つのペイオフの平均値または期待値となる。($3.50+$3.50+$3.50+$4+$5+$6)/6。声を出してする計算は、項を6で割るのを最後まで我慢すると楽になる。ホワイトボードを使うのも良いだろう。ここでは、

($3.50+$3.50+$3.50+$4+$5+$6)/6
=($10.50+$15)/6
=$25.50/6=($24+$1.50)/6
=$4.25

これが、2回目のサイコロに付けるべき値だ。

ここで、もう一歩巻き戻して、一回目の出目を見てみよう。5や6は、2回目のサイコロに進むことで得られる4.25ドルよりも良いので、受け入れるべきだ。1、2、3、4のいずれかの場合は、2回目のサイコロを選択する。

要約すると、全体的な戦略は、常に5か6で止まり、2回目のサイコロで4を受け入れることだ。それ以外の場合は、許可されている限りサイコロを振る。

質問では、ゲームの期待獲得額を求めている。これは、戦略的なプレイヤーが最初にサイコロを振る前に期待できるものだ。もう一度言うが、これは6つの最初のサイコロのペイオフ、または期待値の平均値だ。

($4.25+$4.25+$4.25+$4.25+$5+$6)/6
=($17+$11)/6
=$28/6
=$24/6+$4/6

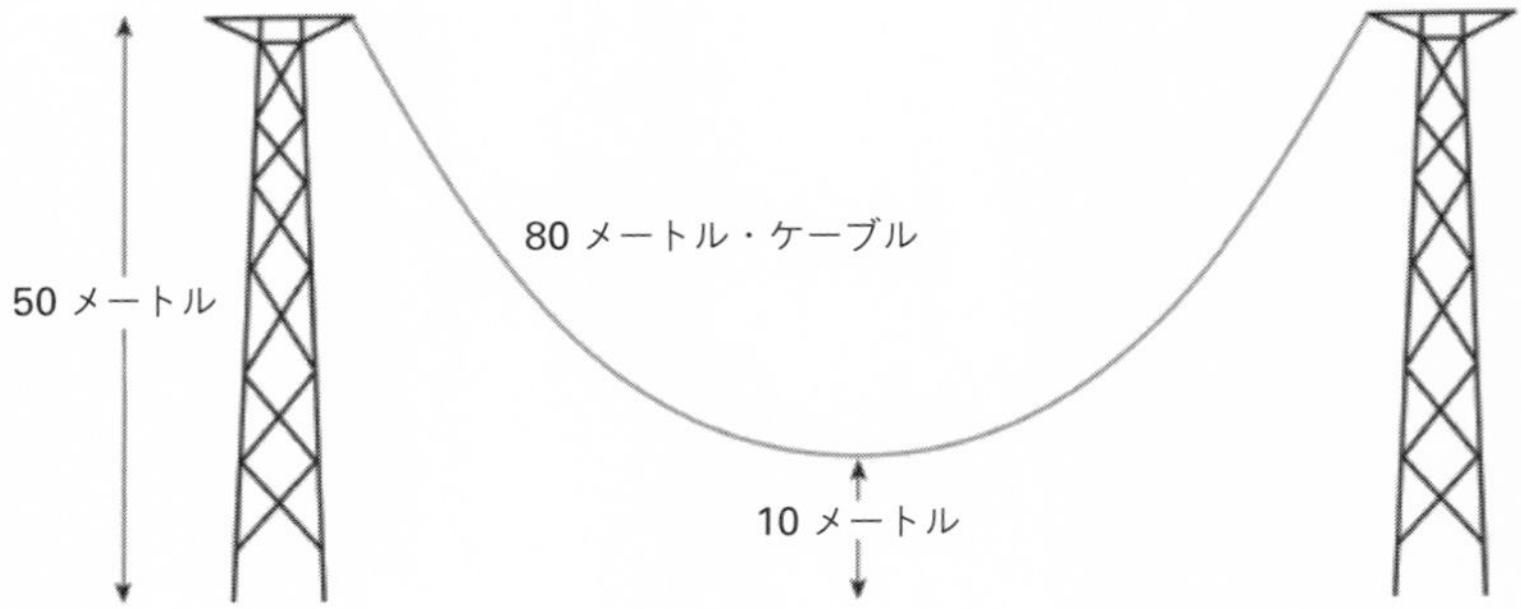

=$4.67

引っかけ問題に注意

バー・レイザー〔選抜の基準を引き上げる人〕とは、有望な候補者に対して独自の意見を述べるために雇われた、熟練した面接官のことである。彼または彼女は、候補者の専門外の、特に厳しい質問をする。バー・レイザーはマイクロソフトが発明したと言われているが、ジェフ・ベゾスがアマゾンで採用し、企業文化の一部となっている。ここでは、アマゾンでの悪名高いバー・レイザーの質問を紹介する。

？ 50メートルの電柱2本の先端に、80メートルのケーブルが張られている。ケーブルの中心が地上から10メートルのところにある場合、電柱間の距離を小数点以下1桁まで出してください。

鎖や太いケーブルの端から吊るされたときの曲線がカテナリー曲線〔懸垂線〕であることは、教養のある応募者なら知っているだろう。ラテン語で「鎖」を意味するこの言葉は、トーマス・ジェファーソンの造語だ。最も単純なタイプの吊り橋はカテナリーで、セントルイスのゲートウェイ・アーチは逆さになった例だ。数学的には、カテナリーは双曲線余弦関数のグラフである。頭の中で三角測量をしてみようか？

それよりも、「この絵のどこが問題なのか？」と問いかけた方がいい。あなたは簡単なスケッチをしたり、想像したりしているかもしれない。しかし、ここで注意しなければならないのは、意外な言葉だ。小数点以下1桁？　それは、特殊で簡単なケースでない限り、不可能に近い質問だ。そうでしょう？

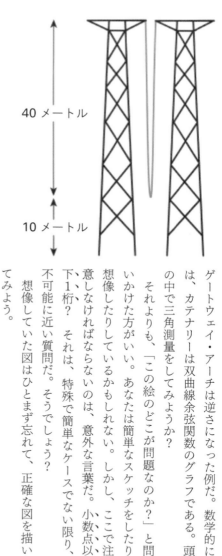

想像していた図はひとまず忘れて、正確な図を描いてみよう。

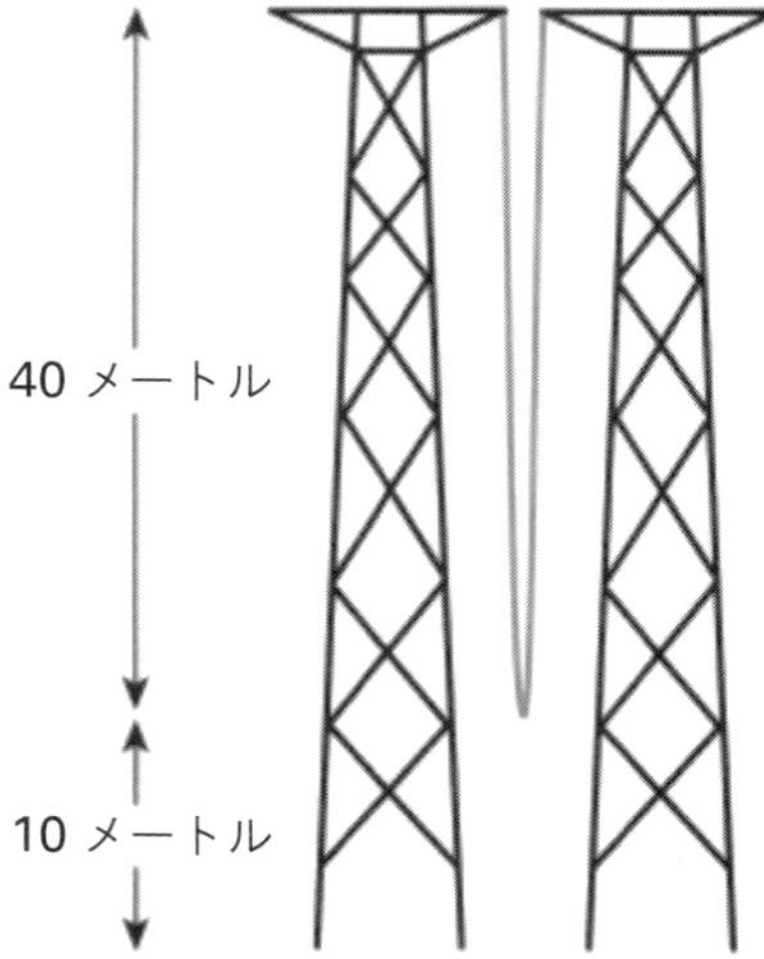

ケーブルの長さは80メートルだ。つまり、ケーブルの半分は40メートルということになる。仮に2本の電柱が接していて、ケーブルのちょうど真ん中で（U字形の）ヘアピン折りにしたとしても、ケーブルの一番下の部分は、記載されている通り、地面から10メートルの高さになる。したがって、2つの電柱は接触していることになる。小数点以下1桁の値は0.0メートルである。

これは引っかけ問題だ。ここでは、比較的簡単な問題でありながら、計算や推論に時間がかかるような問題を「引っかけ問題」と呼ぶことにする。引っかけ問題で最も重要なことは、「引っかけ問題は存在する」ということだ。もし、不合理な計算や努力を必要とするような問題があれば、より疑うべきだ。簡単な回答があるか、あるいは回答がないことを簡単に示すことができるかを確認するまでは、あまり時間をかけないようにしよう。

幸いなことに、採用面接において引っかけ問題はほとんどない。しかし、引っかけ問題は、比較的早く解決できる問題と、ゆっくりコツコツ解く問題に分類される。このような問題では、早く解ける方法を見つけた人の方が面接官の印象に残る。

？ロシアとアメリカの距離は？

トーマス・エジソンの有名な質問では、ニューヨークからバッファロー、サンフランシスコ、リバプールまでの距離を就職希望者にたずねている。[30] この現代の難問は、通常は引っかけ問題として出題される。ロシアのビッグ・ディオメデ島は、アメリカのリトル・ディオメデ島から約2.5マイル離れている。晴れた日には、それぞれの島が他の島からすぐに見える。一九八七年には、アメリカ人アスリートのリン・コックスがこの2つの島の間を泳いだ。また、ベーリング海峡が冬に凍ってしまったときに、その間を歩いて移動した人もいる（北極圏が温暖化するにつれ、このようなケースは少なくなっているが）。

2.5マイルというのが一般的な答えだ。しかし、ディオメデ諸島はトリビアゲーム以外ではあまり意味をなさないので、普通の推定問題として扱うことができる。ロシアとアメリカは北極点を挟んで反対側にあり、北半球の中にある。アメリカの大部分は北緯45度より南側にあり、ロシアの大部分は北側にある。両国は地球上で90度離れていると言っても過言ではないだろう。これは大円の4分の1であり、運が良ければ地球の円周は約25,000マイルであることを思い出すだろう。アメリカとロシアの典型的な距離としては、6,000マイルを超えることになる。実際、モスクワはワシントンDCから4,860マイル、ロサンゼルスから6,070マイル離れている。

? 10×10×10個の小さな立方体からなる大きな立方体を想像してください。小さな立方体のうち、大きな立方体の外側にないものはいくつあるでしょうか?

立方体の外側の層を、パンの切れはしのように切り落としてみよう。すると、8×8×8の立方体が残る。512個の小さな立方体があり、それが答えだ。

? あなたはロシアン・ルーレットのゲームをしています。6連発のリボルバーの連続した薬室に3発の弾丸を入れる。シリンダーは1回だけ回転させます。1番目のプレイヤーが銃を頭に当てて引き金を引き、生き残ったプレイヤーは、2番目のプレイヤーに銃を渡し、2番目のプレイヤーも同じことをします。銃は弾丸が発射されるまで、2人のプレイヤーの間で何度も手渡されます。あなたは1番と2番のどちらがいいですか?

採用面接では、ロシアン・ルーレットの質問は不評だ。この質問は、採用の仕事がプレッシャーの中で、明確に考える能力を必要としていることを示唆しているようにも受け取れる。この場合、6つの薬室に3つの弾丸が入っているので、最初の人は2分の1の確率で、すぐに死んでしまう。あなたが最初に引き金を引きたくないことは、すでに明らかではないだろうか? 半分は2番目が銃を取る前にゲームが終わってしまうのだから。絶対に2番手で行きたい。

面接官から、正確な生存確率を聞かれることがある。これも、何が起こるかは1回の回転で決まることを理解すれば、簡単だ（「シリンダーはたった1回だけ回転される」）。装填された薬室を1から3、空の薬室を4から6と呼ぶ。発射された順に番号が振られている。

第1室、第2室、第3室からプレイがはじまる場合、最初のプレイヤーは第1ターンで死亡し、ゲームは終了となる。

回転して空の第4室から始まる場合、1番目のプレイヤーは生き残る。彼は銃を2番目のプレイヤーに渡し、2番目のプレイヤーは空の第5室を得て、これも生き残る。続いて1番目のプレイヤーがもう一度行なって、空の部屋6を手に入れる。3つの空の部屋を経て、銃は装填された第1の部屋に移る。第2のプレイヤーは自分の運命を知り、銃を自分の頭に突きつける。これが1番長いゲームで、最後は2番目のプレイヤーの死で終わる。

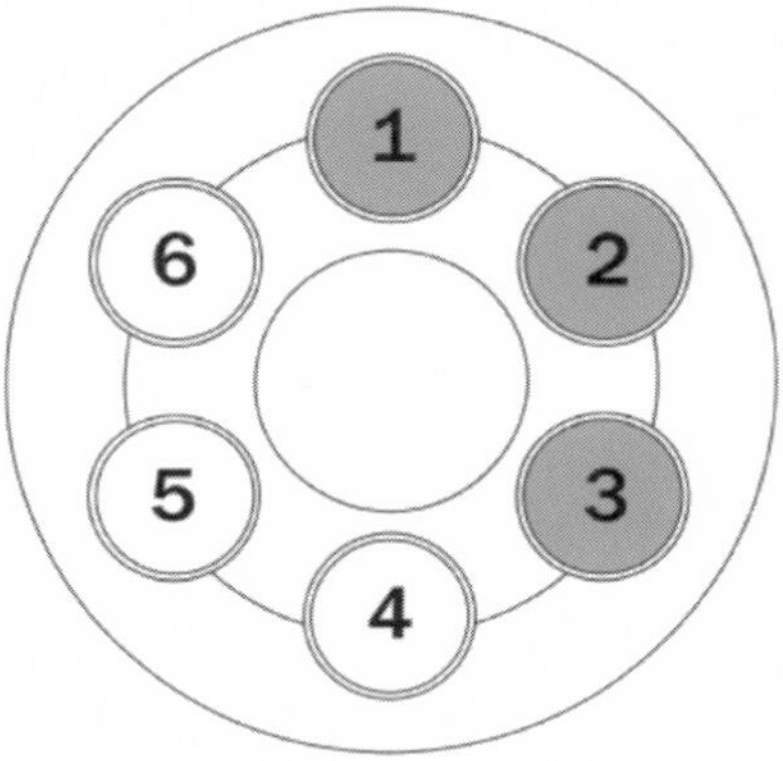

回転して第5室から始まる時には、1番目のプレイヤーは生き残り、2番目のプレイヤーは第6室で生き残り、1番目のプレイヤーが致命的な第1室を取ることになる。

第6室から始まる場合、1番目のプレイヤーは生き残るが、2番目のプレイヤーは第1室を得て死亡する。

6回のプレイのうち4回が1番目のプレイヤーの死を意味する。2番目のプレイヤーが確実に死ぬのは2回だけだ。戦略的なプレイヤーは2番目になり、3分の2の確率で生き残ることができる。

推測して絞り込む

面接では、沈黙という贅沢な時間はない。問題を解決する過程で、自分の考えを独り言のように語ることが求められる。そのためには、常に前進し続けなければならないというプレッシャーがあり、それが次のような質問に対する戦略に影響を与えるはずだ。

? 1匹のカエルが30フィートの井戸の底にいます。毎日、3フィート上に跳びます。そして、疲れ果てて、その日はそこでやすみます。一晩寝ると、2フィート下に滑り落ちます。井戸から脱出するのには何日かかるでしょう?

ブルームバーグ社で出されたこの質問は、シンプルな言葉で表現されている。しかし、最初から正確な答えを求めてしまうと、つまずいたり、頭が真っ白になってしまうかもしれない。賢明な戦略は、ざっくりとした概算値から始めることだ。「カエルは1日に1フィートずつ進んでいる。井戸の深さは30フィートだから、出るのに30日くらいかかるはずだ」。

この概算は、無から取り出した数字ではない。問題に出てきた数字と簡単な計算を使っている。注意すべきは30という数字が必ずしも正確な答えではないということである。やるべきことがもっとあるからだ。しかし、簡単な見積もりを出すことで、すぐにスコアボードにポイントが入り、自信を深めることができる。スポーツでもそうだが、面接でもそれは侮れない。

次のステップは、正確な答えにたどり着くために、必要に応じて見積もりを精査することだ。ここでは、カエルが一定のレベルに到達しては後退し、完全にクリアするまでに何度もそのレベルを通過する。しかし、カエルは30フィートの高さに達すると、井戸から飛び出すことができる。つまり、カエルは実際には30日以内に出ることができるのである。

さて、正確で最終的な答えだ。時計を0日からスタートさせ、カエルの高さを底から測って0にする。すぐに3フィートに跳ね上がる。その夜、カエルは1フィートの高さに戻る。日が経つごとに、カエルは1フィート高くなるプロセスを開始する。

つまり、27日目のカエルは27フィートの地点からスタートし、あと3フィートジャンプした時点で外に出られる。カエルは27日かけて井戸から脱出することになる。

最近、時間制限のある数学の質問が流行っている（一部の面接官の間では…他の人たちは嫌っているが）。

? りんごの値段は27セントです。10ドルで何個買えますか？　1分以内に正確な答えを言ってください。

掛け算や割り算は学校で習った。その方法は、携帯電話の充電が切れたときに使うのはいいが、面接のような口頭での暗算には向いていない。桁を忘れて、間違った答えを出してしまうことがあるからだ。しかし、「推測して絞り込む」という手法では、推論を何段階かに分けて、答えを絞り込んでいく。例えば次のように。

「27セントは25セントに近く、1ドルの4分の1だ。1ドルでりんごが4個、10ドルでりんごが40個ほど買える。正確な答えは、それよりも少ないだろう…」。

丸めた数字、つまり有効数字（0でない数字）が1桁だけの数字をかけるのが1番簡単だ。ここでは、40よりも小さい答えを試したいと思う。例えば、38としよう。38個のりんごに27セントを掛けて、それが10ドルの予算に合うかどうかを確認する必要がある。38も27も有効数字2桁だ。しかし、38は40−2、27は25+2と表現できる。掛け算の答え（積）は10ドル（40×25セント）に近くなるが、これは追加の用語を加えたり引いたりすることで改善できる。

「38を試してみよう。38に25セントをかけると、10ドルに2倍の25セント足りない9.50ドルになる。38に2セントをかけると76セント。これを9ドル50セントに足すと、10ドル26セントになる。これでは多すぎる…。

答えは37に違いない。10.26ドルより27セント少なくなるから、おつりは1セントだ」。

制限時間はあまり気にしないでほしい。上記の説明（必要以上におしゃべりしている）は約40秒だ。たとえ最終的な答えを得る前に容赦なく面接官にカットされたとしても、答えが38か37あたりであることを立証したということで、部分的には評価されるはずだ。

暗算は練習で身につけるのが1番だ。面接で出題される難しい計算問題の1つを紹介しよう。

?
155の15％を計算してください。10秒しかありません。

15は有効数字2桁、155は有効数字3桁だ。つまり、学校で習った初歩的ではない方法で、6回の掛け算、3回の足し算、3回の桁上げをすることになる。

問題が「200の10%を計算せよ」だったとする。「20」だ。やった！

200未満の10%以上を計算しているので、答えは「20」の大体のところにあるはずだ。丸めていない数字を有効数字1桁の数字に変換することはよくある。15であれば、それを2倍して30とする。155の30%を計算する。ただし、1つの因数を2倍にしたので、結果は2で割らなければならない。

まだ155が残っている。これを2倍すると310となり、有効数字が1つ少なくなる。310の30%を計算していると仮定して、式を2倍にしたことを覚えておこう。310の30%が93であることを理解するのはそれほど難しくない。これは桁上げなしの2桁ごとの乗算だ。

しかし、因数を2倍にしているので、93は4で割らなければならない。93を4で割り切れる大きさに分割するのが一番簡単だ。つまり、93は80＋12＋1だ。それぞれの項を4で割ると、20＋3＋1/4つまり23.25となる。

わかりやすくするために、ここでは10秒で説明しきれないほど詳しく説明している。あなたは、次のようなことを言うかもしれない。

「155の15%は310の30%（93）を4で割ったものだ。93（80＋12＋1）を4で割ると、20＋3＋1/4つまり23.25」。

口が頭に追いついていれば、10秒くらいで終わる。頑張ってほしい。

?3時15分の時計の時針と分針の角度は何度ですか?

暗算と同様に、アナログ時計も時代遅れになりつつあるが、就職面接では例外だ。ストックエックス社のCEOであるスコット・カトラーは、この質問を「困難な状況の中で、非常に新しい問題についてどのように考え、プレッシャーの中でどのように対応するか」[31]を試すものだと説明している。

このような質問に答えるには、角度の測定方法を知る必要がある。12時間後の時針の軌道のように、時針が1周回ると360度だ。隣り合う2つの時数字間の角度は、360/12で30度。

3時15分では、分針と時針がほぼ一致している。分針は3の位置に(正確に)あり、時針は3の位置に(ほぼ)ある。しかし、時針は3から4までの間4分の1を進んでいるため(7.5度)、完全には3の上にない。これが時針と分針のなす角である。

?時計の時針と分針が直角になるのは、1日に何回あるでしょうか?

分針は時針の12倍の速さなので、そのことに集中して見てみよう。分針が時針から90度ずれている場合、時計回りでも反時計回りでも直角になる。一時間に約2個、1日24時間で約48個の直角があることになる。

ここでさらに絞り込む。問題となるのは、時針に対する分針の速度だ。分針は1時間に360度動くが、時針は30度しか進まない。したがって、毎時間、分針は時針よりも330度進んでいることになる。これは1時間で1サイクルの11/12にあたる。したがって24時間では、時針に対して分針は24×11/12、つまり2×11＝22サイクル進むことになる。これらのサイクルにはそれぞれ2つの直角があるので、直角は44個になる。

44に承認のサインをする前に、エッジケースを簡単にチェックしてみよう。最初の直角は午前12時15分過ぎ、最後の直角は午後11時45分少し前だ。「1日」が時間通りに始まる限り、44の答えは正しい。

数式を立てる

問題によっては、方程式で解くのが最適なものもある。どの問題かは必ずしも明らかではないが。

? 「表―表―裏」または「表―裏―裏」の順になるまでコインを投げます。どちらかが先に出やすいですか？　もしそうなら、それはどちらですか？　それが先に出る確率は何％ですか？

確率を勉強したことのある人ならば、公正なコインであれば、表面と裏面のすべての順列が同じ確率であることを知っているだろう。HHT（表―表―裏）とHTT（表―裏―裏）が投げられる確率は同じだ。したがって、それぞれが最初になる可能性は同じである。ただし…。

この時点で、注意深い読者は、最初の反応が間違っている可能性があり、予想外の言葉に注意を払うべきであることを理解しているだろう。面接官は、どの順序がより可能性が高いか、その確率はどの程度かをたずねている。これは、あるシーケンスがより可能性が高いことを示す強いヒントだ。

それはなぜだろうか？　私が公正なコインをちょうど3回投げたとすると、HHTの確率とHTT

の確率は同じだ（どちらも8分の1）。しかし、それはこの質問の趣旨とは異なり、詳細が重要だ。私は、HHTかHTTのどちらかが出るまで、コインを投げることになっている。それは、あたかも私が、一連のトスの結果に想像上の移動窓をスライドさせて、HHTまたはHTTの最初の例を探しているようなものだ。

この例では、2回目のトスからHTTという並びが最初に発生している。

これには、別のタイプの分析が必要だ。HHTもHTTも表から始まる。最初の数回のトスが裏になる可能性もある。しかし、最初の表が出るまで、決定的なことは何も起こらない。シーケンスの最初に発生した裏を無視しても、重要な要素を失うことはないので、最初の表のトスに集中することができる。

その後、表と裏の2つの同じ確率のトスが続き、その後のすべてのトスも同様になる。234ページの図は、「孫」の世代までの可能性のツリーを表わしている。実線の矢印は、2分の1の確率で起こりうるコインのトスの結果だ。右側には、最初の表から始まる4つの可能なトリプルトスがある。HHH、HHT、HTH、HTT。

このうちの2つは、私たちが探している並びだ（チェックマークで表示）。他の2つは結着がつかない（HHHとHTH）。もし、どちらかが出たら、HHTかHTTのどちらかが出るまで投げ続けなければならない。

例えば、私がHHHを投げたとする。次のトスが裏だった場合、私はHHHTを持っている。これで、HHTの例ができた。しかし、次のトスが表であれば、単に表の数を増やすことになる。HHHH、もう一度トスしなければならない。最終的には、表の連続は終わらなければならない。それを終

THTTHHTHTTT…

わらせる唯一の方法は、裏を投げることである。すなわち、ＨＨＨＨＴである。これもＨＨＴになる。つまり、ＨＨＨが出れば、いずれＨＨＴが出るのは当然のことであり、ＨＴＴが出る前にＨＨＴが出る（連続した2つの裏が出る前に、1つの裏が出なければならないからだ）。

別の説明をすると、ＨＨＨが出たら、一番上のＨを捨てて、新しいＨまたはＴを下の位置に挿入してもう一度トスする、ということだ。これは、トスがＨＨだった前のステップに戻ることと同じだ（ＨＨに戻ることを示す破線の矢印で示している）。いったんＨＨになると、ＨＴＴの前にＨＨＴが発生しなければならない。

今度はＨＴＨになったとする。もう一度、少なくとも2回はトスする必要がある。次のトスでは、基本的に最初のＨを捨てて、下に新しいトスを加えるＴＨ?となる。いずれにしても、この並びはＴで始まっているので、それは無視する。もう1回トスして初めて、Ｔを捨てて、興味を引く配列Ｈ??にすることができる。

表では、破線の矢印が最初のＨを指しているが、これは最初からやり直すのと同じことだ。

ここで式を立てる。ＨＴＴの前にＨＨＴが発生する確率をＰとする。これには2つの方法がある。1つは、ＨＨを投げることで、ＨＨＴが最初に来ることが保証される。この確率は2分の1だ。

もう1つは、ＨＴＨが出て、以前と同じ確率で「やり直す」ことだ。この確率は4分

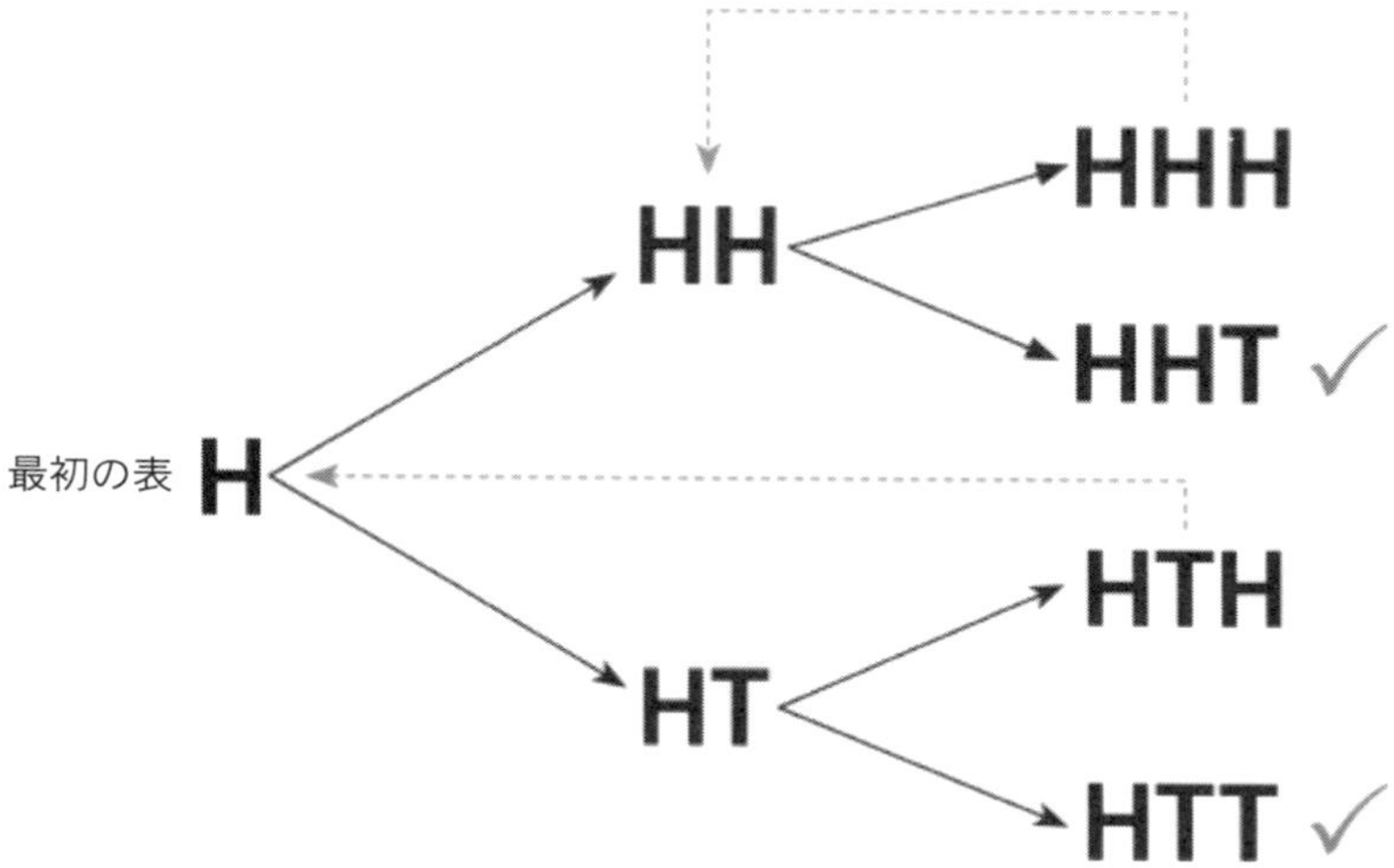

の1。この場合、ＨＴＴの前にＨＨＴの発生確率は、元の確率と同じＰとなる。

P=1/2+(1/4×P)

両辺から1/4×Pを引いて簡略化する。

3/4×P=1/2

P=4/3×1/2=4/6=2/3

質問の答えは、ＨＴＴの前にＨＨＴが3分の2の確率で出現する可能性が高いということだ。

フローチャートを見てみると、これがよくわかる。毎回、ＨＴＴの前に、ＨＨＴが2対1の確率で先に登場している。2回目、3回目と、やり直しの可能性は減っていく。しかし、最終的にはＨＨＴかＨＴＴのどちらかを手に入れなければならず、ＨＨＴの方が2倍の確率で手に入る。

? あなたは2つのサイコロを持っていて、それを繰り返し振ります。7が出る前に3が出る確率はどのくらいでしょうか?

この質問は、最初の3（2つのサイコロの合計のことで、片方のサイコロに3が出るわけではない）が、最初の7（これも当然合計）より先に出る確率を聞いている。サイコロゲームをしたことがある人は、7が最も一般的な合計であることをよく知っている。3はそれよりもずっと少ない出目だ。従って、7の前に3が出る確率は50%を大きく下回ることになる。

フローチャートを描いてみよう。7の前に3を出すことを「勝ち」と呼び、その値を1とする。最初の出目が3であれば、あなたの勝ちで、ゲームは終了だ。最初のロールが7ならば、あなたは負けで、ゲームは終わり。それ以外の合計では結着がつかない。そうなると、同じルールでもう一度振らなければならない。

公平なサイコロは、6つの同じ可能性のある目を持つ。私たちは2つのサイコロを使っていて、その出目はお互いに完全に独立している。つまり、2つのサイコロの結果は6×6=36通りあり、どれも同じように起こり得るということ。「結果」というのは、「サイコロAは3が出て、サイコロBは5が出る」というような意味だ。

私たちが興味を持っているのは、2つのサイコロの目の合計だけである。例えば、2が出る方法は1つだけで、両方のサイコロが1になること（「ピンぞろ」）だ。

3を出すには、1と2、2と1の2通りがある。

しかし、7を出すには、1と6、2と5、3と4、4と3、5と2、6と1の6通りの方法がある。

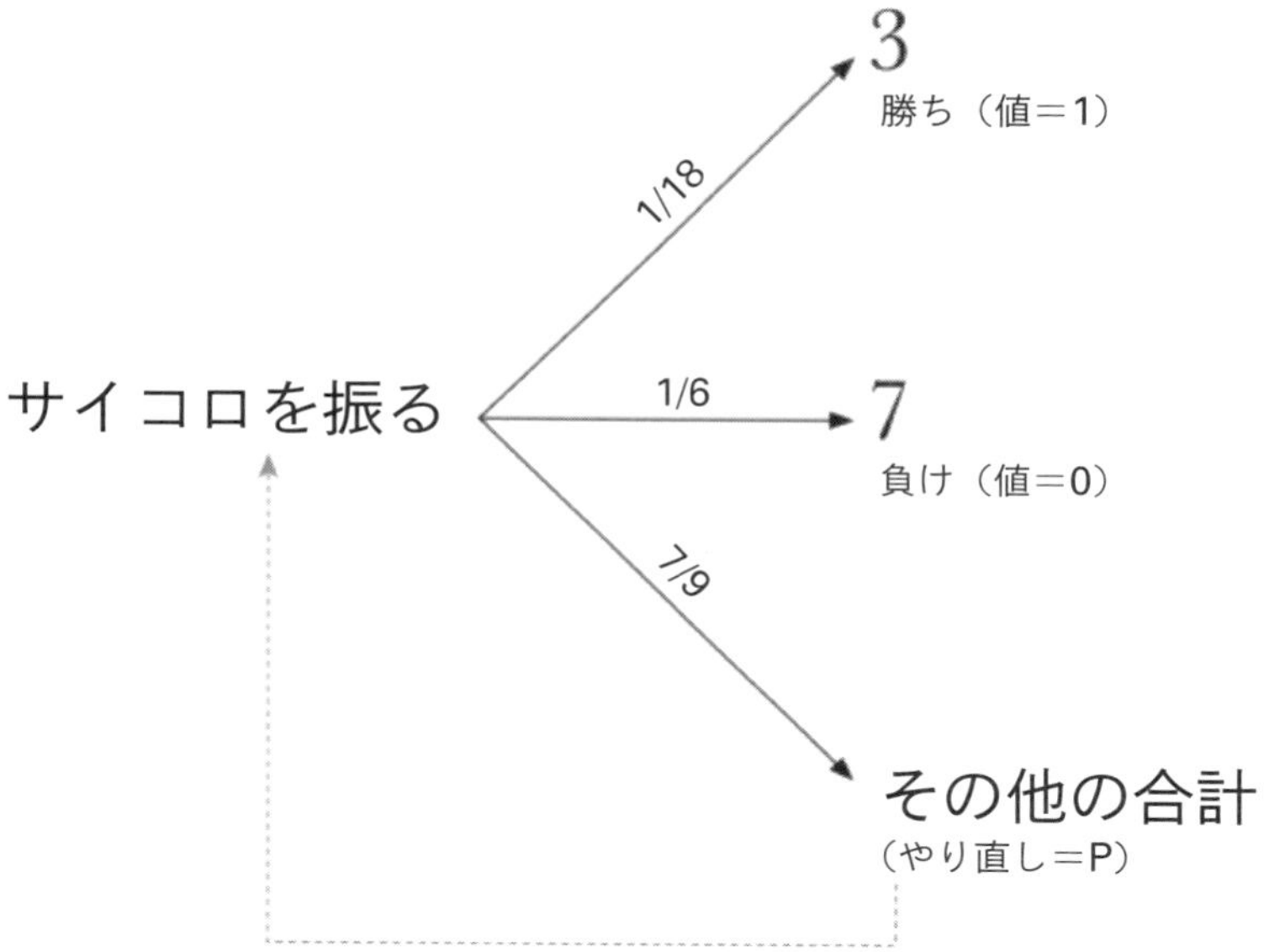

36通りの結果はどれも同じ確率なので、ある合計値が出る確率は、その出方の数に比例する。つまり、3が出る確率は36分の2、つまり18分の1。7が出る確率は36分の6、つまり6分の1だ。

また、3や7以外の数字が出る確率も知る必要がある。それは、36から（2+6）を引いた28の結果になる。これを36で割ると、3と7のどちらも出ない確率がわかる。それは28/36 つまり 7/9 だ。

Pを、勝つ確率（7の前に3が出る）と呼ぶ。これは、3つの可能性のある結果を、その確率で重みづけ合計に等しくなければならない。ここでは、1が確実に勝つことに対応し、0が確実に負けることに対応している。結着不能なケースでは、勝利の確率はPのままだ。

$$P=(1/18\times 1)+(1/6\times 0)+(7/9\times P)$$

$$P=1/18+7/9\times P$$

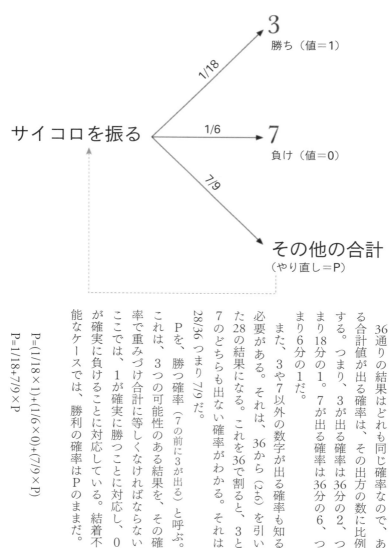

両辺から $7/9 \times P$ を引く。

$$2/9 \times P = 1/18$$

$$P = 9/36 = 1/4$$

これが答え。7の前に3が出る確率は、4分の1だ。

この問題は、コインの表と裏の数列に関する問題、特に、3つの扉と金に関する問題（170ページ）と似ている。これは、パズルに精通していることが役立つ理由の1つだ。面接の問題は、他の問題の焼き直しが多い。

? ヌードルスープのボウルに入った麺の両端を、すべてランダムにくっつけていきます。輪（ループ）は何本になるでしょうか？

このゴールドマン・サックス証券の問題では、数字は一切出てこない。しかし、この問題を解きながら、ホワイトボードにいくつかの数字を書く準備をしておく必要がある。

できるだけシンプルなバージョンの問題から始めよう。ボウルには1本の麺が入っている。それには2つの端がある。それを魔法のようにくっつければ完成だ。あなたはスパゲティ（spaghetti）をスパゲティオ（SpaghettiO）に変え、端を残さなかった。答えは1ループだ。

麺が2本の場合、1つまたは2つのループを作ることができる。最初の結合では、2本の異なる麺をくっつけて、2本分の長さの麺を作る。次のステップでは、その2つの端が必然的にくっつけられ、1つの大きなループができあがる。

また、最初の結合では、同じ麺の端をくっつけてループを作る。そして、2回目の結合では、残りの麺の端を結合して、2つ目のループを作ることになる。

一般的なn本の麺の場合を見てみよう。最終的なループの数は、1からnまでの任意の数になる。1つのループは、すべての麺の端が異なる麺の端にくっつけている場合にのみ可能だ。これは、すべての麺がたまたま別の麺にくっつけている必要があるため、その可能性はきわめて低い。同様に、n個のループはありえない。なぜなら、すべての端が同じ麺のもう一方の端につながる必要があるからだ。ループの数は、1とnの間のどこかになると思われる。

一杯のヌードルスープには何本の麺が入っているのだろうか？　50本？　50本の麺があれば、麺の端は100個ある。100個の端の中から任意のものを選び、残り99本の中からランダムに選んだ別の端と接続する。結果は2通りある。

(1)　2つの端が、たまたま同じ麺につながっていて、ループができている。この場合、直線状の麺が一本減り、自由な端が2個減り、ループが1本増えることになる。

(2)　2つの端が異なる麺からできていて、2倍の長さの麺になっている。これは100分の99の確率だ。その結果、線状の麺の数が1本減り、自由な端の数も2本減るが、ループの数は変わらない（つまり0のまま）。

ケース（1）ではループが発生し、ケース（2）では発生しない。いずれにしても、線状の麺と自由な端の数は（1）と（2）でそれぞれ減少する。

最初に50本の線状の麺があり、それを1本つなぐごとに1本ずつ減っていくので、結合の数は50になるが、それ以上でもそれ以下でもない。それぞれに1つのループを作るチャンスがあるが、そうする必要はない。

ループができる可能性は、2回目以降のつなぎ目の数だけ増える。2回目の結合では、線状の麺が49本、端が98ある。この段階でループができる確率は97分の1だ。3回目の接続では、線状の麺は48本、端は96で、ループができる確率は95分の1。麺の数の減少とループの確率の増加は、最後の結合まで続く。このとき、残りの麺は1本（おそらく非常に長いもの）とその2つの自由な端になる。この最後の結合では、必ずループができる。

1つの結合でできるループは最大で1つなので、予想されるループの数は、単純に50本の確率の合計になる。それは、

1/99+1/97+1/95+1/93…+1/5+1/3+1

これは50本の麺の場合だ。麺の数がn本の場合、最初の結合操作でループが発生する確率は 1/(2n-1) となる。予想されるループの数は（順序を逆にする）、

1+1/3+1/5+1/7+1/9…+1/(2n−1)

これは正確かつ一般的な答えであり、ここで止めておくのも悪くない。しかし、数学の知識が豊富な人たちは、さらにその先を目指すことができる。彼らは、問題の答えが3ループに近いことを証明することができる。

そのためには、無限級数について少し知っておく必要がある。ある種の級数は、足し合わせると有限の和になる（収束する）。教室でよく使われる例は、1から始めて半分にしていくケースだ。

1+1/2+1/4+1/8+1/16+…=2

最初の5つの項を足すと1.9375になる。さらに項を重ねると2に近づいていくが、無限大の項を重ねても2を超えることがない。

また、極限に収束しない級数もある。よく知られた例では、調和級数がある。これは、1を自然数で順番に割ったものだ。

1+1/2+1/3+1/4+1/5+1/6+1/7…=?

これは、音楽の倍音を意味している。弦楽器の場合、倍音の波長は、振動する弦の長さに対して、このような項の比率になる。

調和級数を見ると、これもある限界まで加算されるのではないかと思ってしまう。しかし、項を増やしていくと、どんどん和が大きくなっていく。しかし、その増加は非常にゆっくりとしている。最初の100項の和は、わずか5.187+だ。

調和級数と私たちのヌードル問題級数（奇数のみの逆数となる）には家族的類似性がある。調和級数は、奇数の逆数のヌードル級数に、偶数の逆数のシリーズを加えたものということが言える。

1+1/3+1/5+1/7+1/9…
+1/2+1/4+1/6+1/8+1/10…
1+1/2+1/3+1/4+1/5+1/6+1/7+1/8+1/9+1/10…

このことから、ヌードル級数もまた、ゆっくりと成長する級数であることがわかる。そして、ヌードル級数の各項は、偶数の逆数級数に対応する項よりも少し大きいので、ヌードル級数の和は、一般的に調和級数の半分よりも少し大きいと言うことができる。

先に述べたように、調和級数の最初の100項の和は5より少し多く、それを半分にして切り上げると3になる。これがヌードル級数の、最初の50項の目安である。これは、50本の麺が入ったボウルからスタートして、いくつのループが期待できるかということだ。

この図は、スプレッドシートから作成した正確な値のチャートである。2つのループを作るには、平均して8本の麺が必要で、3つのループを作るには、約57本の麺が必要となる。現実的なスープのボウルであれば、この手順で約3つのループができるだろう。

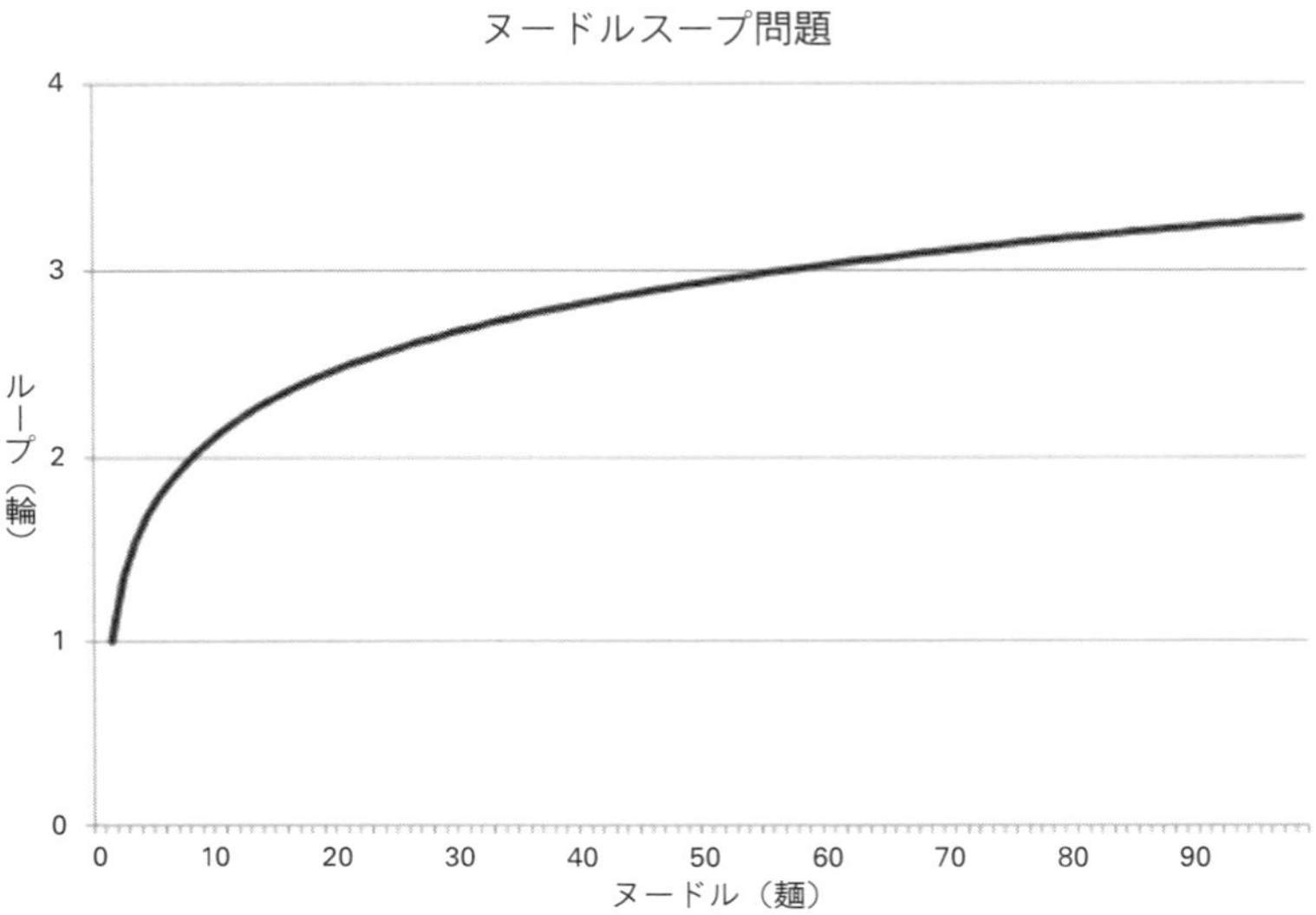

間違った足跡を踏まない

ワシントン大学の物理学者、アレクサンダー・カランドラ（一九一一―二〇〇六）は、ある時、成績評価についての審判を頼まれた。[32] 同僚は、ある学生の試験答案が落第点に値すると考えていた。一方、学生は満点だと思っていた。

問題は、気圧計を使って高層ビルの高さを測る方法を問うものだった。意図した答えは、気圧計を使って、建物の屋上と一階の間の気圧の差を測ることだった。このわずかな差で、理論的には建物の高さを推定することができる（「理論上」という点を強調しておきたい。100フィートのビルの最上階の気圧は、地上に比べて約0.36％しか低下しない。家庭用の気圧計でそれを検出できるといいのだが）。

学生の答えは、ビルの最上階に行き、気圧計に長いロープを結んで地面に下ろす。そして、そのロープを引き上げて高さを測るのである。もちろん、この生徒は先生をからかっていたのだが、カランドラはこの答えに一理があることを認めざるを得なかった。しかし、その学生の答えは物理学の知識を示していないし、これは物理学の試験でもある。カランドラは学生に、物理学の知識を示す別の答えを出すように求めた。

学生は、気圧計をビルの屋上から落とし、$d=1/2gt^2$ という式を使って、ストップウォッチで落下時間を計ると言った。

この学生は、標準的な答えをよく知っていた。彼はカランドラに、教官がどう考えるべきか、その答えを教えてくれることにうんざりしていると言った。そして、まだ他にも答えがあると言った。気圧計を紐で縛り、それを振り子にしてビルの上下の重力を測る、気圧計の高さと影の長さを測り、それを使って影の長さからビルの高さを計算する、ビルの管理人に正確な高さを聞き、その対価として新品の気圧計を提供する、などだ。

カランドラは学生を支持した。この話は一九六八年に発表され、大きな反響を呼んだ。「スプートニク・ショックを受けたアメリカの教室[33]」は、批判的で創造的な思考よりも暗記を重視していた、というカランドラの言葉を裏付けるものだった。

それはまた、「機能的固定性」と呼ばれる概念を示している。一九四五年に心理学者のカール・ダンカーが定義した機能的固定性とは、「ある対象物を、新しい方法で使用することに対する思考停止[34]」のことである。

気圧計は気圧を測るために作られているが、他の方法で使えるのではないかという考えに心が抵抗してしまうのだ。幼児には機能的固定性がないと言われている。しかし、幼稚園児くらいになると、大人の世界のルールを理解するようになる。子どもたちは自分で道を切り開くのではなく、むしろ

「間違った足跡を踏む」[35]ようになる（テンプル大学の心理学者、エヴァンゲリア・G・クリシコウとロバート・W・ワイズバーグの言葉を借りれば）。思考がパターン化してしまうのだ。

面接では志願者が、機能的な固定観念を乗り越えられるかどうかを問う質問もある。

? 牛乳パックが、飛行機の座席に似ている理由を説明してください。

無茶苦茶な答えを思いつくのは簡単だ。しかし、適切な回答もたくさんある。他の奇抜な質問と同様に、これを機に仕事に関するスキルをアピールするのもいいだろう。この質問は、ビジネス、エンジニアリング、またはデザインの適正を見るのに合っている。例えば、こんな回答が考えられる。

「牛乳パックも飛行機のシートも、生ものを最小限のスペースでパッケージングするという問題に対する最適な解決策です。牛乳パックが四角いのは、丸い瓶よりも効率よくスーパーの棚に並べることができるからです。また、航空会社の座席は、最小のスペースに最大の乗客を詰め込めるように設計されているのは周知の通りです。その点では、従来の快適な座席よりも効率が良いと言えるでしょう」。

「牛乳パックも航空会社のシートも、軽さを追求しています。どちらも長い距離を運ばなければならず、その輸送コストは重量に比例します。牛乳パックは（ガラス製ではなく）プラスチック製で、ジェット旅客機のシートはアルミ製のフレームと発泡クッションで重量を最小限に抑えています」。

「また、どちらも温度管理が必要です。牛乳は腐ったり凍ったりします。飛行機は暑すぎたり寒すぎたりすると乗客から苦情が来る。いずれも空調システムは重く、重量面での制約があります」。

「どちらも人の命にかかわることなので、安全性を考慮した設計が必要です。牛乳パックは、開け口に何らかの手が加えられたことが、一目瞭然でわかるようにする必要があり、飛行機の座席は、乱気流や不時着の際に乗客を保護し、緊急時の避難を容易にする必要があります」。

「牛乳も航空券も、消費者は非常に価格に敏感です。牛乳は一般的な買い物であり、スーパーの目玉商品の役割を果たしています。スーパーマーケットは、牛乳を安く売ることで、他の商品を買ってくれる買い物客を、呼び込むことができると考えます。牛乳は店の奥に置かれ、お客様は利益率の高い商品が並ぶ通路を通らなければなりません。それと同じように、人々は旅行サイトで安い運賃を見て航空会社を選びますが、その安い航空券を買う過程で、利益率の高いアップグレードの誘惑にさらされます。牛乳にも航空券にも『おとり販売』という要素があります。顧客は安さに固執しますが、マーケティングによって他のものにもお金を払うように仕向けられるのです」。

古典的な機能的固定性テストでは、「レンガの用途をいくつ見つけられるか?」という質問がある。心理学者であれば、提供された用途の数を数えるだろう。アップル社で出されたこの質問でも、面接官は独創的で理にかなった、実用的な答えがたくさん出てくることを期待している。

? もしあなたがピザ配達員だった場合、ハサミを持っているとどんなメリットがありますか[36]?

いくつかの良い回答がある。

・ピザをスライスできる（料理人がスライスし忘れた場合や、小うるさいお客さんがもっと細いスライスを要求した場合）。イタリアの屋台では、ピザを切るのにハサミを使うことがあるし、芸術的に並べられた食材を崩したくない高級シェフも同様だ。
・お客様用の割引券を切り取る。
・指で開けるのが困難なお客様のために、ソースやおろしチーズ、ペッパーなどの小袋を切る。
・ハサミの刃をマイナスドライバーとして使う（ピザ配達車のナンバープレートを固定する）。
・車上荒らしやピザ泥棒からの護身用として使用する。
・自分のピザ屋をオープンするときのテープカットにハサミを使う。

忘れてはいけないことがある。ピザ配達員にも仕事以外の生活がある。他の人と同じような用途でハサミを使う――紙や糸、布を切る。

? あなたの電卓は壊れています。数字キーは「0」しか使えず、演算キーはすべて使えます。24という数字を得るにはどうしたらいいでしょうか?

0を足したり、引いたり、掛けたりすると、0になる。違う結果を得るには、危険を冒して0を0で割るしかない。「NOT A NUMBER」（非数）のようなエラーメッセージが表示される。24にはならない。

24は指示ミスだ。24には何か特別なものがあると思わせて、解決策は24を生み出すが、それは何ら古い数字でもない。

しかし、例えば1を出すことができたとしよう。そうすれば、どんな整数でも得ることができるだろう。

1+1+1+1+1+1+1+1+1+1+1+1+1+1+1+1+1+1+1+1+1+1+1+1=24

さて、0から1を求めるのは、電卓に関数キーがついていれば簡単だ。0を入力して、e^xキーを押す。これで1になる。次に＋を打ち、0とe^xをもう一度打つ。24になるまで続けよう。

e^xを使わなくても、10^x、2^x、x!、cos、cosh キーでもオーケーだ。

? 干し草の山の中から針を見つけるにはどうすればいいでしょう？　3ドルしか使えません。

漫画の中では、大きな赤い蹄鉄型の磁石が簡単に干し草の山から針を引き抜く。現実にはそうはいかない。確かに、巨大な電磁石を作動させれば、針を引くものすごい力になることは想像できる。しかし、面接官はすでに予算を決めている。3ドルで買えるものは何だと思いますか？　馬蹄形磁石のおもちゃだろうか。

この質問は、グーグル社で行なわれたもので、当たり前のことを超越する能力に着目したものだ。誰もが「磁石」を思い浮かべる。干し草の山の中から針を探すときには、アレン・ニューウェルとハーバート・サイモンのアドバイスを思い出した方がいいだろう。「確実に針を見つけられる、小さな部分を特定してください」[37]。どうやって探すのか？　答えは簡単——金属探知機を使えばいいのだ。超強力な磁石と違って、金属探知機は手頃な値段で手に入る。手持ちの「ピンポインター」と呼ばれるものは約20ドル、本格的な干し草探索に適したプロ仕様のものは数百ドルだ。

オンラインでは、携帯型の金属探知機を1日5ドルからレンタルすることができる。レンタル店を説得して、2、3時間だけ3ドルで貸してもらうこともできるだろう。その際、ソーシャルメディアで宣伝することを約束しよう（「干し草の中から針を見つける方法」）。

アルゴンヌ国立研究所の上級科学者であるジョージ・クラブトリーは、別の答えを提示した。「干し草の山を空港の保安検査場に持っていき、スキャナーや金属探知機の上にシャベルで積み上げます（1,800立方フィート）。幅2フィート、高さ2フィート、長さ450フィートの干し草の列が、1秒間に6インチの速さでコンベアベルト上を移動すると、通過するのに15分かかります。針は見つかって、取り調べ室に行くことになる」[38]。

？ あなたは2つのボールを異なるコースで競争させます。ボールAは、下に向かって傾斜している真っ直ぐなコースを走っています。ボールBは、途中に窪みがあることを除いて同じコースを走っています。摩擦がないと仮定して、どちらのボールが先にゴールに到着するでしょうか？

一般的な回答は2つある。1つは、「直線は2点間の最短距離だから」ボールAが先にゴールするというもの。もう1つは、「エネルギーが保存されるから」同点ゴールという答えだ。

どちらの答えも、STEMの卒業生によく知られている公理の説得力を引き合いに出している。だが、どちらの答えも間違っている。凹んでいるボールBがレースに勝つ。これは教室でのデモンストレーションとして行なわれることがあり、凹んだボールが勝つことを示すYouTubeの動画もある。[39]

直線は最も短い距離である。エネルギーは保存される。最初に思いついた公理で問題が解決したと考えるのは間違いだ。

トラックの上部で、2つのボールは重力によって加速し始める。2つのボールは平行した軌道上を進んでいる。そして、ボールBは凹みに入る。ボールの軌道がより急な下り坂になると、ボールはより速く加速する。Bはすぐに Aよりも速くなる（不思議なことではない。Bはより多くの位置エネルギーを運動エネルギーに変換したからだ）。

そして、ボールは凹みの底につく。この部分では、Bの軌道はAの軌道よりも下り坂が少なく、Bの加速はAよりも小さくなる（凹みが十分に顕著であれば、Bは実際には上り坂を走行しており、速度が低下する可能性がある）。

そして、Bは凹みから出る。Bは凹みから得た余分な速度をすべて放棄したことになる。この時点で、コースの残りの部分を、BはAと同じ速度で走行することになる。BはAと同じ運動エネルギーでゴールするが、先にゴールすることになる。

それは、Bが凹みに入っている間、Aよりも速く移動していたからだ。BはAより遅くなることはなかった。

次のような例えがある。2人のハイカーが散歩に出かけた。散歩の途中で、1人が5分間走り出した。その後、彼女は残りの道を歩く。彼女は、最後まで歩いた友人よりも先に散歩を終えることができる。本当に単純なことだ。

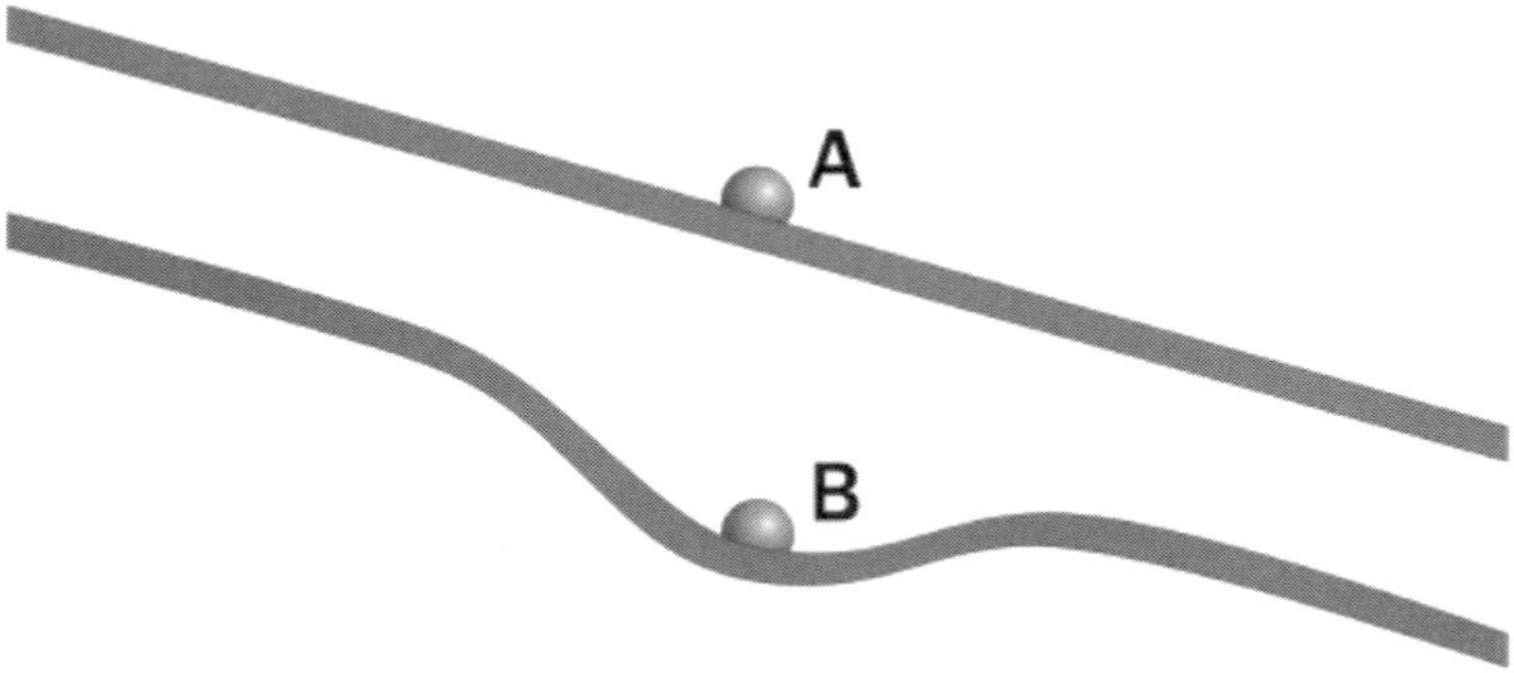

マクガフィンを無視する

「マクガフィン」とは、重要なようでいて最終的には無意味なプロットのことである。善人も悪人もマクガフィンを欲しがり、それを手に入れるために多大な努力をする。しかし、それは重要ではない。有名なマクガフィンは、聖杯、マルタの鷹、「バラのつぼみ」、「失われたアーク」などだ。アルフレッド・ヒッチコック監督は、フランソワ・トリュフォーに、最高のマクガフィンは「最も空虚で、最も存在する可能性がなく、最も不条理なもの」[40]と語っている。

似たような仕掛けを持つパズルもある。問題では、ある未知のもの（マクガフィン）が重要であるかのような印象を与える。しかし、その未知の部分を推理しようとするどんな試みも、パズルが妨げてしまう。そのため、回答者は足を止める。しかし、実際にはマクガフィンはちょっとしたミスディレクションなのだ。答えにたどり着くには、もう1つの裏技がある。

? ジャックはアンを見ていて、アンはジョージを見ています。ジャックは結婚していますが、ジョージは結婚していません。既婚者が未婚者を見ているでしょうか？

アンの婚姻状況は、この面接問題のマクガフィンだ。アンが結婚しているかどうかを判断しないと、答えられないように思われる。しかし、この質問は、確率ではなく、イエスかノーかの答えを求めていることに注意しよう。明確な答えが得られるのでなければ、面接官はこのような言い回しをしない。大晦日のタイムズスクエアで、ジャック、アン、ジョージの3人が、何十億人もの既婚者や未婚者を見ているかもしれない。そうすると、既婚者のジャックは確実に未婚の人を見ているはずだ。答えは「イエス」に違いない。

ここで、もっと厳密に答えを出す方法がある。間違いなく既婚者であるジャックはアンを見ている。もし彼女が独身であれば、既婚者（ジャック）が未婚者（アン）を見ていることになり、答えは「イエス」となる。一方、アンが既婚者であれば、彼女は未婚のジョージを見ていることになり、同じように「イエス」という答えになる。つまり、必須と思われる1つのこと（アンの結婚状態）を知ることができなくても、私たちはその答えを知っているのである。

? 3人が一泊300ドル（1人100ドル）でホテルの部屋を借りました。支配人は、フロント係が過剰に請求したことを発見しました。この部屋は250ドルのはずでした。支配人はフロント係に過剰に請求した50ドルを返すように言いました。フロント係は20ドルをくすねて、30ドルだけ返し、部屋は270ドルだったと客に伝えます。3人の客はこのことを知らず、1人90ドルで部屋を手に入れることができたことを喜んだ。彼らは270ドルを支払い、フロント係は20ドルを取り、合計290ドルとなりました。なくなった10ドルはどうなったでしょうか？

これは、少なくとも一九三〇年代には存在していた年代物の難問だ。大恐慌時代のバージョンでは、上記の金額の10分の1の金額が使われていたため、「消えたドル」の謎として知られている。[41] このパズルが時代や価格の高騰を乗り越えてきたのは、その謎が人々を煙に巻き続けてきたからに他ならない。

簡潔に言うと消えた10ドルは存在しない。客はホテルの部屋に対して最終的に270ドルを支払い、そのうち250ドルがホテルに、20ドルがフロント係に支払われた。話はそれで終わりだ。

政治家は、有権者が信じるまで何度も嘘を繰り返すことがある。それが実際にここで起きていることと同じだ。「消えた10ドル」の話をすると、それが1人歩きしてしまう。誤解の主な原因は、「彼らは270ドルを支払い、フロント係は20ドルをポケットに入れ、合計290ドルになった」という発言にある。この面接官は、2つの無関係な数字を加算している。1つは客の資金からの差引き額であり、もう1つはフロント係の資金へのクレジット（振り込み額）である。これらの数字を加算する理由はないし、その合計に意味があると考える理由もない。ホテルの部屋番号をバーのツケに加えて、なぜそれが番地と違うのかを問うようなものだ。

会計上、キャッシュフロー（現金の流出入）は誰が誰に支払っているかによって分類されなければならない。このパズルの状況は、3つの異なる当事者（3人の客は利害関係が一致しているので、1つの当事者として数えることができる）がいるため、少々混乱している。キャッシュフローは次のようになる。

客——−$300+$30=−$270

ホテル――$300−$50=$250
フロント係――$20=$20

純資産のキャッシュフロー（−$270, $250, $20）の合計はゼロになる。お金が魔法のように現われたり消えたりすることはない。

この問題では、客の270ドルにフロント係の20ドルを加算することで、謎を作り出している。どうしてもそうしたいのであれば、両方の取引の相手側であるホテルの視点に立つ必要がある。ホテルにとって、270ドルの純支払はプラスのキャッシュフローであり、ポケットに入った20ドルはマイナスのキャッシュフローである。

$270+−$20=$250

この結果、ホテルは250ドルの純利益を得たことになるが、これはもちろん正しいことだ。ホテルは270ドルの宿泊費を受け取るべきだったが、フロント係の些細な横領により20ドルを失った。

この問題は、権威や専門家の言葉を鵜呑みにしてしまうことがいかに容易であるかを示している。誤った前提を受け入れてしまうと、多くの時間と労力を無駄にしてしまう。この質問では、自分で考えることができる、稀有な能力を持つ応募者を見極めたいと考えているのだ。

? あなたは、高価な薬を1日に2錠飲まなければならない病気です。ある日、あなたは処方箋

Ａのボトルを手に取り、手の中に錠剤を出しました。その後、Ｂのボトルを手に取り、誤って２つの錠剤を手のひらに乗せました。あなたは今、Ａ剤１錠とＢ剤２錠を持っています。これは一大事です。２種類の薬は絶対に区別がつきません。ＡとＢの２種類の薬を飲まなければなりません。どちらかの薬を抜くと死んでしまいます。でも、同じ日にＢ剤を２錠飲んだら、それは過剰摂取で死んでしまいます。とはいえ、この高価な薬を捨てて最初からやり直したくない。どうすれば薬を無駄にせず、ＡとＢを１錠ずつ確実に手に入れることができるのでしょうか？

解決するためにはどれがどれかを明確に知る必要があると考えるのが自然だ。しかし、わからないことはそのままにしておくべきことだった。その代わりに、薬の正体を知ることとは無関係にできる戦略がある。

あなたが知っていることをまず見てみよう。Ａが１錠とＢが２錠が不均等に混ざっている。瓶を取り、Ａを２錠、Ｂを１錠という反対の組み合わせで出し、元の組み合わせに加える。これで６錠の錠剤になり、Ａが３錠、Ｂが３錠の均等な混合物であることがわかった。これは３日分の正しい配合ということになる。

乳鉢と乳棒を用意して、６つの錠剤をすべて粉にする。錠剤の粉がよく混ざっていることを確認する。錠剤の粉を慎重に３等分する（計量スプーンや秤を使う）。これがこれから３日間のあなたの服用量になる。

別の答えは、６つの錠剤をそれぞれ３等分して、１日に３分の１ずつ飲むことだ。しかし、あなたは錠剤を３分の１に切ったことがありますか？　粉々にしたほうがいいだろう。

? あなたは3人の見知らぬ人に会いました。1人は常に真実を語り、1人は常に嘘をつき、3人目は真実と嘘をランダムに語るが、誰がそうなのかはわかりません。あなたは、3つの質問をして、誰が誰なのかを特定しなければなりません。それぞれの質問は、1人の人にしかできません。あなたならどのような質問をしますか？

古典的なロジックパズルの群は、真実を語る人と嘘をつく人がいる国を舞台にしている。この国の人々は皆、どちらかのカテゴリーに一貫して属している。あなたは誰かに会って、その人が真実を語る人でも、嘘をつく人でも、自分が知りたいことがわかるような質問をしなければならない。これらの問題を解くのに役立つ巧妙な原理がある。

しかし、3人の見知らぬ人のパズルはもっと難しい。論理学者のジョージ・ブーロス（一九四〇―一九九五）が「今までで最も難しいロジックパズル」[42]と評価したものと密接な関係がある。ブーロスはこの問題を、同じ論理学者であり、問題制作者で作家でもあるレイモンド・スマリアンに託した。

まず、一般的な「真実を語る人と嘘をつく人」の問題から始める。あなたは道の分岐点に来て、どちらの道に行くべきかを知る必要がある。そこには知識豊富な地元の人が立っているが、彼女が真実を語る人なのか、嘘をつく人なのかわからない。そこで定番なのが、「質問について質問する」というメタな方法だ。

「もし左の道が空港につながっているかと聞かれたら、あなたはイエスと答えますか？」

現地の人が真実を語る人であれば、彼女の答えは額面通りに受け取ることができる。イエスの答えは、「はい、これが空港への道ですから、空港への道だと言いますし、私は真実を語る人間です」という意味だ。同様に、ノーは「いいえ、これは空港への道ではありませんから、空港への道だと言いませんし、私は嘘をつく人間ではありません」という意味だ。

しかし、仮にその人が嘘つきだったとする。もし、あなたが「これは空港へ行く道ですか」とはっきりと聞いていたら、彼女は本当のこととは逆のことを言うだろう。しかし、あなたが間接的な質問をしたために、彼女は本来つくはずだった嘘についての嘘をつかざるを得なくなった。マイナスかけるマイナスはプラスになる。嘘つきは、正しい道であればイエスと言い、そうでなければノーと言わざるを得ないのだ。それは、真実を語る人がするであろう回答と同じだ。このように、情報提供者がどのような人であるかに関係なく、質問は正しい答えを保証している。

このギミック（仕掛け）は、非現実的で実直な嘘つきを想定している。現実では嘘をつくために嘘をつくのではなく、自分の目的に合った嘘と本当のことを織り交ぜて人をだますことが大切なのである。しかし、この問題はそういうものであり、今私たちに関係しているものにも当てはまる。

3人の見知らぬ人を「真」「嘘」「ランダム」と呼ぶ。「ランダム」は毎回嘘をつくわけではないという点で、より現実的な嘘つきだ。標準的な決まり文句である「もし私があなたに、こんなことを聞いたら…」という言いまわしには効果がない。「ランダム」は何でも言うことができるので、真実かどうか、言葉遣いが悪いかどうかに関わらず、究極的に信頼性のない語り手と言える。つまり、「ランダム」を特定して、彼の言うことを無視できるようにしておくことが有効だ。

3人の見知らぬ人に1号、2号、3号とラベルを付ける。1号のところに行ってたずねる。

「もし2号が『ランダム』かと聞かれたら、イエスと答えますか？」

その答えは、2号の正体を明らかにするものではない。「ランダム」ではない人物を特定することになる。

仮に1号が「真」か「嘘」だとする。上記のように、間接的な質問によって、イエスかノーか額面通りに受け取れる答えを出すことになる。イエスであれば2号は「ランダム」であり、ノーであれば「ランダム」ではないということになる。

しかし、私たちは1号が「真」か「嘘」かを知らない。彼が「ランダム」である可能性もある。

さて、ここでじっくりと考えてみよう。（1号からイエスを得た場合）1号がランダムであるか、2号が「ランダム」でなければならない（1号からノーを得た場合）1号がランダムであるか、2号はランダムであってはならない。

これらの論理的な断片によって、「ランダム」ではない人を特定することができる。例えば、1号の答えがイエスの場合を考えてみよう。この場合、1号の答えがイエスであれば、「ランダム」は2号か1号のどちらかでなければならず、3号の人物は「ランダム」である疑いを晴らすことができる。そうでなく1号の答えがノーである場合、2号は「ランダム」でないか、1号が「ランダム」であることになる。この場合、2号は「ランダム」ではない。

どちらにしても、私たちは「ランダム」ではない人物（2号または3号）を知っているので、その人物は「真」か「偽」のどちらかでなければならない。この人物に2つ目の質問を投げかけることができる。2つ目の質問もちょっとした仕掛けを使っている。

「もし、私があなたに『真』かどうかとたずねたら、あなたはイエスと答えますか？」。

答えは、この人が「真」であればイエス、「偽」であればノーとなる。単純な話だ。あなたは最初の人物を特定した。

もう1つ質問があるが、それだけで十分だ。この人物にこだわるのもいいかもしれない。彼が「真」の場合は、直接質問することができる。しかし、一般性を考慮して、公式に従おう。次のように聞いてみよう。

「もし、私が（1号を指して）この人が『ランダム』かどうかをたずねたら、イエスと答えますか？」

イエスは1号が「ランダム」であることを意味し、ノーは彼が「ランダム」でないことを意味する。また、1号はあなたが既に特定している人物ではないので、簡単に彼の身元を推測することができる。残るは3人目の見知らぬ人で、その人にはまだ割り当てられていない身元が割り当てられるに違いない。


この問題には、ブーロスが「史上最も難しいロジックパズル」と評価した、さらに難易度の高いバージョンがある。基本的に同じだが、違っているのは次の点だ。見知らぬ人たちはあなたの言葉を理解しているが、自分たちの言葉で答える。あなたは彼らの言語を理解していない。あなたが知っているのは、「はい」と「いいえ」を表わす言葉が「Ja」と「Da」であることだけだが、必ずしもその順番ではない。

この工夫は、人工知能のパイオニアであるジョン・マッカーシーが提案したものだ。驚くべきことに、3人の話者を識別するのに、JaとDaの意味を知らなくてもよいのである。例えば、「『明日、太陽は昇りますか』と聞かれたら、Jaと答えますか？」という質問をしてみよう。これが「真」あるいは「偽」に向けられている場合、答えはJaになる。だからといって、Jaが「イエス」というわけではない。誰もが明日太陽が昇ることを知っているので、「真」はイエスの意味の言葉であれば、Jaと答えるだろう。しかし、もしJaがノーを意味するなら、「真」はこの間接的な質問にもJaと言わなければならない。事実上、彼は「いいえ、あなたの質問にノーとは答えません。なぜなら答えはイエスだからです」と言っていることになる。

「偽」も、ギミックがあるからJaとも言う（詳細は割愛するが、疑問があれば考えてみてほしい）。

この場合、明日の太陽が昇ることは間違いないので、Jaの答えは前もって決まっている。しかし、この間接疑問文は、「　」内の疑問が正しければJaと言い、間違っていればDaと言うように作られている。ポイントは、質問に出てきた言葉（Ja）が、「　」内の質問が真ならば同じ言葉を、偽ならばもう1つの言葉（Da）を応答として引き出すことだ。

Ja-Daバージョンのパズルの回答は、オリジナルのものとほとんど同じだ。違いは、3つの間接的な質問で、JaをYesに置き換えていることだ。まず、1号の質問である。

「もし、私があなたに2号が『ランダム』であるかどうかをたずねたら、あなたはJaと言いますか？」。

JaをYes、DaをNoのように受け取り、そこから先は同じように代入していく。これで、JaとDaの意味を知ることなく、3人の身元を推論することができる。

リストアップ、集計、割る

確率を計算することは、ビジネスの鍵となる。ウォール街の社員には、確率に関する質問をするという長い伝統がある。彼らは、このテーマが直感に反するものであり、高学歴の人々をしばしば混乱させるものであることを知っている。勘や推定、規範を過信するのは簡単なことだ（金融業界の破綻の根本原因である）。面接官は、候補者が隠れた危機に対する当然の注意を払っているかどうかを確認するために、確率に関する質問をする。

これらの質問のほとんどは、確率や統計学を深く理解している必要はない。シンプルな3ステップのテクニックは、このような質問の多くに対して驚くほど有効だ。

（1）同じくらいの確率で起こりうる結果やシナリオを列挙する（リスト）。
（2）関連する結果を数える（カウント）。
（3）2つの結果を割り算（ディバイド）して答えを得る。

この方法は、「ベイズの定理」と呼ばれている。ベイズの定理とは、一八世紀、イギリスの数学者であり牧師であったトーマス・ベイズにちなんで名付けられたもので、間接的な証拠や状況証拠を用いて確率を調整する方法を示したものだ。ビッグデータの基礎であり、金融業界やテクノロジー業界の人なら誰でも知っているはずのメンタルモデルである。ここでは、この3ステップ法が役立つ面接の質問（マディソン・タイラー・ホールディングスで使われた質問）を紹介する。

? テーブルの上に5枚のコインが置いてあり、すべてのコインが表です。そのうちの1枚は両面ともに表であるトリックコインです。あなたはコインを手に取り、5回投げます。毎回、コインは表に当たります。あなたが持っているのがトリックコインである確率は何%でしょうか?

選ばれたコインが5回連続して表になったこと、そしてトリックコインがあることを知っていることを考えると、トスしたコインが仕掛けられているのではないかと疑うのは当然のことだ。問題は、どの程度の確信を持つべきかということである。

普通のコインでは、5回連続して表が出ることは考えにくい。その確率は、1/2×1/2×1/2×1/2×1/2、つまり1/32しかない。トリックコインでは、5回表は確実に起こる。このことは、あなたのコインがトリックコインであることを証明するものではないが、状況証拠(「ベイズ的」)としては有効だ。

リスト、カウント、ディバイド法を使って、最初のステップは、同じように起こりうる結果のセットを特定することだ。最初に5枚のコインがあり、それぞれは同じように選ばれる可能性がある。それぞれのコインには2つの面があり、同じように配置されている。厄介なのは、トリックコインの場合、両面に大統領の肖像画が彫られていることだ。

しかし、それだけではない。トリックコインの裏表は、原理的には区別がつく。トリックコインの両面に、油性マーカーで「A」と「B」を書くことを想像してみてほしい。そうすれば、どんなコインであっても、すべてのコイントスには、2つの異なる、同じ確率の結果があると言える。5回トスした後、選ばれたコインの2つの面の組み合わせは32通りになる。

コインを選んで5回トスするシナリオは、全部で5×32=160通りある。典型的なシナリオは、コイン4を選び、それをトスしてTHHTHを得るというものだ。これはもちろん、コイン4がトリックコインではないことを証明する。もう1つのシナリオは、トリックコインを選び、それをトスしてAAABAを得るというもの。

私たちが関心を持つのは、HHHHHとなる場合だけだ。このような結果は、4枚の公正なコインのそれぞれに1つずつあり、さらにトリックコインの32の結果もすべて含まれている。つまり、全部で36回のHHHHHの結果が出る。

最終的には分割をする。36回のHHHHHの結果のうち32回は、トリックコインによるものだ。すべて同程度なので、トリックコインを持っている確率は32/36つまり8/9、約89%。これが答えだ。

確率の問題には、コインやサイコロ、カードを使うとは限らない。次の例を参考にして、リスト、カウント、ディバイド戦略を試してみてほしい。

? 食堂のカウンターに10人の人が座っています。彼らが年齢の高い順に座っている確率は何%でしょうか?

10人が、カウンターに座る可能性が何通りかを計算してください。10人のうちの誰かが最初のスツールに座っている。その人が特定されると、2番目の椅子に座る可能性のある人が9人残る。次のスツールには8人、その次のスツールに7人…。全部で10×9×8×7×6×5×4×3×2×1の並びになる。この表現を「10の階乗」といい、「10!」と書く。階乗という魔法の言葉を口にしていれば、面接官はおそらく頭の中で計算することを求めないだろう。スマホの電卓では、3,628,800になると教えてくれる。

恐らく3,628,800通りの席順はすべて同じ確率だ。しかし、全員が年齢の高い順に並んでいる席順は1つしかない。したがって、10人の人が偶然にも年齢の高い順に座る可能性は、1/10! つまり1/3,628,800だ。これが普通の答え。

いわゆる正解が、どれだけ現実的かを問うことに価値があることもある。ここでは、同年齢の者はいないと想定している。2人のうち、日、分、秒の単位ではあるが、どちらかが年上だ。しかし、年齢を最後の誕生日で切り捨てるという慣習を採用すれば、同い年の人がいることは確実に可能だ。

例えば、26歳のオリビアとルーカスがいたとする。オリビアがルーカスより先に座ってもいいし、逆にルーカスがオリビアより先に座っても、「年齢の高い順に座る」ことには変わりない。そうすると、年齢順に数えられる席順が2つになり、その確率は2/3,628,800になる。年齢が3つ揃うと、確率は6倍になる（同い年の3人を並べる方法は、3×2×1＝6通りあるからだ）。しかし、学校の遠足のクラスでもない限り、年齢順の席に座る確率はぐっと低くなるだろう。

ここで、もう1つの問題がある。人は集団で食事をすることが多く、その集団の中には同じくらいの年齢の人がいることが多い。また、同伴者のいない一人者は、同年代の人の隣に座ることが多いだろう。年齢によって自分で席を選ぶとすると、年齢の高い順になる可能性が非常に高くなる。1/3,628,800という答えは、1つの目安と考えていいだろう。10人の人がたまたま年齢順になるということはありえないが、現実の確率は理想的なケースよりもかなり大きいはずだ。

? 自宅にいる同僚に電話をかけます。「ビリー」という男の子が出ました。同僚には2人の子どもがいます。2人の子どもがどちらも男の子である確率は何%でしょうか？

マーティン・ガードナーは、一九五九年の『サイエンティフィック・アメリカン』誌にこの問題を発表した。ゴールドマン・サックス証券などの面接でも出題され、話題を呼んでいる。

この問題はアイゼンハワー政権時代に出題されたことから、人々は誰もが二つの性別に分けられると思い込んでいる。また、男の子も女の子も同じ確率で生まれ、きょうだいの性別には相関関係がないというふりをするかもしれない。

常識的に考えれば答えは50%だ。ビリーのきょうだいについては何もわかっていないので、男の子の可能性はこれまでと同じように50：50だろう。あまりにも明白なことなので、何か裏があるのではないかと疑ってしまう。

男の子をB、女の子をGとすると、2人の子どもの性別には4つの可能性がある。BB、BG、GB、GGだ。どの可能性も同じような確率だ…ビリーが電話に出るまでは。そして、GGをリストから外すことができる。残るのは、まだ可能性のある3つのケース。BB、BG、GBだ。3つのケースのうち1つだけ、BBは2人の男の子を伴っている。ビリーに兄弟がいる可能性は、3分の1ということになる。

さて、どうだろう？　4つの可能性を列挙することで、私たちはBGとGBを区別し、その順番が重要であることを示唆している。確率論に触れたことのある人は、コイントスやサイコロの結果を集計するときに、このようにしていることを知っているだろう。同様に、子どもたちの性別を年齢順に並べたり、名前のアルファベット順に並べたりすることもある。そこで、ビリーの性別を最初に記載することに同意しよう。そうすれば、GGと同様にGBも確実に除外することができ、残るのはBBとBGだが、もう1人の子どもが男の子なので、男の子が2人になる確率は2分の1だ。

どの答えが正しいのか？ それは、あなたが持っている情報をどのようにして得たかによる。ガードナーは、2つのなぞなぞを提示した。

(1) スミスさんには2人の子どもがいます。そのうち少なくとも1人は男の子です。2人とも男の子である確率は？

(2) ジョーンズさんには2人の子どもがいます。上の子は女の子です。2人の子どもが女の子である確率は？[43]

ガードナーは、この2つの質問には異なる答えがあると主張した。スミスの確率は3分の1、ジョーンズの確率は2分の1だと言う。『サイエンティフィック・アメリカン』の読者からは異論が出て、ガードナーは「問題が曖昧に述べられていて、追加のデータなしには答えられない」[44]と認めた。結局、確率は語り手の意志による。難問を出した人は、なぜ自分が持っているものを私たちに話すのか？ 何か情報を隠しているのだろうか？

これから親になることを楽しみにしている人たちは、キラキラしたピニャータ〔お菓子が入ったくす玉〕を割って、性別発表のパーティーを開く。「子どもたちの少なくとも1人は男の子です」と言う親の姿は想像できない。それはロジックパズルの暗号のような言い回しだ。スミス家の語り手は、情報を提供するよりも謎を解くことに熱心なようだ。

語り手はスミス家の子どもたちの性別を知った上で、難問を出すつもりで「少なくとも1人は男の子です」と告げたという読み方もできる。この場合、BB、BG、GBの可能性が残り、もう1人の子どもが男の子である確率は3分の1になる。

それに比べて、ジョーンズの語り手はより会話的だ。父親が「上の子は女の子なんだ」と言っているのが想像できる。この読み方が正しければ、上の子が女の子であることは付随的なことだ。もう1人の下の子どもが女の子である確率が通常は2分の1であることとは何の関係もない。

ガードナーのなぞなぞは、どちらも語りの隙間を埋めることが必要だ。どの情報がランダムに得られたのか、何が選ばれたのかを判断する必要がある。これは、確率のパラドックスやパズルの多くに当てはまる。

特に、「ビリー」という質問の言い回しは危険だ。あなたは架空の同僚に電話をかけて、ビリーに話しかけたという、自分の経験であるかのように装うことを求められている。にもかかわらず、あなたは面接官が選んだことしか知らないのである。

あなたは、ビリーに話しかけたのは偶然であると信じている。あなたは電話をかけたときに、たまたま電話に出た子どもと話をした。あなたが知っている唯一のことは、あなたが話した子どもと話しをしていない子どもがいて、前者は男の子だということだ。そうなると、BBとBGしか可能性がない。したがって、2分の1がより良い、正当化しやすい答えとなる。

しかし、完全な回答は、この曖昧さを認めるべきだ。ビリーの話は、「少なくとも1人の子どもが男の子」という情報を誇張して表現しているだけかもしれない。その場合、3分の1は擁護できる。

2人の子どもの問題は、行動経済学者に注目されている。彼らは、言葉遣いを少し変えるだけで、確率の評価が変わることを発見した。この発見は、金融アナリストなどの専門家が、金融市場をはじめとするあらゆる分野の予測を行なう際に、必要な教訓であると考えられる。確率の客観的、分析的な側面は、何が関連しているかを評価する直感的で、しばしば無意識的なプロセスと切り離すことができない。誤った直感に基づいて「厳密な」モデルを作るのは簡単なことなのである。

? シアトル行きの飛行機に乗る前に、シアトル在住の友人3人に電話して天気を聞いてみました。3人とも「雨」だと言いましたが、この友人たちは信頼できません。彼らは2/3の確率でしか本当のことを言いません。シアトルで本当に雨が降っている確率はどれくらいでしょうか？

私たちのソーシャルネットワーク上には、信頼できない語り手がたくさんいる。フェイスブックで行なわれたこの面接の質問は、あなたが誰を信頼できるか、そしてどれだけ確信を持つべきかを問うものだ。

いくつかの仮定を置いておくといいだろう。1つは、シアトルの天気は『羅生門』ではないということだ。雨が降っているか、降っていないか、誰もがどちらかに同意するものだ。もう1つは、あなたが3人の友人に電話をしたとき、話している間に天気が変わることはなく、その友人たちはお互いに近くに住んでいて、同じ地元の天気を報告しているということである。

この質問に対する一般的な誤答は、「雨の確率は2/3」というものだ。これは、（2/3の確率で本当のことを言う）友人が1人しかいない場合には、受け入れられる答えだ。この答えは、3人の独立した目撃者がいるという事実を考慮していない。これにより、雨が降っている可能性が明らかに高くなる。

もう1つの間違いは、雨が降っている確率は3/3（100％！）だと言うことだ。これは、簡単な電話アンケートの結果だが、アンケートは誤解を招く可能性があることは周知の通りだ。

以下のように考えてほしい。3人の友人が同じことを言っている。つまり、3人とも本当のことを言っているか、3人とも嘘をついているか。それが唯一ありうる選択肢だ。

3人の友人が（天気のことでも何でも）本当のことを言う確率は、2/3 × 2/3 × 2/3だ。これは8/27、つまり約29.6％になる。

3人が嘘をつく確率は、1/3 × 1/3 × 1/3、つまり1/27、約3.7％だ。

ということは、「3人の友人が同じことを言っている」という証言は、3人が全員本当のことを言っている（つまり、本当に雨が降っている）場合の方が、はるかに可能性が高いということだ。具体的には8倍の確率である。8対1の割合で雨が降っている可能性がある。雨が降っている確率は、8/(8+1)、つまり8/9、約88.89％となる。これが正解だ。

もっと良い方法がある。私はこの問題の重要な特徴を見落としていた。それは、シアトルで通常どの頻度で雨が降るかということだ。友人の証言を評価する際には、この点を考慮に入れるべきだろう。

シアトルは、いつも雨が降っているという不当な評判がある。しかし、統計によれば、シアトルで雨が降るのは1年に150日と言われている。もちろん、シアトルでもどこでも、1日中雨が降っているわけではない。私が見つけた最も細かい統計は、測定可能な雨が降った時間だ。シアトルでは1年に822時間、雨が降っている。[45] これは、1時間に測定可能な雨が降る確率が9.38％であることを意味す

	シアトルの気候統計	目撃者証言	同時確率
シナリオ1：雨が降っていて、友人全員が真実を語っている	9% の降水確率	3 人の友人全員が真実を語っている確率 8/27	2.67%
シナリオ2：雨が降っていなくて、友人全員が嘘をついている	91% の雨が降っていない確率	3 人の友人全員が嘘をついている確率 1/27	3.37%
重要な情報	降水確率 9%（目撃者たちを無視して）	3 人の友人全員が真実を語っている確率 89%（雨のデータを無視して）	雨が降っている確率 44%（雨のデータ、友人たちの証言と信頼性を考慮して）

る。つまり、目撃者の証言がなくても、今シアトルで雨が降っているという確率は9％前後になる。

それに加えて、3人の友人の証言がある。彼らの証言は、雨が降っていて友人たちが真実を語っている場合と、雨が降っていなくて友人たちが嘘をついている場合の2つの筋書きに一致する。同時確率を計算してみた。

雨が降っていないという筋書きは、雨が降っているというシナリオよりも確率が高くなった（3.37％対2.67％）。2つの筋書きのうち、どちらかが適用されなければならないことがわかる。つまり、3人の友人の証言から、雨が降る確率は2.67/(2.67+3.37)％、つまり、約44％しかないということになる。

面接では、シアトルの気候統計を持ち出すことは期待されていない。しかし、シアトルでどれだけ雨が降っているかを調整したベイズ計算をすべきだと指摘することは意味がある。

人間は、文脈を提供してくれる全体的な統計よりも、職場の噂話で聞いたことやフェイスブックで見たことに頼ってしまう性質がある。これを心理学者は「基準率の無視」〔事前に知っている確率を無視して、後から出てくる確率にだけ注目してしまう心理的傾向〕と呼んでいる。信頼できる情報であっても、批判的に考える必要がある。企業は新規事業の成功を予測するために、フォーカスグループやマーケティングテスト、コンサルタントの専門知識を利用する。これらの予測方法には素晴らしい実績があるかもしれない。しかし、毎年どれだけの同種の製品が発売され、そのうちどれだけが失敗しているかを考慮する必要がある。飛躍的な成功を収める可能性は低い。これが月を目指すときには、通常は信頼できる楽観的な予測を否定する理由である。

仕事との関連性を探る

問題解決とは、類推することだ。面接の質問の多くは、その仕事に必要な知識との関連性を示すことで答えることができる。このギミックは非常によく使われているため、独自のルールを設ける必要がある。仕事との関連性を探してください。

? アーニーとブリトニーはそれぞれ別の無人島に住んでいます。2つの島はフェリーでしか行き来できません。渡し守のフレッドは、南京錠で施錠できる箱を積んだ船を持っています。アーニーとブリトニーはそれぞれ南京錠と鍵を持っています。アーニーはブリトニーに大切なダイヤモンドを送りたいと思っています。しかし、フレッドは信用できません。ダイヤモンドは箱に入れてしっかりと施錠しなければならず、フレッドに鍵を渡すことはできません〔彼は鍵を複製することができます）。アーニーはどうやってフレッドにダイヤモンドを盗られずに、ブリトニーにダイヤモンドを送ればいいのでしょう？

八世紀のイギリスで、川を横切り、オオカミとヤギとキャベツを運ぶというロジックパズルが記録されている。[46] 何百ものバリエーションがあり、中には採用面接で使われたものもある。

このパズルを解くには2つの方法があった。1つは、これまで説明してきた「逆算する」「回り道をする」「消去法で考える」「間違った足跡を踏まない」というテクニックを応用すること。もう1つは、仕事に関連した例え話の中から、解決策を見つけ出すことだ（ヒント——この質問はオラクル社をはじめとするハイテク企業で出題されている）。

まず、逆算してみよう。正しい回答はきっと、アーニーがダイヤモンドを箱に入れ施錠してブリトニーに送るところで終わるはずだ。フレッドは鍵を持っていないので、途中で箱を開けることができない。船が到着すると、ブリトニーは鍵を持っていて、箱を開けることができる。

問題はダイヤモンドではなく、鍵なのだ。アーニーはどうやってブリトニーに彼の鍵を送るのか？それには、鍵を悪徳なフレッドに渡すか、ダイヤモンドと一緒に箱に入れるかのどちらかにしなければならない。1つ目のケースでは、フレッドは鍵を使って箱を開け、ダイヤモンドをポケットに入れてしまう。2つ目のケースでは、誰も箱を開けることができない。

川や海を渡る問題すべてでは、葛藤状態を解消させることが必要だ。「無駄な」回り道をしたり、何かを「間違った」方向に送る必要がある。例えば、ブリトニーがアーニーに鍵を送るとか？　しかし、これにも同じ問題がある。フレッドが鍵を盗んだり、最悪の場合、ブリトニーの鍵を複製して、盗難がわからないようにすることもできる。どちらの島民も、自分の鍵を相手に送ることはできない。ただし、誰も開けられない箱に鍵がかけられていなければ、話は別だ。

つまり、（a）誰もダイヤモンドを直接送ることはできない、（b）誰も鍵を直接送ることはできない、ということになる。どちらも正しい結論だ。しかし、アーニーとブリトニーは他に何を送ることができるのだろうか？　私たちは南京錠以外はすべて除外した。

そうだ。貴重品箱とは、ダイヤモンドなどの貴重品を保管する場所だと思っている。錠前は外側にあるはずだ。しかし、これは機能的固定性のパズルで、回答では錠前を箱の中に入れる必要がある。

答えは以下のようになる。次にフレッドの船が彼女の島に停泊したとき、ブリトニーは開けた南京錠を箱の中に入れ、「アーニー、わかったよ。ダイヤを送って。この錠前を使って」というメモを添える。

箱には鍵がかかっていない。のぞき屋のフレッドはメモを読み、錠前を見る。しかし、彼は少なくともバレないようには何もできない。

船がアーニーの島に到着し、アーニーはメモを読む。彼はダイヤモンドを箱に入れ、ブリトニーの錠前で施錠する。船がブリトニーの島に戻ってくると、ブリトニーは自分の鍵（それは彼女の手元から離れたことがない）で錠を開け、ダイヤモンドを手に入れる。

ソフトウェアエンジニアリングの経験がある人なら、この例えに気づくはずだ。問題のストーリーは、インターネット上でお金や個人情報を送る際の問題と類似している。サイバーマンデーの日（感謝祭（一一月の第四木曜日）の翌週、オンラインショッピング利用者が増える月曜日）、アーニーはブリトニーのオンラインストアに支払いをしようとしている。フレッドは、ハッカーや詐欺師がたくさんいる、「大きくて悪いインターネット」だ。この類似関係を認識することは、大きな後押しとなるだろう。電子商取引プロトコルは解決策の青写真だ。

ネット経済は、公開鍵暗号方式で成り立っている。RSA（一九七八年にロナルド・リベスト、アディ・シャミア、レオナルド・エーデルマンの3人が発明したセキュリティプロトコル）は、誰もが自分のデジタル金庫のために個人的な「錠前」と「鍵」を持つことができるという前提で構築されている。この錠前と鍵は、強化されたスチールではなく、コードで作られている。錠前は公開されたり、ウェブサイトに組み込まれたり、インターネット上で送信されたり、ハッキングされたりする可能性がある。しかし、誰もが自分の鍵を（携帯電話やコンピュータというプライベートな「島」に）隠している。私が東京の業者からグラフィック・ノベルを買いたいと思ったら、私は（事実上）業者の錠前を使って支払い情報を封入する。もちろん、私はその仕組みを意識しているわけではなく、すべてソフトウェアで処理されている。しかし、業者の鍵を持っている人はいないので、業者以外の人が私の支払いを解除することはできない。

テクノロジー分野の仕事に就く人は、誰もがRSAに精通しているはずだ。RSAとのつながりを作っておけば、解決策は簡単だ。「鍵ではなく錠前を送る」という発想が必要で、それがRSAの仕組みである。

テストのために勉強しても、学んだことをすぐに忘れてしまう人がいる。また、勉強したことは覚えていても、それを狭い範囲でしか応用できない人もいる。このような問題では、生産性の高いつながりを実行できる能力が試される。

？毛の本数が同じ犬は世界に何匹いるでしょう？

答えは、世界の犬の数と、平均的な犬の毛の数によって決まる。就活生は、どちらの数も知らないだろう（ペットスマートの面接でもそうだ）。しかし、これは誰にでも推測できる。

世界の人口は80億人に近づいている。犬の数は、少なくともゆるやかにそれに相関している。ほとんどの犬はペットとして飼われている（アフリカやインドの野犬は、絶滅の危機に瀕している）。犬の数は、人間の数と比較できると考えてよいだろう。

食料品店の店頭で、人間用の食べ物に比べて、ドッグフードにどれだけのスペースが割かれているかを見てみよう。人間が人間の食べ物を食べていて、犬がドッグフードを食べている。そして、人間の食べ物の方がもっとたくさんある。これは、犬よりも人間の方が多いと考える理由になる（人間の方が多く食べることを考慮しても）。

アメリカは犬を愛する豊かな国だ。発展途上国の多くでは、働かず、（ほとんどの文化では）食用にできない動物を養い、世話をすることは現実的ではない。だからこそ、犬の数は人間の数よりも少ないのではないかと考えられる。いつものようにきりのいい数字にしたいので、世界の犬の数を約10億とする。

犬の毛の本数は？　クルエラ・ド・ビル〔『一〇一匹わんちゃん』に登場する架空の人物〕がオットマン（足載せ台）を持っていると想像してみよう。オットマンは、犬の毛皮で覆われた1フィートの立方体だ。それは犬の大きさと同じくらいだが、6面あるので6平方フィートの毛がある。

犬の毛は、約1/100インチの間隔で、きれいな格子状になっていることが推測される。そうすると、1平方インチあたり約100 × 100 = 10,000本となる。

1平方フィートあたり、12×12=144平方インチある。ここで、有効数字3桁の144を単純化してみよう。1つの方法は、100に切り捨てることだ。しかし、144にオットマンの6平方フィートをかけると、約1,000平方インチになる。そうすると、オットマンには10,000 × 1,000、つまり1,000万本の毛が生えていることになる。オットマンを現実離れした犬の代用品とすると、一般的な犬の毛も約1,000万本になる。

10億匹の犬がいて、平均的な犬一匹あたり1,000万本の毛があれば、同じ数の毛を持つ犬がたくさんいるはずだと考えるのは難しいことではない。これは「ハトの巣の原理」によるものだ。一八三四年にドイツの数学者ペーター・グスタフ・ルジューヌ・ディリクレが提唱したこの原理は、物（ハト）の数がその物を入れる容器やカテゴリー（ハトの巣箱）の数よりも多い場合、ある物は同じ容器やカテゴリーを共有しなければならないというものだ。ホテルに115人のお客様がいて、100室の部屋があれば、相部屋で対応しなければならない人も出てくる。

当然のことながら、ディリクレはこのことを初めて理解したわけではない。フランスのイエズス会の司祭で数学者のジャン・ルーレチョン（一五九一―一六七〇）は、一六二二年に「2人の人間が、お互いに同じ数の毛やエキュなどを持っていることが必要である」と書いている（エキュは金貨）。一七〇〇年代初頭になると、この主張はイギリス人の難問のネタになった。頭髪の数が同じ人がロンドンに2人いるか？　もちろん、答えは「イエス」だ。

他のロジックパズルでも、同じような考え方がある。「靴下の引き出しには、赤と青の靴下が入っ

毛の数で分類された犬

ている。電気が消えていて見えない。「同じ色の靴下を確実に2枚手に入れるには、何枚の靴下が必要ですか？」。多くの人は、3枚という答えを聞いて悔しがった。靴下の色は、赤と青の2色しかない。3枚取って、少なくとも2枚は同じ色でなければならない。

ただし、それがどの色かはわからない。また、2枚の靴下が一致するのか、3枚とも一致するのかもわからない。ただ、2つの色の靴下が3つあれば、一致しないことはありえないということだけはわかっている。

では、鳩の巣の原理を犬に応用してみよう。図は、その基本的な考え方を示している。犬を毛の数で分類したいと思う。平均的な犬の毛の数は約1,000万本と言われているが、犬の大きさや毛の量は千差万別だ。

犬の皮膚の面積は、体高の2乗に比例す

る。グレートデーンは平均的な犬の約2倍の体高があるから、他の条件が同じであれば、皮膚の面積と毛の量は約4倍になるということだ。

毛の数は、ほぼ0（ショロイックインツレ（メキシカン・ヘアレス・ドッグ））から4,000万本（超大型犬）まで、さまざまな種類があるはずだ。その4,000万本もの毛のそれぞれが、ハトの巣箱（整理棚）となる。世界には約10億頭の犬がいるので、ハトの巣箱の数の約25倍の犬がいることになる。そのため、ある犬は他の犬と同じ毛の数の箱を共有しなければならない。

犬の毛の数が均等に配分されていたとしたら、1匹の犬は他の約25匹の犬と同じ数の毛を持っていることになる。しかし、毛の数はベル型のカーブを描いている可能性の方が高い。極端な数の犬は少なく、ほとんどの犬は真ん中に集まっている。その場合、大きすぎず小さすぎず、毛深すぎず毛がなさすぎることもない典型的な犬は、25匹以上の犬と同じ毛の数の箱を共有していることになる。

このような質問に答えるには、多くのアイデアを投げ出すことが必要だ。面接官は結論を重視する。そのためには、自分の答えをまとめておく必要がある。

・地球上には、他の犬とまったく同じ毛の数を持つ犬がいることは間違いない。
・これは珍しいことではない。世界中のほとんどの犬がそうである。
・典型的な犬は、少なくとも25匹の他の犬と同じ数の毛であるし、おそらくそれ以上に、同じ数の毛の犬がいるだろう。

ハトの巣の原理はコーディングにも関係していて、ソフトウェアエンジニアの面接でこの質問が人気になった理由の1つでもある。これはデータの可逆圧縮〔圧縮前のデータと、圧縮・展開の処理を経たデータが完全に等しくなるデータ圧縮方法〕にも当てはまる。スポティファイの曲やネットフリックスの映画など、大きくて手に負えないデータを、完全に忠実に復元できるような、省略されたフォーマットに圧縮するのである。そこでは、ハトの巣の原理は、ソフトウェアエンジニアが熟知していなければならない重要なものだ。

? 地球の軌道上にいる宇宙飛行士が野球のボールを投げると、その野球のボールはどうなるでしょう？　地球に当たるように投げることができるでしょうか？

二〇〇八年、アメリカのギャレット・ライズマン宇宙飛行士は、国際宇宙ステーションに滞在中、ニューヨーク・ヤンキースの始球式を行なった。ライズマンは、カメラの方向に向かって軽くボールを投げた。時速17,500マイルの球だと言っていたが、これは宇宙ステーションが地球を一周する速度とほぼ同じだからだ。

これが、今回の面接の基本的な考え方だ。野球のボールは投げる前から時速17,500マイルに近い速度で飛んでいる。投げてもそれはあまり変わらない。メジャーリーグの速球は、時速100マイルを記録したことがある（一般的な宇宙飛行士が宇宙服を着て、それを実現できるわけではないが）。投球速度は軌道速度に加算されるが、それは丸め誤差以上のものではない。宇宙飛行士がどの方向に野球ボールを投げても、軌道上に留まり、しかも軌道はほとんど変化しない。

さらに言えば、ニュートンやケプラーのいくつかの法則を少しは知っておく必要がある。ニュートンの第一法則は、「物体は力を加えない限り一直線に動き続ける」というものだ。したがって、宇宙遊泳中の宇宙飛行士は、投げた野球のボールがどの方向に向かっても、空に向かって離れていくのを見ることになる。驚くことではない。

ケプラーの第一法則によれば、惑星の軌道は楕円であり、太陽はその楕円の1点に位置する。この法則は、宇宙空間にある野球のボールにも当てはまる。ただし、「太陽」は「地球」、正確には「地球の中心」に置き換えなければならない。野球のボールは、円軌道（円は楕円の限定的なケース）でスタートし、投球によって、その軌道はわずかに楕円に変化する。

宇宙飛行士が自分の軌道の動きに合わせて野球ボールを投げたとする。そうすると、ボールはより大きな楕円形の軌道に乗り、地球から遠く離れていく。一方、宇宙飛行士は円軌道を継続、あるいはほぼ継続している（投球のわずかな反動で軌道はほとんど変化しない）。

ケプラーの第三法則とは、惑星の公転周期の2乗は、太陽からの平均距離の3乗に比例するというものだった。だが、ケプラーの計算はすべて必要ではない。要するに、軌道が大きければ大きいほど、1周するのに時間がかかるということだ。

野球ボールの軌道が大きいと、宇宙飛行士の軌道が小さい場合よりも周期が長くなる。つまり、ボールは宇宙飛行士に遅れをとることになる。宇宙飛行士から見ると、ボールはまず遠くに引っ込んでいく。しかし、すぐに宇宙飛行士の軌道が野球ボールの軌道を追い越し、ボールは地球の中心から離れた「頭上」に位置することになる。これには時間がかからない。国際宇宙ステーションは約92分で地球を1周する。

ボールが見えるほど近くにあったとすると、宇宙飛行士の後ろの地平線に沈んでいく。飛行士は地

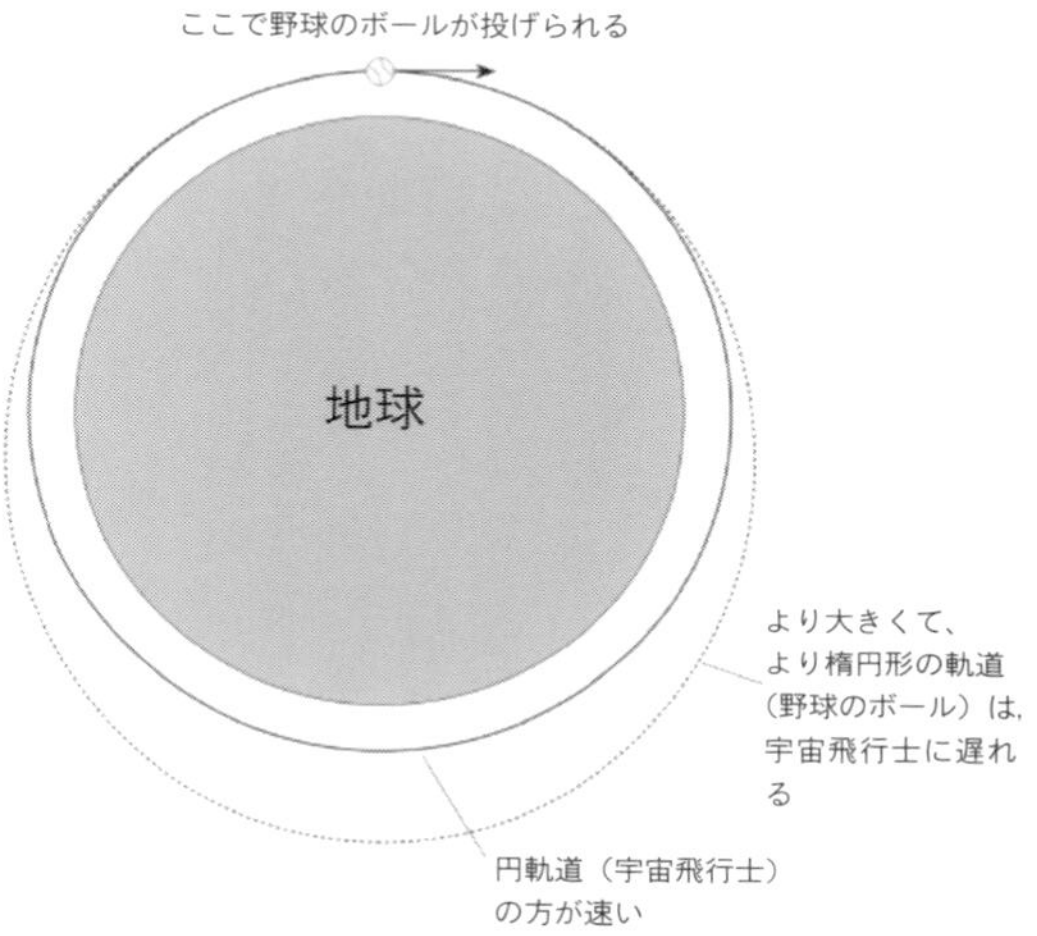

球を1周するたびに、このようにボールを追い越していく。

ボールを別の方向に投げた場合も、楕円軌道を描くことになる。宇宙飛行士が自分の動きと反対の方向にボールを投げると、ボールの軌道は小さくなり、速くなる。ボールは定期的に宇宙飛行士を追い越し、追い越すたびに宇宙飛行士の「下」を通って地球に向かうことになる。

宇宙機関は、宇宙船にダメージを与える可能性のあるデブリ（破片）、つまり宇宙ゴミを追跡している。このボールもその1つだ。その軌道は、ボールが投げられた282ページの図の宇宙飛行士と宇宙ステーションの軌道と一致している。ボールと宇宙飛行士が同時にこの軌道上に戻ってこなければ危険はない。しかし、最終的には、宇宙飛行士が最初に投げた時と同じスピードで、野球ボールが宇宙飛行士にぶつかるという因果応報の瞬間が訪れる。

宇宙飛行士がボールを投げて、地球に当てることはできるのか？　直感的には、地球の中心に向かって、真っ直ぐに思いっきり投げたいところだ。しかしそれでは、ボールが前に進む力をそぐことはできない。最適な戦略は、宇宙飛行士が自分の軌道の動きとは逆の方向にボールを投げることだ。

例えば、宇宙飛行士が超能力を持っていて、時速17,500マイルでボールを投げることができたとする。逆方向に投げれば、野球ボールの公転運動は無効になり、地球に対して動かなくなる。あとは重力が働いてくれる。ボールはまっすぐ下に落ちる（デッド・ドロップ）。

高度約250マイルの宇宙ステーションでは、地球の重力は地表とさほど変わらない。ボールは、ほぼ同じ速度で落下を始め、すぐに速度を上げていく。下層大気に入ると、牛革、紐、コルクなどが赤熱し、白熱する。隕石のように燃え尽きて、ガスやチリになってしまう。たとえ宇宙飛行士が弾道を工夫したとしても、ボールは海に飛び込むこともなければ、誰かの頭にぶつかることもない。ただ、分子が降ってくるだけなのだ。

しかし、宇宙飛行士に超能力は必要ない。宇宙飛行士は、自分の軌道の動きに逆らって、可能な限り速くボールを後方に投げたとする。そうすると、ボールの速度が少し下がり、円形の軌道が少し楕円形になって、地球に近づいてくる。

新しい軌道の近地点（最下点）が地表のすぐ近くにあったとしたら、ボールは地球をかすめてしまうだろう。木や牛や大型店舗に当たるかもしれない。しかし、地球をかすめる軌道にボールを乗せるのは、宇宙飛行士の能力をはるかに超えている。

ただし、250マイルの国際宇宙ステーションの高さでも空気抵抗はある。細い大気の流れによって、宇宙ステーションは1年に15マイルほど高度を失う。定期的にロケットの力で上昇させなければ、大気の厚い部分に再突入して燃え尽きてしまう。

つまり、宇宙ステーションの軌道、あるいは宇宙ステーションに対して静止しているボールの軌道は、厳密には楕円ではなく、螺旋状になっている。1周するごとに、少しずつ地球に近づいていく。

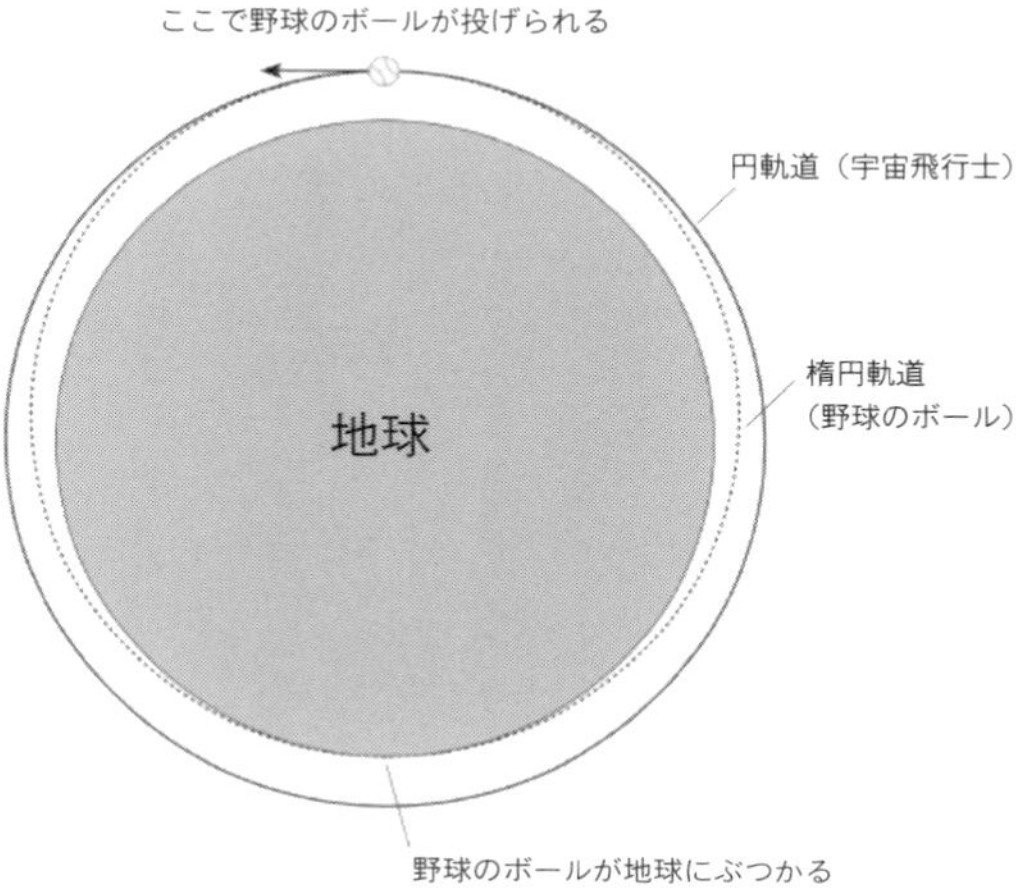

宇宙飛行士が何もしなくても、ボールは大気圏に再突入する運命にある。しかし、宇宙飛行士がボールの軌道を少しでも低くすることで、空気抵抗が大きくなり、より早く螺旋状になって下に向かう。

これは単なる理論上の話ではない。二〇〇八年、アメリカの宇宙飛行士ハイデマリー・ステファニション＝パイパーは、宇宙遊泳中に道具袋を落としてしまった。[47] 彼女はそれを投げたのではなく、誤ってそっと押してしまい、漂流する前に安全に回収することができなかった。世界の宇宙機関が危険なジャンクとして追跡しているこの道具袋は、地球に落下して再突入時に気化するまでに8カ月を要した。

地球低軌道にいる宇宙飛行士が、自分の軌道の動きに逆らって全力でボールを投げると、ボールの通常の軌道減衰を、おそらく大幅に加速することができる。ボールは数カ月後には原子となって地表に到達する。ある意味、宇宙飛行士は地球に向かってボールを投げることができるわけだ。[48]

スペースX社で質問されたように、この軽薄な響きを持つ質問には重大な意味がある。応募するエンジニアは、野球のボールが、増え続ける宇宙ゴミの問題のアナロジーであることを認識すべきだ。宇宙ゴミの問題を解決するには、デッド・ドロップが最も手っ取り早い方法だ。しかし、それには他のどの方法よりも多くのエネルギーが必要である。老朽化した衛星には、燃料の余裕はほとんどない。衛星を維持するためには燃料が必要であり、宇宙機関は科学的なミッションをできるだけ長く続けたいと考えている。

より現実的な戦略は、前述のようなものだ。つまり、物体を十分に減速させて、大気をかすめて通る螺旋状の軌道に送り込み、最終的に燃え尽きるようにする。

反対に、軌道上の物体を脱出速度にまで高める方法もある。これは、地球の重力を超えて物体を移動させるものだが、そのためには多くのエネルギーが必要だ。多くの場合、物体は「墓地軌道」と呼ばれる高さの軌道に投入され、そこでは（当面）物体がダメージを受けることはないだろう。

？ソーセージは膨らむと割れます。どの方向に割れますか？　それはなぜですか？

この質問は、オックスフォード大学の面接で長く使われ、スペースX社でも採用されている。焼いたソーセージ（チョリソー、ブラートヴルスト、キルバサ）は縦に割れるのか、それとも横に割れて円の断面積を持つ部分に分かれるのか？

もしかしたら、あなたは自分でソーセージを焼かないかもしれないが、食べたりはするはずだ。そしてソーセージの食べすぎで太ってしまって、すごくきついジーンズを履いているとする。あなたの太ももは、超人ハルクのように生地を突き破っている。ジーンズは、長く裂けるのか、短く裂けるのか？

あるいは、風船動物を作るのに使われるような、長い風船を思い浮かべてほしい。風船が破裂したとき、長い切れ端になるのか、それとも短い輪ゴムになるのか。

ほとんどの人は、ソーセージやタイトなズボン、風船などで経験したことがあるので、その答えを知っているはずだ。圧力をかけられた円筒形の体積は、緊密な表面層に囲まれていると、その表面層を縦に分割する。これは、私たちの宇宙の法則であり、「マーベル・ユニバース」の法則でもある(映画やコミック版『超人ハルク』を参照)。

この質問の難しいところは、その理由を説明することだ。ここでは、オックスフォード大学の学生に適した直感的な答えと、スペースX社のエンジニアに適したより厳密な答えを紹介する。

ソーセージのジューシーな中身は、加熱されると膨張する。これが皮に圧力をかけ、謎の肉の風船になる。「風船」とは、非圧縮性の流体を包んでいる薄い皮のことで、内部の圧力が均一であることが特徴である。これを「パスカルの法則」という。

しかし、この内圧による皮への負担のかかり方は、風船の形状によって異なる。球形の風船は完全な対称性を持っているので、圧力はすべての面に均等にかかる。形状が球体から外れるほど、皮にかかる圧力は方向性を持つことになる。

ソーセージの中身が外に向かって膨らもうとすると、タテ方向よりもヨコ方向の方が抑制される。皮は小さな円周付近で特にストレス(応力)を受け、そこが最も破裂しやすい場所となる。そこでの破裂は、タテ方向に伝播していく。そうすることで、ストレスが最も緩和されるからだ。ソーセージはタテ方向に「ジッパーを外す」。

さて、ここからはより詳細な回答になる。いくつかの用語について説明する。ストレスという言葉は、面接を受けている人だけのものでなく、物理学では「力を面積で割ったもの」という意味もある。

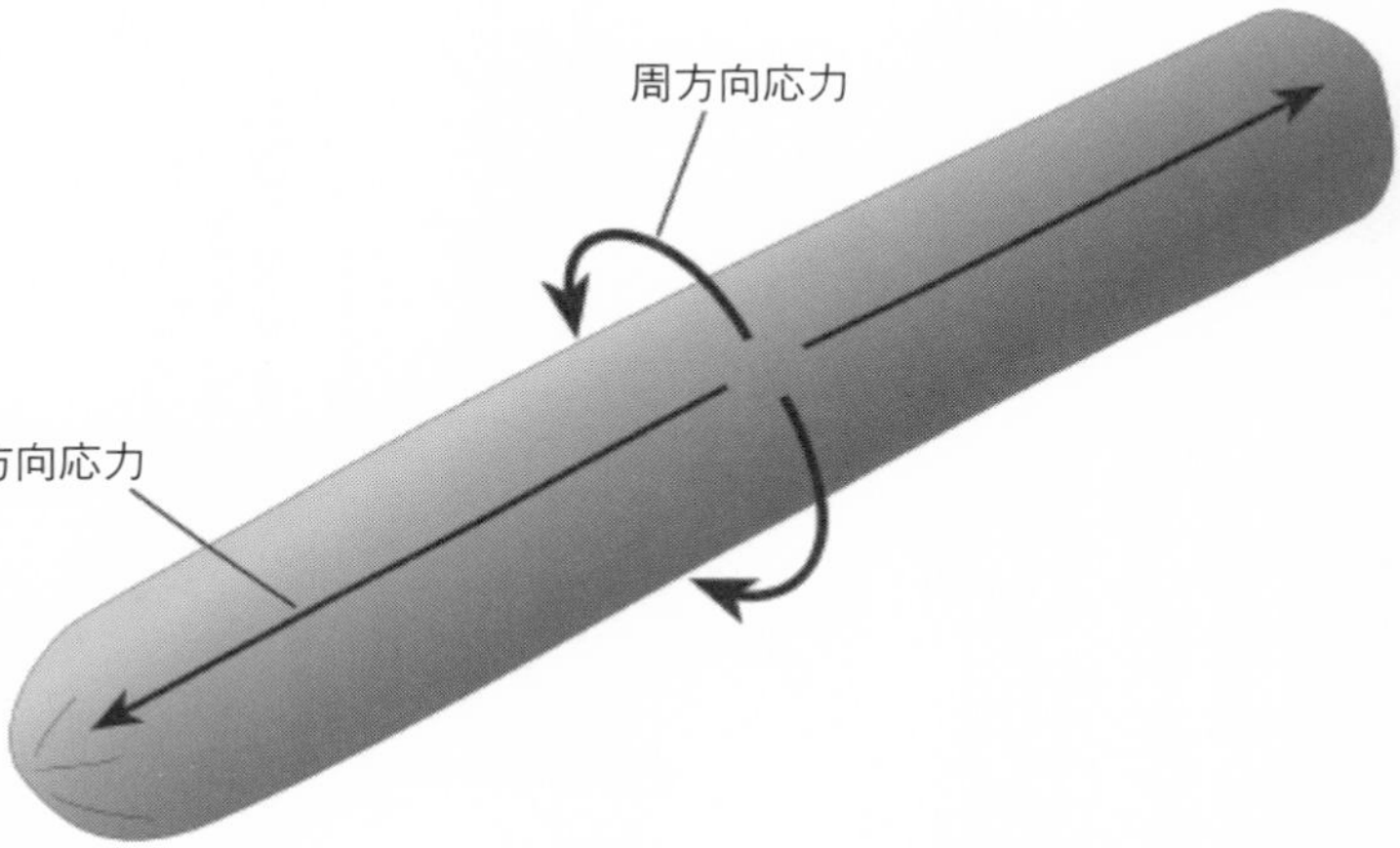

ここでは、膨張したソーセージのほぼ均一な内圧が、皮や表面の断面積にかかることを指している。

大量生産されるソーセージは、肉の円筒に近い。ソーセージには2種類の応力がある。ソーセージの小径部にはフープ応力（周方向応力）がかかる（樽のフープのように）。これは、ソーセージが調理中にふっくらと膨らみ、皮が横方向に伸びる傾向があるために起こる。軸方向応力は、ソーセージの長さ方向にかかる。これは、ソーセージの長さが長くなり、皮が縦に伸びることによるものだ。

次は、鋭利な包丁を使って計算してみよう。ソーセージをたくさんのプロシュート（生ハム）と同じような薄さに切り分けようというのだ。ソーセージは、この非常に薄い（あるいは無限小の）スライスの大きな（あるいは無限大の）数で構成されていると考える。これらのスライスは、皮にかかるストレスの代表だ。このスライスを分析することで、ソーセージ全体で何が起こっているのかを理解することができる。

そこで、ソーセージを端から端まで、長さに垂直に、薄い円形の円盤状にスライスすることを想像してみよう。そ

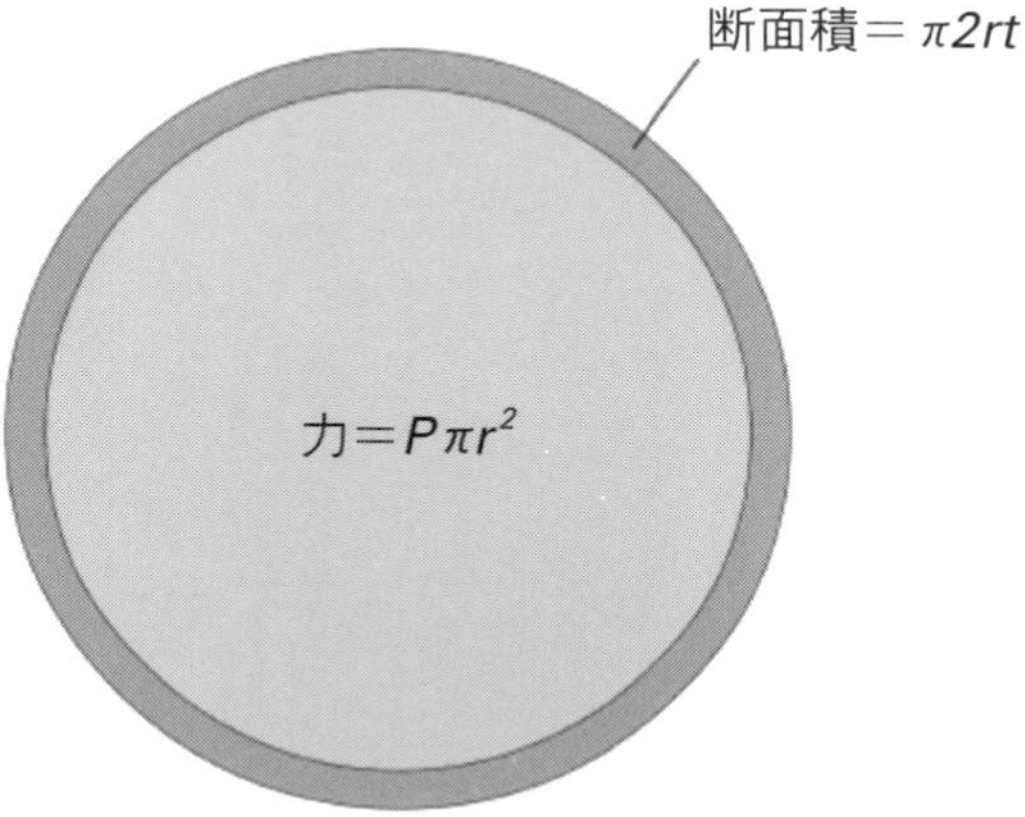

れぞれのスライスは軸方向のストレスを表わしている（これは直感的ではない。円形の断面はフープ応力を表わすと思うかもしれない。しかし、それぞれのスライスは、ソーセージの長さに沿って、すぐ隣のスライスに軸方向の応力を伝える。微積分を知っている人にとっては、薄い円形のスライスは軸方向の応力の差分だ）。

各輪切りにかかる力は、一様な内圧確度（P）に円の断面積を乗じたものである。円の面積はπr^2でrは半径だ。

$$力 = P\pi r^2$$

この力は、薄くて円形の帯状の外皮にかかる。その断面積は、基本的には皮の厚さ（t）にソーセージの円周（$\pi 2r$）を掛けたもの、つまり$\pi 2rt$である。皮にかかる軸方向の応力は、力を面積で割ったものだ。これは$Pr/2t$となる。

$$軸方向応力 = 力／面積 = P\pi r^2/\pi 2rt = Pr/2t$$

次に、フープ応力だ。これには、特殊な切り方が必要である。ソーセージを中心軸（破線）を中心にして細長く切っていく。それぞれのスライスは、小さな円周上の隣のスライスにフープ応力を伝え

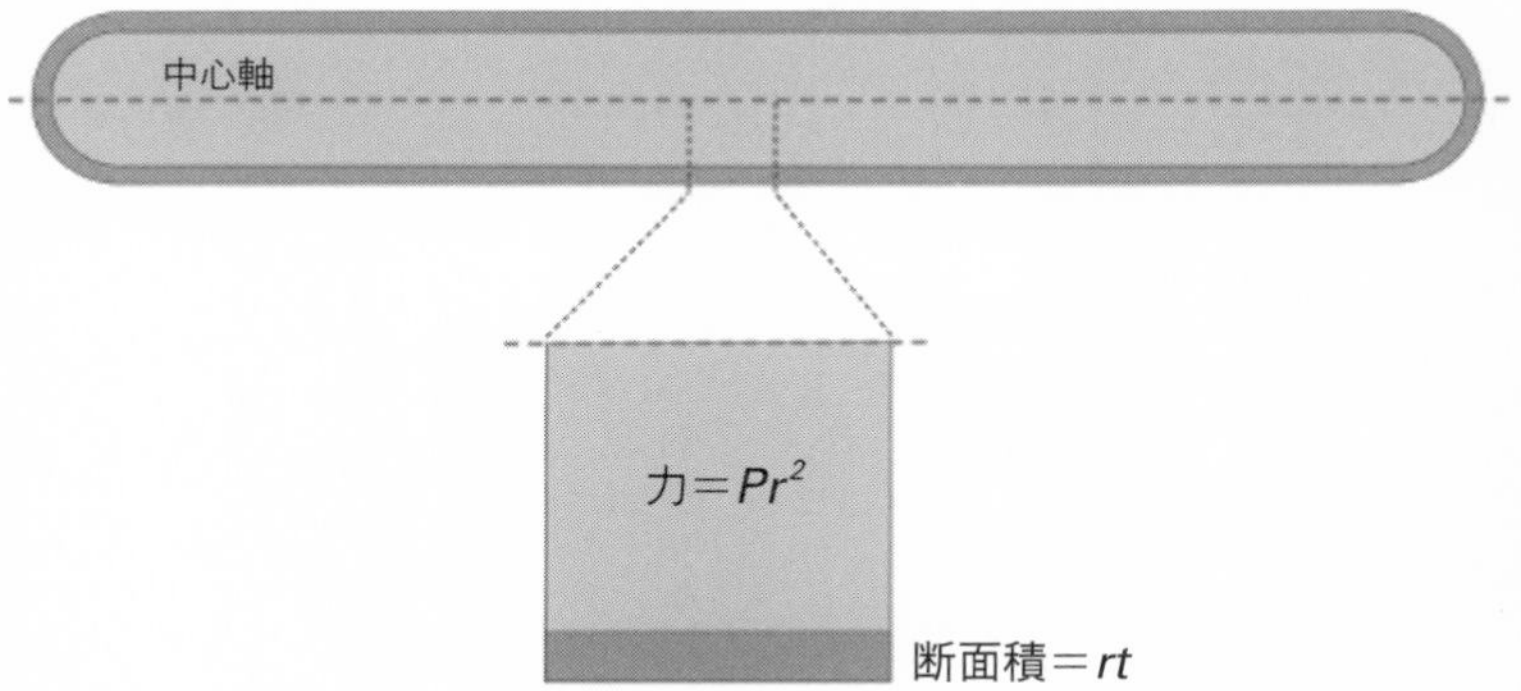

る。しかし、スライスはとても長くて均一なので、全部が必要なわけではない。簡単にするために、1つのスライスの正方形の部分だけを取り出して、そこから作業する。この正方形の断面の辺がソーセージの半径rになる。

先ほどと同様に、内圧に正方形のスライスの面積r^2をかけた力が発生する。

力＝Pr^2

この力は、今度は下の方にある薄い皮の部分にかかる。フープ応力はPr/tとなる。

フープ応力＝力／面積＝Pr^2/rt＝Pr/t

軸方向応力とフープ応力の式は、軸方向応力の分母が2であることを除けば、同じに見える。つまり、フープ応力は軸方向応力の2倍の大きさがあるということだ。ソーセージの皮が破れるのは、おそらくフープ応力が原因で、縦方向に裂け目ができてしまうのである。

しかし、フープ応力は縦方向ではなく、横方向に発生するという点に問題がある。こんな風に考えてみてほしい。タイトなズボンを履いているとき、ベルトはフープ応力の方向にある。しかし、ズボンが裂けると、裂け目はベルトのように水平ではなく、上下方向になる。

現実は複雑だ。ソーセージの外皮にはランダムな傷、ひびがあり、それが裂け目にも影響する。しかし、フープ応力と軸方向応力の2倍の差は、縦方向の分割に有利に働く。

ソーセージとスペースX社のロケットにどんな関係があるのだろうか？　それはすべてである。ロケットは、非常に高い圧力を封じ込めるために作られた表面がチタン製の管だ。失敗すると、ソーセージと同じ理由で破裂してしまう。凍結した水道管、過負荷の圧力ボイラー、潜水艦の船体、航空機の胴体も同様だ。科学を本当に理解しているスペースX社のエンジニア候補なら、点と点をつなげて全体像を作り上げる（証拠を全て集めて全容を明らかにする）ことができるはずだ。

新しい機能を導入する

面接問題は、言葉や数字、考え方などで伝えられる。これらのコンセプトをルービックキューブのように並べ替えて新しい形にしていく。しかし、うまくいかないこともある。新しい機能（ジョージ・ポリアはこれを「補助要素」と呼んだ）を考案する必要があるかもしれない。それは、新しい概念であったり、戦略であったり、数値表現であったり、図の中に追加された形であったりする。新しい機能は、問題とその中で何が重要なのかを考えるためのオリジナルの方法を提供する。それは、建物の足場のようなものだ。設計図には載っていないが、構造体を作る（問題を解決する）ために追加するものである。

?あなたは赤いカメレオン10匹、青いカメレオン11匹、緑のカメレオン12匹を飼っています。赤いカメレオンと青いカメレオンが出会うと、どちらもそこにいないカメレオンの色に変わります。同じ色のカメレオンが2匹出会うと、何も起こりません。すべてのカメレオンが同じ色になることはありますか？

これはかなり奇妙な設定なので、まず例を挙げて話してみよう。赤いカメレオン10匹と緑のカメレオン10匹が出会ったとする。彼らはグータッチをすると、一瞬にして20匹の青になる。それを元の11匹の青に加えると、31匹の青となる。しかし、緑が2匹残ってしまう。その2匹の緑が2匹の青と出会うと、赤になる。すると、赤が4匹、青が29匹になり、緑は1匹もいない。すべてのカメレオンを同じ色にするのが目的ならば、最後の変更で失敗をしたことになる。これでは「モグラたたき」ゲームだ。

難しいのは、色で分けられないカメレオンが残っていることだ。すべてのカメレオンを同じ色にすることに成功した場合を想像して、逆算してみよう。どのようにするのだろう？

2つの色が同じ数だけあったとする。例えば、赤が3匹、青が3匹、残りが緑。赤の3匹と青の3匹が出会うことで、緑が6匹になり、緑1色のセットになった。

この問題では、それぞれの色の数が異なっている（10、11、12）。つまり、1つのステップですべての色を1色にそろえることはできない。色の数は、すべてのカメレオンが同じ色になることがないように選ばれているのではないか、と勘ぐってしまうかもしれない。しかし、それを証明することが重要だ。

証明は簡単ではない。というのも、出会いや色の変化の可能性は非常に多いからだ。例えば、赤と青が同じ数になることは不可能だと証明したいとする。赤いカメレオンと青いカメレオンが出会うと、こうなる。

赤いカメレオンの数が1減る。
青カメレオンの数が1減る。
緑のカメレオンの数が2増える。

一般的に、色の違うカメレオンが出会うと、2色が1減り、もう1色が2増えると言われている。このパズルでは、赤、青、緑の3色を扱っている。これらの色でずっと遊んでいても埒があかない。そこで、「赤対青の余剰」という新しい概念を考えてみる。これは単純に、赤の数から青の数を引いたものだ(略してR–B)。

もしR–Bがゼロになることがあれば、赤の数と青の数が等しくなり、オールグリーンのセットを作ることができる、ということに気がつく。

2匹のカメレオンが出会ったとき、R–Bはどうなるだろうか。出会ったときの結果は次の4つだ。

・2匹のカメレオンの色が同じであれば、何も起こらず、R–Bは変化しない。

・赤と青が出会った場合、赤と青がそれぞれ1匹ずつ減り、R–B は変化しない。
・緑と赤が出会うと、赤が1匹減り、青が2匹増え、R–B は3匹減る。
・緑と青が出会った場合、青が1匹減り、赤が2匹増え。R–B は3匹増える。

いくつかの出会いでは、R-B は変化しないが、変化する場合は3の倍数でしか増減できない。問題では、赤が10匹、青が11匹の状態からスタートする。つまり、R–B は最初は –1だ。したがって、R–B は 2, 5, 8, 11… のような値をとることができる（あるいは –4, –7, –10, –13…）。だが、R–B が0になることはありえない。つまり、すべてのカメレオンが緑になることは不可能で、そのためには R–B が 0–0=0 になる必要があるのだ。

赤対緑の余剰と青対緑の余剰を同じようにして、簡単に出すことができる。同様の理由で、カメレオンをすべて青にすることも、すべて赤にすることもできない。答えは、カメレオンがすべて同じ色になることはないということだ。

? 王様は、敵がお祝いのために用意した100本のワインのうち、ちょうど1本に毒を盛ったことを知ります。王様がワインを試すには、サルに数滴のワインを飲ませるしかありません。ワインに毒が入っていれば、サルは24時間以内に死んでしまいます。お祝いは明日の夜です。王様は何匹のサルがいれば毒入りのボトルを確認できるでしょうか？

食中毒が発生した場合、保健所は何をするだろうか？　病人たちに食べたもの、飲んだものをリストアップしてもらう。そして、食中毒の被害者たちが食べたもので共通のものを消去法で特定していく。

サルは話すことも書くこともできない。サルには優しくないが、解決策としては、異なるワインボトルのサンプルを使って、それぞれのサルに固有のカクテルを作ることだ。そうすれば、生き延びたサルから毒入りボトルを推測することができる。

そのためには、それぞれのサルに個別のレシピを用意して、どのボトルをサンプルにするかを指定する。100本のワインボトルと未知の数のサルがいるので、このレシピはかなり複雑なものになる。ワインボトルを参照するための方法が必要だ。例えば、1から100までの番号をつけることもできる。

しかし、もっといい方法がある。それは2進数を使うことだ。これは、ソフトウェアエンジニアにとっては、ほとんど自然なことであって、便利な機能を持っている。各桁は1か0で、これはサルが特定のボトルからサンプルを得るか得ないかで識別できる。これが今回導入した新機能で、ボトルの識別とサンプルの配布方法を示すバイナリコード（2進コード）だ。

1から100までの数字をバイナリ2進法に変換する。先頭に0を入れて、各基数が7桁になるようにする。1番のボトルは0000001、2番のボトルは0000010… となる。つまり、100番のボトルは1100100だ（基数2の数字は、1×64＋1×32＋0×16＋0×8＋1×4＋0×2＋0×1＝100を意味する）。

この7桁の数字は、7匹のサルにも対応している。サルをアヴァ、ブルックリン、チーター、デリラ、イーサン、フランシス、おさるのジョージと呼ぶ。それぞれのサルは、バイナリコードの7つの桁のうちの1つに対応している。1はそのサルがバイナリコードで特定されるボトルのサンプルを得ることを意味し、0はそうでないことを意味する。

アヴァ	ブルックリン	チーター	デリラ	イーサン	フランシス	おさるのジョージ
0	1	1	0	1	0	0

例。52番のボトルは、2進法で0110100となる。ブルックリン、チーター、イーサンは52番ボトルを数滴カクテルに入れることになっているが、他のサルはこのボトルから何ももらえないことが数字でわかる。

24時間後、サルたちが生きているかどうかを確認する。致命的なボトルの番号は、サルの死体に綴られているだろう。ブルックリン、チーター、イーサンが死ねば、52番のボトル（0110100）を飲んだ唯一のサルたちであることがわかる。そして、彼らだけが死んだのであれば、それは毒入りのボトルに違いない。

では、53番のボトル（0110101）はどうだろうか？　死んだ3匹のサルもそのボトルを試飲した。しかし、好奇心旺盛なジョージは元気だった。ジョージが生き残ったということは、53番のボトルは大丈夫だということだ。死んだ3匹のサルが試飲したボトルは他にもあったが、設計上、生きているサルがいるので、これらのボトルが致命的なボトルではなかったことを証明している。

この計画には7匹のサルが必要だが、これは2進法の7桁の数字が10進法の127までの数字を表わすからだ。致命的なボトルが63番、つまり0111111番の場合は、6匹までのサルが死ぬ可能性があるが、通常はもっと少ないだろう。

おさるのジョージは二日酔いになるかもしれない。彼は50種類のボトル（すべて奇数番号のボトル）から試飲しなければならない。このシステムでは、アルコールよりもはるかに毒性の強い毒物を使用する必要があるため、1本のボトルをテストするには1滴か2滴で十分なのである。

？　7人の人がそれぞれ色のついた帽子をかぶって輪になっています。7人は、他の6人がかぶっている帽子は見えますが、自分の帽子は見えません。帽子の色はリストに書かれた7色の中から選ばれます。しかし、必ずしもすべての色が揃うわけではありません。7つとも緑の可能性もあります。あるいは、他の色で順列となっている可能性もあります。誰もがそのことに気づいています。

合図があったら、7人全員が自分の帽子の色を推測して叫ぶように言われています。少なくとも推測が1つでも正しければ、全員が帽子を脱いで家に帰ることができます。推測が1つも当たらなかった場合は、全員が処刑されます。

7人は、帽子を受け取る前に戦略を練ることが許されています。果たしてどうするのか？

ジェーン・キャピタルで出題されたこの問題は、とても難しい。問題解決のためには、あらゆる手段を講じる必要がある。

アナロジーを使う。頭脳ゲームを経験したことのある人なら、これは「カラーハット問題」だとわかるだろう。この問題は定型化されたルールに従っている。1つは、すべての人が「完璧な論理性」を持ち、瞬時に結果を推測でき、常に何手も先を見越していることだ。典型的なパズルでは、ある人が自分の帽子の色を知ることができ、他の人が自分の帽子の色を知ることができなかったという事実から、自分の帽子の色を知ることができる。これは典型的なギミックだ。

あなたの最初の反応は間違っている。間違った足跡を踏まない。慣れている人は、色つき帽子のギミックと同じような解法を期待する。しかし、通常の色つき帽子のパズルでは、帽子を被った人が順番に自分の帽子の色を当てていく。だが、このパズルは、同時進行でなければならない。推理者は、自分の推理に取り返しがつかないほど固執するまで、他の人からは何も学ぶことはない。根本的に新しいアプローチが必要だ。

意外な言葉に注意する。いくつかのフレーズが目立つ。「すべての色が揃うわけではない」「少なくとも推測が1つでも」「戦略を練る」。

典型的なカラーハットパズルでは、人々は見た帽子から自分の帽子の色について何らかの結論を導き出す。しかし、ここではそれは除外されているようだ。どんな色を見ても、自分の帽子は（「7つのリスト」から）どんな色でもあり得るのだ。この面接では、7つの帽子がすべて緑であっても、あるいは他の組み合わせであってもよいという点を、一文を費やして強調している。

確かに、チームで解決しようとしているように聞こえる。少なくとも1つの推測が正しくなるように、人々は戦略に同意する必要がある。全員が正解する必要はない。

この問題をもっとシンプルにしてみよう。2人の人間と2つの帽子の色（黒と白）があったとする。あなたはもう1人の男性を見て、彼が黒い帽子をかぶっていることを知った。さて、どうだろう？彼の帽子の色はあなたの帽子とは関係ない。

しかし、戦略を共同で考えることは許される。2人のケースでは、考えられる戦略を簡単に並べることができる。1つは、まったく戦略を立てない方法だ。

・1人ひとりがランダムに色を推測する

これでも、思ったほど悪くはない。それぞれの推測は2分の1の確率で正解する。罰則があるのは、両方が間違っていた場合だけだ。その確率は4分の1で、2人が生き残る確率は75%である。目標は、この確率を高めることだ。簡単な協力策を紹介しよう。

・1人ひとりが、何があっても黒を推測する。
・1人ひとりが何があっても白を推測する。
・1人が黒を、もう1人が白を推測することにする。

これらを実行してみると、どれもランダムに当てるよりも良い（または悪い）ことがわかるだろう。少なくとも1人の人が正しい色を推測する保証はない。

アルバート・アインシュタインは、「すべてのものは可能な限り単純にすべきだが、それ以上単純にしてはならない」[49]と言ったそうだ。シンプルな戦略がうまくいかないときは、もう少し複雑なものを試してみよう。

相手の帽子の色に応じて、条件付きの戦略を立てることができる。例えば、以下のように。

・各人が相手の帽子の色から推測する。
・各人が相手の被っていない色から推測する。
・1人が見えている色から推測し、もう1人が見えていない色から推測する。

ビンゴ！　最後の1つはうまくいった。色が同じであれば、自分が見えている色を推測した人は、自分の帽子の色を確実に当てていることになる。もし色が違えば、自分が見えていない色を推測した人が正しいはずだ。

推理者はチームとして行動しており、チームに「私」はない。推理者は、自分の推理が当たる確率を最大化しようとしているのではなく、少なくとも1つの推理が確実に当たるようにしている（それがパズルの要求だから）。

これで、問題のよりシンプルなバージョンを解くことができた。次のステップは、このアイデアを、7人の人間と7つの帽子の色の場合にスケールアップすることだ。多くの場合、スケールアップは簡単にできる。しかし、残念ながら今回はそのようなケースではない（すでに難しい問題だと言った）。マクガフィンは重要ではない。2人のバージョンの解決法から、可能性のある母集団を2つの包括的で、相互に排他的なケース（色が同じ、色が違う）に分ける。帽子をかぶる人は、どちらかのケースに割り当てられ、そのケースが適用されるかのように推測するよう指示される。どちらのケースが正しいかを知る必要はない。それはマクガフィンだ。重要なのは、どちらかの推測が正しくなければならないということである。

この問題の別の簡単なバージョンは、7人だけの場合だ。目標は、チンギス・ハーンが生まれた曜日を当てることである。7人のうち少なくとも1人が正しく当てなければならない。

しかし、チンギス・ハーンの両親は遊牧民だったので、彼の生年月日——西暦一一六二年のある時点——はモンゴルの砂に埋もれてしまっている。歴史家でさえも、誰も正解を知らない。そんなことはマクガフィンだ（どうでもいい）。ただ、７人がそれぞれ違う曜日を叫ぶようにすればいい。誰かが正解しなければならないのだ。

同様に私たちは、面接での質問の、色つき帽子の可能性の母集団を７つのケースに分け、そのうちの１つが必ず当てはまるようにする方法を見つけたい。この戦略が単純すぎるものでないことは明らかだ。帽子をかぶる人は、どのような色の組み合わせを見ても、それが推測に影響を与える可能性があり、それは複雑な方法であるかもしれない。「一番多く見ている色を当てる」とか「見ていない色を当てる」といった戦略は通用しないだろう。

新しい機能を追加する。色に１から７までの番号をつけてみよう。数字の利点は、足し算ができることだ。７つの帽子の色と数字を足していくと、ある和になるはずだ。その和を知っている人は、自分の帽子の色を計算することができる。例えば、その和が29だと言われたとする。あなたは６つの帽子を見て、その色が2、5、3、5、5、3という識別番号を持っていることを知っている。これを足すと23になる。見えない１つの帽子、つまり自分の帽子は、すべての帽子の合計が29になるためには、６という値を持っていなければならない。あなたの帽子は、６に対応する色だ。

誰も７つの帽子をすべて見ることができないので、帽子の色と数の合計は誰にもわからない。１人だけ正解すればよいのだから、問題はない。暫定的な戦略としては、帽子をかぶる人に可能性のある和を割り当て、その和から自分の帽子の色を推測してもらう。そうすれば、誰かが正しい和を持っていて、正しい答えを出すことになる。

難しいのは、人の数よりも和の可能性が多いことだ。１から７までの７つのカラーコードの和は、７から49までの範囲になる。帽子をかぶった７人に対して、43の可能性があるということだ。

これには簡単な解決策がある。和を7で割って余りを取る。この余りは、0から6の範囲でなければならない。帽子をかぶっている人それぞれに7つの可能性がある。余りがあれば、帽子の色を推測するのに十分だ。

例。私には余りの5が割り当てられている。それが実際の余りであるかどうかは問題ではない。私の仕事は、それが残数であるとして、それに従って行動することだ。私は6色の帽子を見て、その数字を合計すると31になる。31を7で割ると4になり、3の余りが残る。

これは5より2少ないので、私の見えない帽子は2に対応する色に違いない。そこから色を推測する。

他の人たちも同じような戦略をとっているが、割り当てられた余りは異なる。7人全員がこれらの指示に間違いなく従えば、成功率は100％になる。7人のうち6人は必ず間違い、1人は必ず正解となる。

あとがき——エジソンの誤謬

トーマス・エジソンは間違っていた。「有能な社員になれるかどうかを示す魔法の質問は存在しない」と。今日、多くの雇用者が同様の誤りを犯している。心理学者たちは、広く使われている評価技術には誤りがあり、誰もが当然と思っているほど仕事の成果を予測できるものではないという証拠を集めている。どのような質問をしても、面接のプロセスは確証バイアスの練習になってしまう危険性がある。

しかし、評価技術（とそれを使う人）が不完全であっても、より良い面接を行なう方法はある。このあとがきでは、そのための戦略を紹介しよう。

採用担当者がまず認識すべきことは、応募者の選別のほとんどが面接の前に行なわれているということだ。誰が公式の面接に招待されるかを決定するのは、ボットやアプリ（履歴書スキャンソフト、ターゲットを絞ったソーシャルメディア広告、AIを使った電話面接、心理測定ゲームなど）であることが多い。検知もれ（フォールス・ネガティブ）や採用時のバイアスが最も発生しやすい状況では、それを最小限に抑えることができる。採用する側は、このような前段階を、後の面接の段階と同様に真剣に受け止める必要がある。また、「ブラインド・オーディション」の考え方を審査に取り入れる方法も検討すべきである。

面接は、単に最も優秀な応募者を見極めるためだけのものではない。面接は、雇用主と候補者がお互いに大きな約束をする前に、会って、お互いの居心地の良さを確立するための重要な機会でもある。候補者は企業を評価しているのであり、その逆もまた然りである。企業がオファーを出すということは、候補者が迅速に――もちろん自分が望む形で――決断を下してくれることを期待しているのだ。この決断は、候補者がどれだけ快適に面接を受けることができたかに大きく左右される。

奇をてらった質問は、当然だが、仕事とは何の関係もないように見える。このような質問をする面接官は、応募者にその質問の目的を簡単に説明する義務がある。なぜその質問を使うのかを簡単に説明できなければ、それはその質問をすべきではないということだ。

新入社員の集団面接では、企業文化への適合性の質問（「あなたの超能力は何ですか？」）に対してはある程度の寛容さがある。同じ質問は、経験豊富な応募者との一対一の面接では、侮辱的とみなされる可能性がある。会社は、特定の「タイプ」を探して、それ以外の人を排除しようとする社交場ではない。重要なのは、その仕事をする能力と意欲だ。それと関係のないものは邪魔なのである。

面接でロジックパズルを使う企業は、創造的な問題解決能力と仕事で新しいスキルを学ぶ能力の重要性を公表している。これらの資質の適合が広がるということは、パズルで良い結果を出した候補者と、仕事で良い結果を出した候補者の間には相関関係があると考えられる。

パズル（または他の種類の面接用質問）の最良の利用法は、面接官が候補者について即座に下す判断に疑問を投げかけることだ。心理学者は、構造化面接を推奨している。これは、各候補者に同じ質問をするもので、面接官が候補者についてすでに思い込んでいることを確認するために質問を選ぶという、無意識の傾向を阻止するためだ。質問はネットや本で公開されているので、同じ質問を何度も繰り返すのは現実的ではないかもしれない。しかし、面接官は、ある求人案件の候補者1人ひとりに同じ質問をすることができるし、そうすべきである。

経験豊富な面接官は、難問が求めているのは正解だけではないことを知っている。マイクロソフトの元面接官ジョエル・スポルスキーは、「質問のポイントは、30分程度の会話を生み出すことです」[1]と言う。あなたがどれほど賢い人間かを伝えるには、会話をしなければならない。

質問に内在する主観性を扱う方法はある。スコアリングキーは、回答を評価するための統一されたガイドラインだ。ここでは、ジェレミア・ホーナーらが「アメリカには何軒のガソリンスタンドがありますか」[2]という質問に対する回答を評価する際に使用したスコアリングキーの例を紹介する。

1ポイント——問題を把握できていない。根拠のない推定値を出している。

3ポイント——推定値の根拠を示し、議論することができる。例えば、

・車の台数
・人の数、そして何人が車を持っているか
・免許を持っているドライバーの数
・それぞれの車にガソリンを入れる頻度
・ある期間に使用されたガソリンの量
・平均走行距離
・平均燃費

5ポイント——数多くの変数を関連付けて、具体的な根拠を示している。例えば、家族構成や1

人当たりの車の台数を考慮して、米国の人口と関連付け、車の台数を推定する。

これらのベンチマーク（基準）により、面接官は回答を1ポイントから5ポイントの間で評価することができ、異なる面接官どうしの評価にも一貫性が保てる。面接の質問は、面接官によってほぼ同じ評価が得られなければ公平ではない。

一部の雇用者の間では、能天気に難しい質問をすることが流行っている。この質問は、永遠に現われないかもしれないユニコーン候補者（完璧な社員のことを指す。積極的な精神態度を持ち、忠実で、高いパフォーマンスを発揮し、生産性の高い人）のための、石に刺さった剣のようなものだ。しかし、中には面接評価として実用的ではないほど難しい質問もある。「嘘つきと真実を語る見知らぬ人」や、「色のついた帽子をかぶった7人」について問題は、その範疇に入るかもしれない。本当に難しいパズルを解くには、20分はかかるだろう。現実には、1つの質問にそれほどの時間を割くことはできないし、すべきでもない。

賢明な雇用者は、就職面接がノイズの多い指標であることを理解している。ヘッジをするのが一番だ。超難解な質問をするよりも、時間のかからない質問をたくさんしよう。一種類の質問ではなく、さまざまなタイプの質問をしよう。そして何よりも、1つの質問に対する回答を重要視しすぎないことだ。

エジソンは、自らを「天才の偉大さによって神話化されなかった者」と位置づけていた。「発明をするには、優れた想像力と山ほどのガラクタが必要だ」と彼は言っている。イノベーターとは、創造者というよりも、古いアイデアを新しい方法で組み合わせて、何かを見つけ出すまでいじくりまわし続ける者である。エジソンは、「私にはアイデアなどなかった」と言っている。[3]「私の発明品と呼ばれるものは、すでに環境の中に存在していて、それを取り出しただけだ。私は何も生み出していない。生み出した者など誰もいない」。

これは謙虚だが大いなる自慢話だ。しかし、エジソンは、自分の代表的な発明であっても、まったく新しいものではないことを認識していたのである。エジソンは優れた改良家であり、アイデアを改良することは大変なことだ。これは、エジソンが残した格言にも通じるものがある。「良い機会（チャンス）は、それがオーバーオールを着ていて、仕事のように見えるので、ほとんどの人が見逃してしまう」[4]。「天才とは、1％のひらめきと99％の努力である」[5]。「人生の失敗者の多くは、諦めた時にどれほど成功に近づいていたことに、気づかなかった人たちである」[6]。

このようなテーマは、何世代にもわたって革新的な人々によって繰り返し語られてきた。スティーブ・ジョブズの有名な言葉に「創造性とは物事をつなぐことだ」というのがある。イーロン・マスクは「ここでは失敗も選択肢の1つだ」と言う。「もし失敗しないのであれば、あなたは十分に革新的ではない」。

創造的な問題解決には試行錯誤がつきものだ。しかし、この言葉には誤解がある。優れた問題解決者は、適当にやっているわけではない。次に何をすべきか、常に直感的に判断している。問題の理解度に応じて戦略を変えていくのである。

パズルやゲームは、人生における運、挫折、勝利を扱いやすい形にしてくれる。採用担当者が応募者について知る上で最も重要なことの1つは、避けられない挫折にどのように対処するかということだ。創造的な問題解決者は、不確実性に慣れている。行き詰まりをいち早く察知し、次の行動に移すことができる。そして、粘り強い。このようなことは、天才に劣らない根性（困難に立ち向かうガッツ）の問題であり、破壊的な世紀の課題を解決するためには不可欠なのだ。

原注

序――桜の木事件

1 *Forbes* 1921, 85.
2 *Forbes* 1921, 86.
3 *Forbes* 1921, 86.
4 世論調査は *New York Times* によって実施された。Bradley 2011, 34 を見よ。
5 *Boston Herald*, May 15, 1921.
6 *New York Times*, May 15, 1921, 14.
7 *New York Times*, May 15, 1921, 14.
8 *Literary Digest*, 1921.
9 Dennis 1984, 30 を見よ。
10 *New York Times*, May 22, 1921.
11 Dennis 1984.
12 Lambert 2018.
13 *Carr* 2018.
14 Frida Polli interview, March 10, 2020.
15 Pymetrics website, www.pymetrics.com/about/; Polli interview, March 10, 2020.
16 Carr 2018. 9 “Fluid, learning-intensive environments”: Useem 2019.
17 Madhok 2019.

18 Berg, Dickhout, McCabe 1995.

I 評価の歴史を振り返る

1 Brigham 1923, 4.
2 Brigham 1921.
3 答えはバッファロー、詩人、タバコ。
4 Brigham 1930, 164.
5 Brigham 1930, 164.
6 Wikipedia entry for Henry H. Goddard, en.wikipedia.org/wiki/Henry_H._Goddard を見よ。
7 Heilweil 2019.
8 Hogan, Hogan, and Roberts 1996, 475.
9 Hogan, Hogan, and Roberts 1996, 473.
10 Tupes and Christal 1961, 14.
11 Weber and Dwoskin 2014.
12 Weber and Dwoskin 2014.
13 Hogan, Hogan, and Roberts 1996, 471.
14 Weber and Dwoskin 2014.
15 P・T・バーナムがこのようなことを言ったり書いたりしたという記録はない。インターネットの格言サイトなどで、バーナムがこの言葉を言ったと広く信じられていることが、その噂を永続させている。
16 Weber and Dwoskin 2014.
17 HireVue site, www.hirevue.com を見よ。
18 *Carr* 2018.
19 www.hirevue.com/customers を見よ。

20 Rudy, interview April 8, 2020.
21 Abreu 2015.
22 Luis Abreu, personal e-mail, July 8, 2019.
23 Jackson 2017.
24 TeamBlind 2018a.
25 TeamBlind 2018a.
26 TeamBlind 2018a.
27 Deutschman 2004.
28 Poundstone 2012.
29 Gillett, Cain, and Perino 2019.
30 Lebowitz 2016.
31 McLaren 2019.
32 Mac 2012.
33 Thiel and Masters 2014.
34 Poundstone 2012, 46.
35 Smith 2015.
36 Prickett, Gada-Jain, and Bernieri 2000.
37 Prickett, Gada-Jain, and Bernieri 2000.
38 Prickett, Gada-Jain, and Bernieri 2000.
39 Hunter and Hunter 1984.
40 Highhouse 2008, 336.
41 Highhouse 2008, 339–340.
42 *Yahoo! News*, December 16, 2019.

43 Prickett, Gada-Jain, and Bernieri 2000. 50 "at least as important": Tukey 1958, 3.
44 Braythwayt 2012.
45 Thompson 2019.
46 Umoh 2018.
47 Honer, Wright, and Sablynski 2007.
48 Poundstone 2003.
49 Agry 2019.
50 Seltzer 1989.
51 Nayeri 2019.
52 Nayeri 2019.
53 Seltzer 1989.
54 Nayeri 2019.
55 Goldin and Rouse 1997.
56 これは、パイロメトリクス社版信頼ゲームのスクリーン上のコメントの1つだ。
57 Polli interview, March 10, 2020.
58 Polli interview, March 10, 2020.
59 Gershgorn 2018; Polli interview, March 10, 2020.
60 Gershgorn 2018.
61 Polli interview, March 10, 2020.
62 Ip 2018.
63 Ryan 2018.
64 Lauren Cohen, Pymetrics Internal Demo Day Pitch, January 30, 2017. youtu.be/hzSlmZZQZgQ を見よ。
65 Polli, interview March 10, 2020.

66 Hunter 2017.
67 Matousek 2020.
68 Polli interview, March 10, 2020.
69 Bock and Kolakowski 1973.
70 Ip 2018.
71 github.com/pymetrics/audit-ai
72 Michael, Brown, Erickson 2017.
73 Csapó and Funke 2017 を見よ。
74 Pólya 1945.
75 Simon and Newell 1972.
76 Newell and Simon 1972.
77 Munger 1994.

II 心理ゲーム

1 Neisser 2002.（あなたの犬や猫が回り道の原則を理解していると、私に伝える必要はない。後の研究で実証されているので。回り道の実験は、動物がどれだけ環境に慣れているか、また以前、回り道を体験したことがあるかどうかによって大きく左右される）。
2 Shallice 1982 and Berg and Byrd 2002.
3 Ward and Allport 1997.
4 Mischel and Ebbesen 1970.
5 Kahneman, Knetsch, and Thaler 1986; Poundstone 2010, 116–119. 103 $0 to the partner を見よ。 Hoffman, McCabe, Shachat, and Smith 1994 を見よ。
6 Frida Polli interview, March 10, 2020.

7 Bartling, Cappelen, Ektröm, et al. 2018.
8 García-Gallego, Georgantzis, and RuizMartos 2019.
9 Kidd and Castano 2013.

III パズルと問題解決

1 Gillett, Cain, and Perino 2019.
2 Gillett, Cain, and Perino 2019.
3 *The Naked Scientists* 2007.
4 Wikipedia entry for "Starbucks," en.wikipedia.org/wiki/Starbucks を見よ。
5 bit.ly/2Y6tuSG を見よ。
6 Kraitchik 1943.
7 Gardner 1989, 147–148.
8 Nalebuff 1989.
9 Gardner 1959, 25 and 33.
10 Know Your Meme entry for "Horse-Sized Duck," bit.ly/3cKu0cY; also Friedersdorf 2013 を見よ。
11 Hastings 2013.
12 youtu.be/THUGHEJjiGc. Aaron Paul: youtu.be/hZMuC8ILkwg. Bruce Springsteen: youtu.be/wWlAXm1rwW0
13 youtu.be/THUGHEJjiGc
14 Pólya 1945.
15 bit.ly/357uJCh を見よ。
16 Bruce 2003.
17 the "Empire State Building Fact Sheet" at bit.ly/2xQOGkW を見よ。
18 Swenson 1981.

19 Gardner 1986.
20 Gardner 1986, 72. これはもともと、*Scientific American* 誌の一九七三年五月号と六月号に掲載されたガードナーのコラム「Mathematical Games」で発表されたもの。
21 Baritompa, Löwen, Polster, Ross 2018 and its references も見よ。
22 Gardner 1986, 81.
23 原作は、アンディ・ウィアが二〇一一年に発表した同名の小説。ドリュー・ゴダードの脚本をリドリー・スコットが監督した。
24 www.amazon.jobs/en www.amazon.jobs/en principles
25 カーネギー・メロン大学のコンピュータサイエンティスト、エドアード・フレドキンが提唱したこの名言は世界中で通用するものだ。Minsky 1986, 52 を見よ。
26 Spolsky 2000. 174 "People don't know what they want": Isaacson 2011, 316.
27 Roxanne Williams interview, March 17, 2020. いろいろなバリエーションがある。キャンディーがジェリービーンズの場合もあれば、キャンディーを食べられる形で取り出すことが目的の場合もある。
28 Klein 2012.
29 Numberphile, "How to order 43 Chicken McNuggets," bit.ly/2VC69GN を見よ。
30 Novak 2015.
31 Mohan 2019.
32 Calandra 1968.
33 Calandra 1968.
34 Duncker 1945.
35 Chrysikou and Weisberg 2005.
36 Salkeld 2017 を見よ。
37 Newell and Simon 1972.

38 Chen 2005.
39 例えば Bruce Yeany's, youtu.be/_GJujClGYJQ を見よ。
40 Truffaut 1984, 139.
41 同様の問題は一九三三年に出版された2冊の本にも登場する。Cecil B. Read's *Mathematical Fallacies* と R. M. Abraham's *Diversions and Pastimes.*
42 Boolos 1996, 62.
43 Gardner 1961, 152–153; 159.
44 Gardner 1961, 159.
45 Western Regional Climate Center, bitly/2KwHE7l
46 ヨークのアルクイン（Alcuin of York 七三五―八〇四）は、オオカミとヤギとキャベツを連れて川を渡るというパズルを紹介している。Poundstone 2003, 222–223. 254 Reisman threw first pitch for Yankees を見よ。video at bit.ly/3azpRqZ も。
47 Matson 2009.
48 これについては、Povey 2015, 254-259 で詳しく述べられている。
49 アインシュタインがこのように言ったという証拠はない。この言葉は、一九三三年にオックスフォード大学で行なわれたスピーチの発言を言い換えたものかもしれない。「すべての理論の最高の目標は、経験の1つのデータの適切な表現を放棄することなく、不可解な基本要素を、できるだけシンプルで少数のものにすることだということは、ほとんど否定しがたい」。Quote Investigator, bit.ly/3ePrDrh を見よ。

あとがき――エジソンの誤謬

1 Poundstone 2003, 124.
2 Honer, Wright, and Sablynski 2007.
3 bit.ly/2xbDZJi 278 : Morris 2019 を見よ。

4　多くのインターネットの引用サイトに掲載されているが、この言葉がエジソンのものとされたのは、彼の死後ずっと後の一九六二年のことだったようだ。the Quote Investigator entry, bit.ly/2VDGLjG を見よ。

5　エジソンが生きている間にも、この言葉の別バージョンが報道された。エジソンは、その内訳を「2％／98％」と言っていることが最も多い。現在では「1％／99％」のバージョンを最もよく目にする。Quote Investigator, bit.ly/352Rk36 を見よ。

6　これは格言サイトによくあることだが、エジソンが生きていた頃の資料を私は知らない。

謝辞

私はこれまでに、型破りな面接の質問について3冊の本を書いてきた（最初の2冊は『ビル・ゲイツの面接試験—富士山をどう動かしますか？』［二〇〇三］、『Googleがほしがるスマート脳のつくり方—ニューエコノミーを生き抜くために知っておきたい入社試験の回答のコツ』［二〇一三］）。これまでの本の読者からは、新しい質問やテクニックについての情報が寄せられている。名前を伏せた方も含めて、ご協力いただいた皆様に感謝する。

とりわけPaul M. Dennisには感謝します。彼はエジソンの質問が（良い意味でも悪い意味でも）採用に関する考え方に影響を与えたことを記録していた。Edward Cusslerは、面接での難問の先例として、オックスブリッジの質問の伝統を指摘してくれた。私はブレッチリー・パークでのクロスワードパズルやロジックパズルの使用に関するSinclair McKayの研究発表を参考にした。Frida Polliは、雇用におけるジェンダーや民族の偏りに関する新しい考え方や、心理測定ゲームがどのようにして救済策を提供するかについて熱心に教えてくれた。

また、Luis Abreu, Rakesh Agrawal, Adam David Barr, Joe Barrera, Tracy Behar, Kiran Bondalapati, John Brockman, Max Brockman, Curtis Fonger, Alicia Godfrey, Randy Gold, Ryan Harbage, Astrid De Kerangal, Larry Hussar, Philip Johnson Laird, Rohan Mathew, Gene McKenna, Alex Paikin, Eric Polin

Michael Pryor, Michelle Robinovitz, Christina Rodriguez, Brett Rudy Sr., Arthur Saint-Aubin, Chris Sells, Joel. Shurkin, Alyson Shontell, Jerry Slocum, Jerome Smith, Norman Spears, Joel Spol sky, Noah Suojanen, Karen Wickre, UCLA Research Library のスタッフ、Rod Van Mechelen, Roxanne Willia にも感謝をしている。

参考文献

Abreu, Luis (2015). "700 Billion: My experience interviewing at Apple" (blog post). Feb. 24, 2015. lmjabreu.com/post/700-billion/

Agry, David (2019). "As an interviewer, what question has ruined a perfectly solid interview of a candidate for you?" *Quora* answer, September 10, 2019.

Allport, Gordon W. (1961). *Pattern and Growth in Personality*. New York: Holt, Rinehart and Winston, 1961.

Allport, Gordon W., and Henry S. Odbert (1936). "Trait names: A psycholexical study." *Psychological Monographs* 47: 211.

Alvarez, Simon (2019). "Elon Musk's Tesla, SpaceX top list of most attractive employers for engineering students." *Teslarati*, June 7, 2019.

Ambady, Nalini, and Robert Rosenthal (1993). "Half a Minute: Predicting Teacher Evaluations from Thin Slices of Nonverbal Behavior and Physical Attractiveness." *Journal of Personality and Social Psychology* 64, 431–441.

Anderson, Chris (2012). "Elon Musk's Mission to Mars." *Wired*, October 21, 2012.

Anderson, Chris (2013). "The mind behind Tesla, SpaceX, SolarCity." bit.ly/3cDhAUi

Ankeny, Jason (2017). "NRF Foundation unveils retail education, credentialing program." *Retail Dive*, Jan. 15, 2017.

Baritompa, Bill, Rainer Löwen, Burkard Polster, and Marty Ross (2018). "Mathematical Table Turning Revisited." June 28, 2018. arXiv:math/0511490v1 [math.HO]

Baron-Cohen, Simon, Sally Wheelwright, Jacqueline Hill, Yogini Raste, and Ian Plumb (2001). "The 'Reading the Mind in the Eyes' Test Revised Version: A Study with Normal Adults, and Adults with Asperger Syndrome or High-functioning Autism." *Journal of Child Psychology and Psychiatry* 42, 241–251. 10.1111/1469-7610.00715

Bartling, Björn, and Alexander W. Cappelen, Mathias Ekström, Erik Ø. SØrensen, and Bertil Tungodden (2018). "Fairness in Winner-TakeAll-Markets." NHH Department of Economics Discussion Paper No. 08/2018.

Berg, W. Keith, and Dana L. Byrd (2002). "The Tower of London Spatial Problem-Solving Task: Enhancing Clinical and Research Implementation." *Journal of Clinical and Experimental Neuropsychology* 24, 586–604.

Berg, Joyce, John Dickhaut, and Kevin McCabe (1995). "Trust, Reciprocity, and Social History." *Games and Economic Behavior* 10, 122–142.

Bertrand, Marianne, and Sendhil Mullainathan (2004). "Are Emily and Greg More Employable than Lakisha and Jamal? A Field Experiment on Labor Market Discrimination." *The American Economic Review* 94, 991–1013.

Bock, R. Darrell, and Donald Kolakowski (1973). "Further Evidence of Sex-Linked Major-Gene Influence on Human Spatial Visualizing Ability." *American Journal of Human Genetics* 25, 1–14.

Boolos, George (1996). "The Hardest Logic Puzzle Ever." *The Harvard Review of Philosophy*, Spring 1996, 62–65.

Bortkiewicz, Ladislaus Josephovich (1898). *Das Gesetz der kleinen Zahlen* ["The law of small numbers"]. Leipzig, Germany: B.G. Teubner.

Bradley, Robert L. Jr. (2011). *Edison to Enron: Markets and Political Strategies*. New York: Wiley.

Braythwayt, R. S. (2012). "A Woman's Story." bit.ly/3cMWCm0

Brigham, Carl C. (1923). *A Study of American Intelligence*. Princeton: Princeton University Press, 1923.

Brigham, Carl C. (1930). "Intelligence Tests of Immigrant Groups." *The Psychological Review* 37, 158–165.

Bruce, Laura (2003). "Penny Facts." *Bankrate*, June 17, 2003.

Buckley, M. Ronald, Amy Christine Norris, and Danielle S. Wiese (2000). "A brief history of the selection interview: May the next 100 years be more fruitful." *Journal of Management History* 6, 113–126.

Calandra, Alexander (1968). "Angels on a Pin." *Saturday Review*, December 21, 1968, 60.

Carr, Austin (2018). "Moneyball for business: How AI is changing talent management." *Fast Company*, August 16, 2018.

Chen, Desiree (2005). "How Would I . . . Find a Needle in a Haystack?" *Chicago Tribune*, March 27, 2005.

Chrysikou, Evangelia G., and Robert W. Weisberg (2005). "Following the Wrong Footsteps: Fixation Effects of Pictorial Examples in a Design Problem-Solving Task." *Journal of Experimental Psychology: Learning, Memory, and Cognition* 31, 1134–1148.

Connley, Courtney (2019). "Amazon HR exec: This interview misstep can kill your chances of getting hired." CNBC, Jan. 18, 2019.

Constine, Josh (2017). "Pymetrics attacks discrimination in hiring with AI and recruiting games." *TechCrunch*, September 20, 2017.

Coren, Stanley (2012). "How Many Dogs Are There in the World?" *Psychology Today*, September 19, 2012. bit.ly/3cIZbp5

Csapó, Beno, and Joachim Funke (2017). *The Nature of Problem Solving: Using Research to Inspire 21st Century Learning*. Paris: OECD Publishing.

Dennis, Paul M. (1984). "The Edison Questionnaire." *Journal of the History of the Behavioral Sciences* 20, 23–37.

Deutschman, Alan (2004). "Inside the Mind of Jeff Bezos." *Fast Company*, August 1, 2004.

D'Onfro, Jillian (2019). "Chris Urmson, CEO of Hot Self-Driving Startup Aurora, on Hiring and Humility." *Forbes*, September 11, 2019.

Duncker, Karl (1945). "On problem solving." *Psychological Monographs* 58, 5.

Durant, Elizabeth (2003). "70th reunion for Edison discovery." *MIT News*, June 4, 2003.

Fast Company staff (2016). "Apple's Angela Ahrendts on What It Takes to Make Change Inside a Successful Business." *Fast Company*, February 2016.

Feloni, Richard (2016). "Facebook's most asked interview question is tough to answer but a brilliant way to find the perfect fit." *Business Insider*, February 23, 2016.

Fimbel, Eric, Stéphane Lauzon, and Constant Rainville (2009). "Performance of Humans vs. Exploration Algorithms on the Tower of London Test." *PLoS ONE* 4 (9): e763.

Forbes, B. C. (1921). "Why Do So Many Men Never Amount to Anything?" *American Magazine* 91, 86.

Friedersdorf, Conor (2013). "President Obama Would Choose to Fight the Horse-Sized Duck." *The Atlantic*, January 11, 2013.

Gaddis, S. Michael (2017). "How Black Are Lakisha and Jamal? Racial Perceptions from Names Used in Correspondence Audit Studies." *Sociological Science* 4, 469–489.

García-Gallego, Aurora, Nikolaos Georgantzis, and Maria J. RuisMartos (2019). "The Heaven Dictator Game: Costless Taking or Giving." *Journal of Behavioral and Experimental Economics* 82, 1–10. Gardner, Martin (1959). *Mathematical Puzzles & Diversions*. New York: Simon & Schuster.

Gardner, Martin (1961). *The 2nd Scientific American Book* of *Mathematical Puzzles & Diversions*. New York: Simon & Schuster.

Gardner, Martin (1986). *Knotted Doughnuts and Other Mathematical Entertainments*. New York: W.H. Freeman.

Gardner, Martin (1989). *Penrose Tiles to Trapdoor Ciphers*. New York: W.H. Freeman.

Gershgorn, Dave (2018). "Companies are on the hook if their hiring algorithms are biased." *Quartz*, October 22, 2018.

Gillett, Rachel, Áine Cain, and Marissa Perino. "Here's what Elon Musk, Richard Branson, and 53 other successful people ask job candidates during interviews." *Business Insider*, August 22, 2019.

Goldberg, Emma (2020). " 'Techlash' Hits College Campuses." *New York Times,* January 11, 2020.

Goldin, Claudia, and Cecelia Rouse (1997). "Orchestrating Impartiality: The Impact of 'Blind' Auditions on Female Musicians." Cambridge, Mass.: National Bureau of Economic Research. Working paper 5903, January 1997.

Hastings, Michael (2013). "How Obama Won the Internet." *BuzzFeed News*, January 8, 2013.

Heilwell, Rebecca (2019). "Artificial intelligence will help determine if you get your next job." *Vox*, December 12, 2019.

Highhouse, Scott (2008). "Stubborn Reliance on Intuition and Subjectivity in Employee Selection." *Industrial and Organizational Psychology* 1, 333–342.

Hjelle, Larry A., and Daniel J. Ziegler (1992). *Personality Theories: Basic Assumptions, Research, and Applications*, 3rd edition. New York: McGraw-Hill.

Hoffman, Elizabeth, Kevin A. McCabe, Keith Shachat, and Vernon Smith (1994). "Preferences, Property Rights, and Anonymity in Bargaining Games." *Games and Economic Behavior* 7, 346–380.

Hogan, Robert, Joyce Hogan, and Brent W. Roberts (1996). "Personality measurement and employment decisions: Questions and answers." *American Psychologist* 51, 469–477.

Honer, Jeremiah, Chris W. Wright, and Chris J. Sablinski (2007). "Puzzle Interviews: What Are They and What Do They Measure?" *Applied Human Resource Management Research* 11, 79–96.

Huffcutt, Allen I., and Winfred Arthur Jr. (1994). "Hunter and Hunter (1984) Revisited: Interview Validity for Entry-Level Jobs." *Journal of Applied Psychology* 79, 184–190.

Hunter, Darryl L. Jr. (2017). "Using Work Experience to Predict Job Performance: Do More Years Matter?" Master's Thesis, San Francisco State University, May 2017.

Hunter, John E., and Ronda F. Hunter (1984). "Validity and Utility of Alternative Predictors of Job Performance." *Psychological Bulletin* 96, 72–98.

Ip, Chris (2018). "To find a job, play these games." *Engadget*, May 4, 2018.

Isaacson, Walter (2011). *Steve Jobs*. New York: Simon & Schuster.

Jackson, Abby (2017). "Elon Musk puts potential SpaceX hires through a grueling interviewing process one former employee calls a 'gauntlet.' " *Business Insider*, December 4, 2017.

Jackson-Wright, Quinisha (2019). "To Promote Inclusivity, Stay Away from Personality Assessments." *New York Times*, August 23, 2019.

Kahneman, Daniel, Jack L. Knetsch, and Richard Thaler (1986). "Fairness as a Constraint on Profit-Seeking Entitlements in the Market." *The American Economic Review* 76, 728–741.

Kidd, David Comer, and Emanuele Castano (2013). "Reading Literary Fiction Improves Theory of Mind." *Science* 342, 377–380.

Klein, Christopher (2012). "The Man Who Shipped New England Ice Around the World." *History Channel*, August 29,

2012.

Konop, Joe (2014). "10 Job Interview Questions You Should Ask." *Next Avenue*, June 18, 2014. bit.ly/2S5SMfX

Kraitchik, Maurice (1943). *Mathematical Recreations*. London: George Allen & Unwin.

Lambert, Fred (2018). "Tesla says it received 'nearly 500,000 applicants' last year as it grows to over 37,000 employees." *Electrek*, March 21, 2018.

Lebowitz, Shana (2016). "Here's the tricky interview question Larry Ellison asked to hire extremely smart employees." *Business Insider*, February 10, 2016.

Lejuez, C. W., Jennifer P. Read, Christopher W. Kahler, Jerry B. Richards, et al. (2002). "Evaluation of a behavioral measure of risk taking: The Balloon Analogue Risk Task (BART)." *Journal of Experimental Psychology: Applied* 8, 75–84.

Lievens, Filip, Scott Highhouse, and Wilfried De Corte (2005). "The importance of traits and abilities in supervisors' hirability decisions as a function of method of assessment." *Journal of Occupational and Organizational Psychology* 78, 453–470.

Literary Digest, uncredited (1921). "Mr. Edison's Brain-Meter." *Literary Digest* 69, 28.

Live Science Staff (2010). "Ocean's Depth and Volume Revealed." *Live Science*, May 19, 2010. bit.ly/2Y3ei8Q

Mac, Ryan (2012). "Reid Hoffman and Peter Thiel in Conversation: Finding the Best Candidates for the Job." *Forbes*, May 1, 2012.

Madhok, Diksha (2019). "Indian employers are stubbornly obsessed with elite students—and it's hurting them." *Quartz India*, November 20, 2019.

Mansour, Iris (2013). "Why your Halloween costume matters if you want to work for Warby Parker." *Quartz*, October 31, 2013.

Matousek, Mark (2020). "Elon Musk says you still don't need a college degree to work at Tesla. Here's what he looks for in job applicants instead." *Business Insider*, January 8, 2020.

Matson, John (2009). "Tool kit dropped from space station is orbital junk no more." *Scientific American* blog, August 3, 2009.

bit.ly/2zoHm01

McKay, Sinclair (2017). *Bletchley Park Brainteasers.* London: Headline, 2017.

McLaren, Samantha (2019). "The Go-To Interview Questions of Companies Like Warby Parker, Airbnb and More." *LinkedIn Talent Blog*, February 26, 2019.

Meisenzahl, Mary (2019). "The most incredible perks Silicon Valley workers can take advantage of, from free rental cars to travel stipends." *Business Insider*, September 15, 2019.

Minsky, Marvin (1960). "Steps Toward Artificial Intelligence." bit.ly/2VC4Mrm

Minsky, Marvin (1986). *The Society of Mind.* New York: Simon & Schuster.

Mishel, Lawrence, and Jessica Schieder (2017). "CEO pay remains high relative to the pay of typical workers and high-wage earners." Washington, DC: Economic Policy Institute, July 20, 2017. epi.org/130354

Mischel, Walter, and Ebbe B. Ebbesen. "Attention in Delay of Gratification." *Journal of Personality and Social Psychology* 16, 329–337.

Mohan, Pavithra (2019). "9 CEOs share their favorite interview questions." *Fast Company*, July 25, 2019.

Moren, Dan, and Jason Snell (2019). "Apple Earnings Call: Live Update." *MacWorld,* January 21, 2009.

Morris, Edmund (2019). *Edison.* New York: Random House.

Munger, Charles (1994). "A Lesson on Elementary, Worldly Wisdom as It Relates to Investment Management and Business" (speech given at USC Business School). bit.ly/3aDeu17

The Naked Scientists (2007). "When to add the milk." *The Naked Scientists* (podcast), November 11, 2007. bit.ly/2KxJZz4

Nalebuff, Barry (1989). "Puzzles: The Other Person's Envelope Is Always Greener." *Journal of Economic Perspectives* 3, 171–181.

National Commission on Testing and Public Policy. (1990). "From gatekeeper to gateway: Transforming testing in America." Chestnut Hill, Mass.: National Commission on Testing and Public Policy, Boston College.

Nayeri, Farah (2019). "When an Orchestra Was No Place for a Woman." *New York Times,* December 23, 2019.

Neisser, Ulric (2002). *Wolfgang Köhler 1887–1967*. Washington, DC: National Academy Press. Biographical Memoirs, volume 81.

Newell, Allen, and Herbert A. Simon (1972). *Human Problem* Solving. Englewood Cliffs, N.J.: Prentice-Hall.

Novak, Matt (2015). "Take the Intelligence Test That Thomas Edison Gave to Job Seekers." *Gizmodo*, March 12, 2015.

Paquette, Danielle (2019). "Employers are offering to help pay off workers' student loans." *Washington Post,* January 15, 2019.

Paunonen, Sampo V., and Douglas N. Jackson (2000). "What Is Beyond the Big Five? Plenty!" *Journal of Personality* 68, 821–835.

Phillips, H. I. (1926). "Is a Prune a Social Climber? A Nut? Or a Kind of Fruit?" *American Magazine* 102, 56.

Polli, Frida (2019). "Seven very simple principles for designing more ethical AI." *Fast Company*, August 6, 2019.

Pólya, G. (1945). How to Solve It: *A New Aspect of Mathematical Method*. Princeton: Princeton University Press.

Poundstone, William (2003). *How Would You Move Mount Fuji? Microsoft's Cult of the Puzzle: How the World's Smartest Companies Select the Most Creative Thinkers*. Boston: Little, Brown.（邦訳『ビル・ゲイツの面接試験―富士山をどう動かしますか?』、松浦俊輔訳、青土社、二〇〇三）

Poundstone, William (2010). *Priceless: The Myth of Fair Value (and How to Take Advantage of It)*. New York: Hill and Wang.（邦訳『プライスレス―必ず得をする行動経済学の法則』、松浦俊輔・小野木明恵訳、青土社、二〇一〇）

Poundstone, William (2012). *Are You Smart Enough to Work at Google?* New York: Little, Brown.（『Googleがほしがるスマート脳のつくり方―ニューエコノミーを生き抜くために知っておきたい入社試験の回答のコツ』、桃井緑美子訳、青土社、二〇一二）

Povey, Thomas (2015). *Professor Povey's Perplexing Problems*. London: OneWorld.

Prickett, Tricia J., Neha Gada-Jain, and Frank J. Bernieri. "The Importance of First Impressions in a Job Interview." Presented at annual meeting of the Midwestern Psychological Association, Chicago, May 2000.

Rondeau, René (1997–2019). "Lost in History: Thomas A. Edison, Junior." bit.ly/2VZ8Ocj

Rossen, Jake (2017). "How Thomas Edison Jr. Shamed the Family Name." *Mental Floss*, April 21, 2017.

Roth, Daniel (2017). "LinkedIn Top Companies 2017: Where the world wants to work now." LinkedIn, May 18, 2017.

Ryan, Kevin J. (2018). "Tesla and LinkedIn Think Résumés Are Overrated. They Use These Neuroscience-Based Games Instead." *Inc.,* June 6, 2018.

Sackett, Paul R. and Philip T. Walmsley. "Which Personality Attributes Are Most Important in the Workplace?" *Perspectives on Psychological Science* 9, 538–551.

Salkeld, Lauren (2017). "Slicing pizza? 14 surprising uses for kitchen scissors." *Today,* April 3, 2017.

Seltzer, George (1989). *Music Matters: The Performer and the American Federation of Musicians.* Metuchen, N.J.:Scarecrow Press.

Shallice, Tim (1982). "Specific impairments of planning." *Philosophical Transactions of the Royal Society of London B* 298: 199–209.

Smith, Jacquelyn (2015). "The unusual interview question the president of Overstock asks every job candidate." *Business Insider*, September 8, 2015.

Sonnleitner, Philipp, Ulrich Keller, Romain Martin, and Martin Brunner (2013). "Students' complex problem-solving abilities: Their structure and relations to reasoning ability and educational success." *Intelligence* 41, 289–305.

Spolsky, Joel (2000). "The Guerrilla Guide to Hiring." bit.ly/2xZtUzn

Stephen, Michael, David Brown, and Robin Erickson (2017). "Talent acquisition: Enter the cognitive recruiter." In *Deloitte Human Capital Trends*, 2017. bit.ly/2S4XCtO

Stross, Randall E. (2007). *The Wizard of Menlo Park: How Thomas Alva Edison Invented the Modern World.* New York: Crown.

Swenson, Ola (1981). "Are we all less risky and more skillful than our fellow drivers?" Acta Psychologica 47, 143–148.

TeamBlind (2018a). "About LeetCode and the Recruitment Process in Silicon Valley." *Medium*, May 21, 2018. bit.ly/2KyXej2

TeamBlind (2018b). "Is FAANG really that special?" *Medium*, May 23, 2018. bit.ly/3cJCUHz

Thiel, Peter, and Blake Masters (2014). *Zero to One: Notes on Startups, or How to Build the Future.* New York: Random House.

Thompson, Clive (2019). "The Secret History of Women in Coding." *New York Times*, February 13, 2019.

Tiku, Nitasha (2019). "Three Years of Misery Inside Google, the Happiest Company in Tech." *Wired*, August 13, 2019.

Truffaut, François (1984). *Hitchcock*. New York: Simon & Schuster.

Tukey, John (1958). "The Teaching of Concrete Mathematics." *The American Mathematical Monthly* 65, 1–9.

Tupes, Ernest C., and Raymond E. Christal (1961). "Recurrent personality factors based on trait ratings." USAF ASD *Technical Report*, 61–97.

Umoh, Ruth (2018). "Elon Musk asks this tricky interview question that most people can't answer." CNBC, October 9, 2018. cnb.cx/2yDXZ7I

Useem, Jerry (2019). "At Work, Expertise Is Falling Out of Favor." *The Atlantic*, July 2019.

Vakhania, Nicholas (2009). "On a Probability Problem of Lewis Carroll." *Bulletin of the Georgian National Academy of Sciences* 3, 8–11.

Vance, Ashlee (2015). *Elon Musk: Tesla, SpaceX, and the Quest for a Fantastic Future.* New York: Ecco.

Ward, Geoff, and Alan Allport (1997). "Planning and Problem Solving Using the Five-disc Tower of London Task." *The Quarterly Journal of Experimental Psychology* 50A, 49–78.

Weber, Lauren, and Elizabeth Dwoskin (2014). "Are Workplace Personality Tests Fair?" *The Wall Street Journal*, September 29, 2014.

Weinberg, Gabriel, and Lauren McCann (2019). *Super Thinking: The Big Book of Mental Models.* New York: Penguin.

Winterhalter, Benjamin (2014). "ISTJ? ENFP? Careers hinge on a dubious personalitytest." *Boston Globe*, August 31, 2014.

訳者あとがき

イーロン・マスクがCEOを務める、電気自動車のメーカー「テスラ」では、二〇一七年、二五〇〇名を募集したところ、五〇万人近くの応募者が集まった。これは二〇〇人に一人の就職率で、ハーバード大学の合格率の〇・一倍だという。

世の中は不況やパンデミックで、大学の卒業生も、奨学金の返済に悩まされたり、高学歴の者が入社後、必ずしも高額の賃金を手にできるとはかぎらない経済状況が続いている。採用する側もソーシャルメディアや人工知脳などの活用によって採用活動は混沌をきわめている。ここ数年で顕著に見られるのは、応募者と雇用主の双方が、これまで以上に選り好みを厳しくせざるをえない状況になっていることだ。

応募者たちにとって、憧れの的はファング(FAANG)だという。FAANGとは、Facebook、Amazon、Apple、Netflix、Googleのことだ。その次には、働きがいのある会社ランキングで上位にランクインされている多様な企業群が続く。応募者がより優良な企業に集まるのは当然の話で、一流企業への就職はますます厳しくなっていく。

二一世紀の採用活動は、お見合いのようなものだという。それも待ったなしの真剣勝負で、応募者と企業はかつてないほど、お互いの情報にアクセスできるようになった。そのために、どちらかが見合い相手にピンとこなければ、即座に見合いは中断されてしまう。

面接といえば、従来はひとわたり履歴書で選別したあとで行われるのが通例だった。ところが、履歴書の選別には問題があった。どうしても採用担当者によって偏りが生じる。担当者は一流大学の学位や大企業での経歴を重視しすぎたり、ジェンダーあるいは人種的なバイアスがかかってしまうからだ。

大企業では、近年、履歴書の審査を自動化するところがふえてきた。ソフトウェアで履歴書をスキャンして、募集の職種に関連するキーワードを探し出す。ヒットした履歴書を採用担当者は、先行して目を通すことになる。しかしいずれにしても、履歴書は人物を全的に表わすものではない。せいぜい、その人が何をしてきたかを示すだけで、何ができるかを示すものでもない。

履歴書による選別がうまく機能しないとなれば、そのあとの面接でしっかりと人物を見定めることが必要となる。だが、この面接にも履歴書と同じ欠点があった。第一印象が強すぎること、そしてやはり、自分の先入観に引きずられてしまい、面接官のバイアスや好みが先に出てしまうことだ。

そこで登場したのが、心理測定ゲーム（サイコメトリック・ゲーム）である。これは採用活動の革命と言ってもよい。履歴書に代わって、最初のスクリーニング（ふるい分け）として、面接の一翼を担うのがこのゲームで、これによって、二一世紀に必要とされるスキルを面接官は審査することができた。そのスキルとは、クリティカル・シンキング（批判的思考力）、メディアリテラシー（メディアの活用能力）、アントレプラナーシップ（起業家精神）、協調性、変化への対応力、異文化理解などである。現代のように流動的な環境では、従来のビジネス環境とは異なる特性が求められる。それは失敗からすばやく学ぶ能力、試行錯誤の活用、不確実性への対応などで、言ってみれば「創造的な問題解決能力」だ。

心理測定ゲームは心理学、行動経済学、ゲーム理論などの実験に基づいて作られていて、このゲームで受験者の性格や人間性を見ることができる。多くの企業では、ゲームの成績によって、誰が面接に呼ばれるか（面接と平行して、心理測定ゲームが行われることも多い）、誰が内定を得ることができるかが決まる。

この本では、トップ企業で行われる心理測定ゲームを数多く取り上げ、その解決法を紹介している。一流企業の面接では、はたしてどんな問題が出されているのか、その一例を覗いてみよう。

? 馬の大きさのアヒル1匹とアヒルの大きさの馬100匹のどちらと戦いたいですか？

これは本書の原タイトルとなっている問題で、正解は一つではない。さまざまな答えが考えられる。だが、これを正面から文字通りにとらえることも可能だ。面接官に好印象を与えるのは、もちろんこの正攻法だ。「スケール効果」によって解くことができるという。

生き物の重さは、その直線的な寸法の三乗に比例する。しかし、筋肉や骨の強さは、その寸法の二乗に比例する。そのため、アリのような小さな生き物は、自分の体重の数倍の重さを持ち上げることができる。だが、大型の生物は重力に逆らって体重を支えるのに苦労する。

アヒルは二本の鉛筆のような脚で、丸々とした体を支えている。それだけで、普通サイズのアヒルとしてはいっぱいいっぱいだ。さらに、その細い脚では、馬の大きさにスケールアップしたアヒルの1000ポンドの体重には耐えられない。問題の解答は本書の140ページに書かれている。

? 海面を1フィート下げるためには、バケツで何回海の水をすくわなければなりませんか？

面接の場で、この問題（本書156ページ）を解いてみなさいと言われたら、どうすればいいのか途方に暮れてしまうだろう。苦笑いをして両手を上げ、もはやお手上げですとポーズをとるしかないのかもしれない。だが、それではいけない。あくまでも正面から立ち向かい、一歩でも正解に近づかなければ、面接試験の突破はおぼつかない。

パウンドストーンが解いてみせた方法は、目を見張らんばかりにすばらしい。数字は端数を切り捨てた丸めた数字を使うこと。これがキーポイントになる。地球の大きさ（直径八〇〇〇マイル弱）、地球表面の海の面積（約七〇%）、球体の表面積の計算式（$4\pi r^2$）はおおよそでも知っている必要がある。あまりにみごとな解決法なので、こんな風に解いてみせる応募者が本当にいるのだろうかと思わせる。

しかし、生き馬の目を抜く就職戦線を勝ち抜き、トップ企業へ入社するような者にとっては、これくらいの問題はさほど難しい問題ではないのかもしれない。

? エンパイア・ステート・ビル（ESB）の重さはどれくらいですか?

アップル社の面接問題（本書158ページ）だ。聞いただけで気が遠くなるような質問で、どこから手をつければいいのかわからない。お手上げ状態の部類に属する難問だ。しかし、これもやはり正攻法で攻めなければ突破は難しい。

二〇世紀の超高層ビルの質量は、鉄桁、コンクリート、板ガラス、大理石の床、エレベーター、乾式壁、配管、電気配線、流し台、トイレ、冷暖房装置などの合計だ。これらはすべてが異なる密度を持っている。おさえるべきは重さ=体積×密度で、この質問では、パーツに分解するテクニックが有効だという。

エンパイア・ステート・ビルの階数が約一〇〇階(実際には一〇二階)。一般的な超高層ビルは、床から床までの高さを測ると約一四フィートだ。ビルの高さが約一四〇〇フィートだとしよう。単純な箱であれば、体積は高さに底面の面積をかけたものになる。しかし、ビルは先端が細くなっているので、それを考慮しなければならない。

この問題を解くためには、さまざまな基礎知識が必要となる。そしてバケツで海の水をすくう問題と同様、数字は丸めて、端数をはしょったものを使う。基礎知識がなければ、試験時間をいくらもらっても、とても解ける問題ではない。だが、投げやりになってはいけない。果敢に立ち向かうことが必要だ。面接官はその姿勢を見ているとパウンドストーンも言う。

革新的な企業の面接では、こうした非凡な能力を問う質問がしばしば出る。このような問題は、アウト・オブ・シラバス問題と呼ばれるもので、教科書のルールをどれだけ覚えているかを試すものではない。どこから答えればいいのかもわからない。これは創造的な問題解決の領域に属する。

多くの企業が問題解決能力を重視しているのは、この能力が革新的な企業のイメージに合致しているからだ。企業は狭い範囲の能力だけではなく、新しいスキルを習得できる人材を求めている。シラバス(講義要項)に載っていない質問(アウト・オブ・シラバス問題)は、応募者をいやおうなく安全地帯から追い出す。

創造的な問題解決には試行錯誤がつきものだ。しかし、この言葉には誤解がある。優れた問題解決者は、適当に思考しているわけではない。次に何をすべきかを直感的に判断していて、問題の理解度に応じて戦略を変えている。

パズルやゲームは、仕事や人生におけるトラブル、難問、失敗を扱いやすい形で示してくれる。採用担当者が応募者について知る上で最も重要なことの一つは、避けられない失敗にどのように対処するかということだ。創造的な問題を解決する者は、不確実性に慣れている。行き詰まりをいち早く察知し、次の行動に移すことができる。それに粘り強い。このような特性が、流動的な世紀の課題を解決するためには不可欠だ。スティーブ・ジョブズの有名な言葉に「創造性とは物事をつなぐことだ」というのがある。イーロン・マスクは「ここでは失敗も選択肢のひとつだ」と言う。「もし失敗しないのであれば、あなたは十分に革新的ではない」。

「この本では、人気の高い企業の面接で出される最も難しい質問を公開し、その答えを示す。それだけではなく、この本は創造的な問題解決のための初心者向けのガイドでもある。……この本を読み終える頃には、今まで出会ったことのない質問に答えるための、一連のテクニックを身につけていることだろう」とパウンドストーンは述べている。

＊

本書の翻訳を勧めてくださったのは、青土社の篠原一平さんだ。篠原さんと前田理沙さんには原稿をこまかくチェックしていただき、終始お世話になった。篠原さんの手助けがなければ本書の訳了はおぼつかなかっただろう。改めて篠原さんと前田さんにはお礼を申し上げたい。

二〇二二年五月

森夏樹

索引

か行

さ行

は行

ま行

や行

ら行

わ行

How Do You Fight a Horse-Sized Duck?
Secrets to Succeeding at Interview Mind Games and Getting the Job You Want
by William Poundstone

イーロン・マスクの面接試験

2022 年 5 月 24 日 第 1 刷印刷
2022 年 5 月 31 日 第 1 刷発行

著者——ウィリアム・パウンドストーン
訳者——森夏樹

発行者——清水一人
発行所——青土社

〒 101-0051　東京都千代田区神田神保町 1-29　市瀬ビル
［電話］ 03-3291-9831（編集）　03-3294-7829（営業）
［振替］ 00190-7-192955

組版——フレックスアート
印刷・製本——ディグ

装幀——大倉真一郎

ISBN978-4-7917-7474-6 C0030
Printed in Japan